S T R U M E N T I
PER RISOLVERE OGNI DUBBIO LINGUISTICO

Amedeo Alberti

ITALIANO
Grammatica essenziale

VALLARDI

Antonio Vallardi Editore s.u.r.l.
Gruppo editoriale Mauri Spagnol

www.vallardi.it

Per essere informato sulle novità del Gruppo editoriale Mauri Spagnol visita:
www.illibraio.it

Prima edizione 1993

Ristampe: 9 8 7 6 5 4 3 2 1 0
2020 2019 2018 2017 2016

ISBN 978-88-6987-139-9

LE GRAMMATICHE ESSENZIALI A.VALLARDI

Questa collana di grammatiche pratiche ed essenziali è destinata a tutti coloro che stanno studiando una lingua straniera, ma anche a chi, pur avendone una discreta conoscenza, abbia la necessità di esprimersi correttamente o di fugare ogni giustificato dubbio e incertezza.
Nella stessa ottica deve collocarsi la presente grammatica italiana, rivolta non soltanto a chi è di madrelingua, ma anche a quegli stranieri che a questa lingua desiderino facilmente e proficuamente avvicinarsi.
Per rendere la consultazione rapida ed efficace, le regole e le spiegazioni sono presentate in modo chiaro e sintetico, con un linguaggio semplice e comprensibile, che riduce all'indispensabile le terminologie specifiche, talvolta assai ostiche nelle grammatiche tradizionali.
Ogni regola, ogni spiegazione o eccezione è illustrata da esempi pratici, desunti dal linguaggio quotidiano comune.
Un dettagliato indice analitico, alla fine del volume, permette di rintracciare prontamente e con facilità qualunque regola o vocabolo desiderato.

GRAMMATICA ITALIANA

La grammatica essenziale della lingua italiana è stata strutturata in modo da soddisfare esigenze diverse: completa in ogni sua parte, di facile e rapida consultazione, si inserisce nell'ambito scolastico come pratico e valido sussidio da affiancare utilmente al libro di testo, e consentirà agli studenti, anche già in possesso di una discreta conoscenza di base, di rivedere e riorganizzare quanto già appreso, e di risolvere con rapidità ogni dubbio e incertezza. Gli insegnanti vi troveranno invece uno strumento didattico utilissimo per l'impostazione snella ma accurata degli argomenti trattati. Il linguaggio semplice, le spiegazioni succinte, corredate da numerosi esempi ed espressioni tratti dal linguaggio quotidiano, rendono questa grammatica particolarmente adatta anche a stranieri che abbiano scarsa conoscenza dell'italiano o poca dimestichezza con le strutture grammaticali o sintattiche della nostra lingua. Ma si rivelerà un testo prezioso anche per chi, nell'ambito del mondo del lavoro, e non soltanto, abbia necessità di avere in tasca una risposta immediata a ogni tipo di problema e una soluzione sicura per dilemmi di ogni natura.

Alla trattazione degli argomenti tradizionali, si sono aggiunti alcuni approfondimenti di sicura utilità, specialmente per coloro che non sono di madrelingua italiana: alla fonologia si è ritenuto opportuno affiancare la trascrizione fonetica internazionale, per consentire una corretta pronuncia dei suoni; nel capitolo dedicato alla sintassi, particolare spazio è stato riservato alla correlazione dei modi e dei tempi del verbo nelle frasi principali e subordinate, un punto di riferimento sicuro per ognuno in un periodo in cui, nella lingua parlata, si tende all'approssimazione e alla semplificazione eccessiva, e in cui risulta sempre più difficile, soprattutto per i giovani, esprimersi correttamente per iscritto.

La grammatica si conclude con una serie di interessanti appendici, tra cui sono da menzionare i proverbi e le locuzioni latine, le espressioni idiomatiche e il lessico familiare e dei giovani, testimonianze del patrimonio culturale del passato e della vitalità del presente, della coesistenza del vecchio e del nuovo, della continua trasformazione della lingua e della realtà sociale in cui viviamo.

PRONUNCIA E ORTOGRAFIA

L'alfabeto italiano si compone di 21 lettere, a cui se ne aggiungono 5 di origine straniera: *j*, *k*, *w*, *x*, *y*. Diamo la pronuncia secondo la trascrizione fonetica adottata dalla *International Phonetic Association*.

A a	[a]	***N n***	['ɛnne]
B b	[bi]	***O o***	[ɔ]
C c	[tʃi]	***P p***	[pi]
D d	[di]	***Q q***	[kw]
E e	[e]	***R r***	['ɛrre]
F f	['ɛffe]	***S s***	['ɛsse]
G g	[dʒi]	***T t***	[ti]
H h	['akka]	***U u***	[u]
I i	[i]	***V v***	[vu/vi]
J j	[i l'lunga]	***W w***	[vu d'doppja]
K k	['kappa]	***X x***	[iks]
L l	['ɛlle]	***Y y***	['ipsilon]
M m	['ɛmme]	***Z z***	['dzɛta]

['] indica che la sillaba seguente è tonica.

SIMBOLI FONETICI

Vocali

In italiano hanno un suono netto e chiaro. Sono cinque, ma due di esse, **e** e **o**, in sillaba tonica possono avere suono aperto o chiuso. Si ottengono così sette suoni vocalici:

a	[a]	*fare*	['fare]	*e*	[e] (chiusa)	*sentire*	[sen'tire]
i	[i]	*libero*	['libero]		[ɛ] (aperta)	*recipiente*	[retʃi'pjɛnte]
u	[u]	*uscire*	[uʃ'ʃire]	*o*	[o] (chiusa)	*ora*	['ora]
					[ɔ] (aperta)	*brodo*	['brɔdo]

Consonanti

c	+	e, i	[tʃ]	*sincero*	[sin'tʃɛro]
				cinema	['tʃinema]
	+	a, o, u	[k]	*mancare*	[man'kare]
				coraggio	[ko'raddʒo]
				accusare	[akku'zare]
ch	+	e, i	[k]	*anche*	['anke]
				chilogrammo	[kilo'grammo]
ci	+	vocale	[tʃ]	*mancia*	['mantʃa]
				cielo	['tʃɛlo]
				perciò	[per'tʃɔ]
				ciuffo	['tʃuffo]
g	+	e, i	[dʒ]	*gente*	['dʒɛnte]
				girare	[dʒi'rare]
		altrimenti	[g]	*navigare*	[navi'gare]
				grande	['grande]
gh	+	e, i	[g]	*spaghetti*	[spa'getti]
				ghiaccio	['gjattʃo]
gi	+	vocale	[dʒ]	*mangiare*	[man'dʒare]
				giorno	['dʒorno]
				ingiusto	[in'dʒusto]
gl	+	i	[ʎ]	*mogli*	['moʎʎi]
gli	+	vocale	[ʎ]	*famiglia*	[fa'miʎʎa]
				biglietto	[biʎ'ʎetto]
				consiglio	[kon'siʎʎo]
gn			[ɲ]	*ignaro*	[iɲ'ɲaro]
				consegne	[kon'seɲɲe]
				ogni	['oɲɲi]
				signore	[siɲ'ɲore]
				ognuno	[oɲ'ɲuno]
h			muta	*hai*	['ai]
				hanno	['anno]
				ahi	['ai]
				oh	[o/ɔ]

qu	+	vocale	[kw]	*quando*	['kwando]
				soqquadro	[sok'kwadro]
				questo	['kwesto]
				quindici	['kwinditʃi]
s	+	vocali	[s]	*sabato*	['sabato]
				conseguire	[konse'gwire]
				simile	['simile]
	+	c, f, p, q, t	[s]	*scala*	['skala]
				contestare	[kontes'tare]
s	+	vocali	[z]	*base*	['baze]
				asilo	[a'zilo]
	+	b, d, g, l, m, n, r, v	[z]	*sbagliare*	[zbaʎ'ʎare]
				risvegliare	[rizveʎ'ʎare]
sc	+	e, i	[ʃ]	*scendere*	['ʃendere]
				riuscire	[riuʃ'ʃire]
	+	a, o, u	[sk]	*pescare*	[pes'kare]
				scolaro	[sko'laro]
				riscuotere	[ris'kwɔtere]
sci	+	vocale	[ʃ]	*risciacquare*	[riʃak'kware]
				scienza	['ʃɛntsa]
				sciopero	['ʃɔpero]
z			[dz]	*zero*	['dzɛro]
			[ts]	*tazza*	['tattsa]

b, *d*, *f*, *k*, *l*, *m*, *n*, *p*, *r*, *t*, *v* non richiedono segni fonetici particolari

! **gl** seguita da **i** in alcuni casi si pronuncia dura:

geroglifico	[dʒero'glifiko]
glicine	['glitʃine]
negligenza	[negli'dʒɛntsa]

Lettere di origine straniera

j [j] è semiconsonante, ormai scomparsa nell'italiano, ma presente in forestierismi; si pronuncia come la vocale [i]

w [w] è semiconsonante presente nell'italiano in forestierismi; si pronuncia come la vocale [u] o la consonante [v]

x, presente nell'italiano in grecismi, latinismi e forestierismi, corrisponde ai simboli fonetici

[ks] come in *xilografia* [ksilogra'fia]
[gz] come in *exegetico* [egze'dʒɛtiko]

! la **x** è spesso sostituita dalla **s**:

exegetico diviene *esegetico* [eze'dʒɛtiko]

y [j] è presente solo in parole straniere: alterna al suono vocalico [i] quello semiconsonantico [j]

PRONUNCIA

Vocali

Si distinguono in:

- deboli **i**, **u**

  arrivare [arri'vare]
  fumo ['fumo]

- forti **a**, **e**, **o**

  casa ['kasa]
  sera ['sera]
  fratello [fra'tɛllo]

OMONIMI

Le vocali **e** e **o**, a seconda del suono aperto o chiuso, danno origine ad alcune parole, che sono scritte allo stesso modo ma che hanno pronuncia e significato diversi:

botte	['botte]	(recipiente)	*botte*	['bɔtte]	(percosse)
fosse	['fosse]	(verbo essere)	*fosse*	['fɔsse]	(scavi)
voto	['voto]	(proposito)	*voto*	['vɔto]	(vuoto)
e	[e]	(congiunzione)	*è*	['ɛ]	(verbo essere)
pesca	['peska]	(verbo pescare)	*pesca*	['pɛska]	(frutto)
venti	['venti]	(numero)	*venti*	['vɛnti]	(masse d'aria)

DITTONGHI, TRITTONGHI, IATO

- **Dittongo** è l'unione di due vocali, una debole e una forte tonica, che si pronunciano con una sola emissione di voce:

cielo ['tʃɛlo]
buono ['bwɔno]

! Anche l'incontro di due vocali deboli può generare un dittongo, purché la seconda sia tonica:

fiume ['fjume]
guida ['gwida]

- **Trittongo** è l'unione di tre vocali, due deboli e una forte tonica, pronunciate con una sola emissione di voce:

miei ['mjɛi]
tuoi ['twɔi]
aiuola [a'jwɔla]

! Le parole formate da *digrammi* e *trigrammi* (vedi pag. 12) non danno luogo a dittonghi o trittonghi, perché la **i** e la **u** in questi casi sono solo segni grafici:

lasciare [laʃ'ʃare]
maglione [maʎ'ʎone]
occhiali [ok'kjali]
sciupare [ʃu'pare]
soqquadro [sok'kwadro]

- **Iato** si ha quando le vocali mantengono un suono ben distinto. È generato:
  - dall'incontro di due vocali forti

bo-a-to [bo'ato]
po-e-ta [po'ɛta]

  - dall'incontro di una vocale debole tonica e una forte

zi-o ['tsio]
tu-o ['tuo]

! Anche le parole derivate da altre, contenenti uno iato, lo mantengono:

bugi-ardo da *bugi-a* [bu'dʒia]

Consonanti

Le lettere **c**, **g** e **s**, **z** hanno due suoni distinti.

- La **c** e la **g** possono essere:
  - **dure** o **gutturali**

c [k]	*cane*	['kane]
	parco	['parko]
	cura	['kura]
	classe	['klasse]
	tic	[tik]
g [g]	*gas*	[gas]
	regola	['rɛgola]
	augurio	[au'gurjo]
	grido	['grido]

  - **molli** o **palatali**

c [tʃ]	*cera*	['tʃera]
	acido	['atʃido]
g [dʒ]	*gelo*	['dʒɛlo]
	giro	['dʒiro]

- La **s** e la **z** possono essere:
  - **sorde** o **aspre**

s [s]	*sale*	['sale]
	riso	['riso]
z [ts]	*zolfo*	['tsolfo]
	zia	['tsia]

  - **sonore** o **dolci**

s [z]	*rosmarino*	[rozma'rino]
	rosaio	[ro'zajo]
z [dz]	*zelante*	[dze'lante]
	zona	['dzona]

- **Digrammi** e **trigrammi** sono gruppi di due e tre lettere, che generano un solo suono (**gn** di *gnomo*)
  - nei digrammi **ci** e **gi** e nei trigrammi **sci** e **gli** la **i** è solo un segno grafico che serve a dare un suono dolce alla consonante (**sci** di *sciopero*).

Raddoppiamento delle consonanti

- In italiano è caratteristico il raddoppiamento della

consonante (*bb, cc, dd, ff, gg, ll, mm, nn, pp, rr, ss, tt, vv, zz*), che ne rende il suono più lungo e forte. Il raddoppiamento della **q** è rarissimo (*soqquadro*); in italiano il rafforzamento della **q** si ottiene anteponendo ad essa una **c** (**cqu** come in *acqua* e simili).

- Non esistono regole che ne determino l'uso, tuttavia vi sono alcuni casi in cui il raddoppiamento non è ammesso:
  - quando la **b** è seguita dalla terminazione **ile**

    inconcepibile
    terribile

  - quando **g** e **z** precedono la terminazione **ione**

    stagione
    concezione

! Il raddoppiamento spesso muta il senso della parola:

casa (abitazione) *cassa* (contenitore)
pala (utensile) *palla* (oggetto sferico)

ACCENTO

- È un'intonazione più forte e prolungata, che cade su una determinata sillaba di una parola. L'**accento** è detto **tonico** e *tonica* è la sillaba o la vocale che lo riceve. La sillaba non accentata è detta invece *atona*:

  finestra
  arido

- A seconda della posizione dell'accento tonico si hanno parole:
  - **tronche**, se esso cade sull'ultima sillaba

    virtù
    onestà
    idoneità

  - **piane**, se cade sulla penultima sillaba; sono le più numerose in italiano

    lavoro
    rumore
    questura

- **sdrucciole**, quando cade sulla terzultima sillaba

  saturo
  rapido
  tavola

- **bisdrucciole**, quando cade sulla quartultima sillaba

  litigano
  scivolano

● L'accento tonico in italiano non viene mai espresso graficamente, tranne:

- sulle parole tronche, di più sillabe, terminanti con vocale accentata

  città
  finché
  virtù

- sulle parole monosillabiche con dittongo

  più
  ciò
  già

- su monosillabi che potrebbero essere confusi con altri di diverso significato

ché	(poiché)	*che*	(congiunzione e pronome)
dì	(giorno)	*di*	(preposizione)
dà	(verbo dare)	*da*	(preposizione)
è	(verbo essere)	*e*	(congiunzione)
là	(avverbio)	*la*	(articolo)
lì	(avverbio)	*li*	(pronome)
né	(negazione)	*ne*	(pronome e avverbio)
sé	(pronome)	*se*	(congiunzione)
sì	(affermazione)	*si*	(pronome)
tè	(bevanda)	*te*	(pronome)

● Quando l'accento tonico viene espresso si ricorre all'**accento grafico**, che può essere:

- **grave** [`] quando indica un suono aperto; è il più usato e si trova sulle vocali **a, e, o, i, u**

  città
  caffè
  falò
  partì
  virtù

- **acuto** [´] quando indica un suono chiuso; si trova sulle vocali **e, o**

  benché

L'accento grafico è segnato all'interno della parola solo per distinguere due vocaboli di uguale grafia ma di diverso significato (*omografi*); oggi è raramente usato:

bótte (recipiente) *bòtte* (percosse)
légge (norma) *lègge* (verbo leggere)

- Non hanno mai l'accento:

  blu *fa* *qui* *sto*
  su *fu* *qua* *sta*

- Il numerale **tre** non vuole l'accento, però i suoi composti lo richiedono:

  trentatré
  centotré

- Il pronome **sé** segue di solito la regola generale ma è anche ammessa la forma senza l'accento quando è seguito da **stesso**, **medesimo**:

  Non pensa che a ***sé***
  Parla solo di ***sé stesso (se stesso)***

APOSTROFO

- L'apostrofo è il segno grafico ['] che indica la caduta, o *elisione*, di una vocale non accentata in fine di parola davanti a un'altra iniziale di parola.

- L'elisione non segue una regola fissa, ma è obbligatoria nei casi seguenti:

  - con gli articoli **lo**, **la** e le preposizioni da essi derivate

    l'amico
    all'orizzonte
    dell'onestà

- con l'articolo indeterminativo **una**

  un'*amica*
  un'*altra*
  un'*industria*

- con gli aggettivi **questo**, **quello**, **bello** e **santo**

  a ***quest'****ora*
  quell'*orologio*
  bell'*uomo*
  sant'*Agnese*

- con l'avverbio di luogo **ci** davanti alle forme del verbo essere

  c'*è*
  c'*era*
  c'*erano*

! Numerose locuzioni avverbiali richiedono l'apostrofo. Eccone alcune:

d'*accordo*
d'*altronde*
senz'*altro*
tutt'*al più*
tutt'*altro*

TRONCAMENTO

- È la caduta della vocale o di una sillaba non accentata in fine di parola; non richiede l'apostrofo.
- Il troncamento è obbligatorio in questi casi:
  - con **uno**, **alcuno**, **nessuno**, **buono** davanti a vocale o consonante

    un *amico*
    nessun *giorno*
    buon *ragazzo*

  - con **quello** e **bello** davanti a consonante

    quel *motore*
    bel *canto*

  - con **santo** davanti a nomi propri che iniziano per consonante

    san *Carlo*
    san *Giorgio*

- con **signore**, seguito però da nome o cognome, e di solito con i titoli accademici terminanti in **ore**

  *il **signor** Rossi*
  *il **professor** Carlo Bianchi*

- Il troncamento di solito non avviene:
  - davanti a parole che iniziano per **gn**, **ps**, **s** impura, **x**, **z**

    ***uno** psichiatra*
    ***santo** Stefano*
    ***quello** zaino*

  ! ci sono tuttavia alcune eccezioni come

    san Stanislao
    ***san** Zeno*

  - con i nomi plurali

    ***buon** amico* ***buoni** amici*

- **quale** e **tale** possono essere tronchi ma mai apostrofati:

  ***qual** è*
  ***quel tal** uomo* o ***quel tale** uomo*

- **un po'** è forma tronca di *poco* e non si scrive mai con l'accento:

  ***un po'** di vino*
  non: *un pò di vino*

DIVISIONE SILLABICA

- La sillaba è formata da una o più lettere che vengono pronunciate con una sola emissione di voce.
- La divisione in sillabe è necessaria perché consente di suddividere le parole quando si va a capo.
- Le regole per la divisione di una parola in sillabe sono le seguenti:

- una o due vocali seguite da una sola consonante fanno sillaba a sé

  a-la
  ai-ro-ne

- una consonante seguita da una vocale forma una sillaba

  mo-bi-le
  po-te-re

- due o più consonanti seguite da vocale formano una sillaba

  cre-sta
  stra-da

- le consonanti raddoppiate vengono divise e incluse nelle sillabe precedente e seguente

  mes-sag-ge-ro
  paz-zo

- i gruppi di consonanti **bs**, **cm**, **cn**, **cq**, **fg**, **gm**, **tm** vengono separati e le lettere si costituiscono in sillaba con la vocale precedente e seguente

  ab-si-de
  ac-me
  ac-ne
  ac-qua
  af-ga-no
  pig-meo
  at-mo-sfe-ra

- **l**, **m**, **n**, **r**, seguite direttamente da una consonante, si uniscono alla sillaba precedente

  pel-tro
  per-cor-so
  mam-bo
  ban-ca
  ar-ti-sta

- **s** fa sillaba con la consonante che la segue

  pa-sta
  a-stio
  o-sti-le

- **qu** fa sillaba con la vocale che segue

  a-qui-la

se-que-stro
qua-der-no

- **dittonghi** e **trittonghi** fanno parte di una sola sillaba, che può essere preceduta da una consonante

  fie-no
  a-iuo-la

- **digrammi** e **trigrammi** fanno sillaba a sé

  sta-gno
  ma-glia
  i-gno-ra-re

- i **prefissi** possono fare sillaba a sé oppure seguire le regole sopra elencate

  dis-pa-ri o *di-spa-ri*
  in-u-ti-le o *i-nu-ti-le*

MAIUSCOLE

Si usano

- All'inizio di un periodo:

  Telefonò al dottore per un appuntamento

- Dopo il punto fermo:

  Erano le due del pomeriggio. L'aria intorno era immobile

- Dopo i due punti e le virgolette che precedono un discorso diretto:

  Alberto allora chiese: "Quando parte il treno?"

- Con i nomi di persona, cognomi, soprannomi, cose personificate:

  l'Innominato
  La Fortuna è una dea bendata

- Con i nomi propri geografici:

  Milano è una grande città
  Il Tevere bagna Roma

- Con i nomi di secoli:

  il Cinquecento
  il Seicento

- Con i nomi di feste e solennità civili e religiose:

  il Natale di Roma
  la Pasqua

- Con i titoli di giornali e libri, i nomi di società:

  Il Corriere della Sera
  I Promessi Sposi
  La Società Rossi

- Con i nomi di strade, rioni:

  via Borgognona
  Campo Marzio è un rione molto antico di Roma

- In generale quando si vuole dare un particolare rilievo a una parola:

  Sua Eccellenza il Ministro

SEGNI D'INTERPUNZIONE

.	*punto fermo*
,	*virgola*
;	*punto e virgola*
:	*due punti*
?	*punto interrogativo*
!	*punto esclamativo*
«»“”	*virgolette*
’	*apostrofo*
()[]{}	*parentesi*
–	*trattino*
—	*lineetta*
...	*puntini di sospensione*

ARTICOLO

- È quella parte variabile del discorso che si premette al nome per indicarlo, specificandone il genere e il numero; tra l'articolo e il nome può interporsi un aggettivo:

  Il *viaggio in Turchia è* ***una*** *buona idea per* ***le*** *prossime vacanze*
  È stato ***un*** *viaggio molto interessante*
  I *ragazzi si alzino in piedi,* ***le*** *ragazze restino sedute*
  Lo *sport è* ***un'****attività salutare per* ***gli*** *adolescenti*

! L'articolo dà valore di sostantivo a qualunque altra parte del discorso esso preceda:

  Il mangiar *troppo non giova alla salute*
  Lo strano *della storia è che nessuno udì lo sparo*
  Bene, ***il più*** *è fatto!*

- Si distingue in **articolo determinativo** e **articolo indeterminativo**.

ARTICOLO DETERMINATIVO

Si premette a un nome per indicarlo in modo preciso. Ha le forme seguenti:

	SINGOLARE	PLURALE
MASCHILE	*il* *lo (l')*	*i* *gli*
FEMMINILE	*la (l')*	*le*

- **il**, **i** si usano davanti a parole maschili che iniziano per consonante, tranne nei casi in cui si usano *lo*, *gli*:

il nome	***i nomi***
il cognome	***i cognomi***

- **lo**, **gli** si premettono a parole maschili che iniziano per:
  - *vocale*, in questo caso *lo* si apostrofa

    l'orologio *gli orologi*
    l'amico *gli amici*

  - *semivocale*

    lo yoga
    lo yogurt

  - *s* impura, cioè seguita da consonante

    lo sciame *gli sciami*
    lo specchio *gli specchi*
    lo stadio *gli stadi*

  - *gn*, *pn*, *ps*, *x*, *z*

    lo gnocco *gli gnocchi*
    lo pneumatico *gli pneumatici*
    lo psicologo *gli psicologi*
    lo xenofobo *gli xenofobi*
    lo zero *gli zeri*

  gn, *pn*, *ps* oggi si possono trovare anche con le forme *il*, *i* (ma sono sconsigliate)

    il gnocco *i gnocchi*
    il pneumatico *i pneumatici*
    il psicologo *i psicologi*

! Fanno eccezione:
  - il sostantivo

    il dio *gli dèi*

  - le espressioni

    per lo meno
    per lo più

- **la**, **le** si premettono alle parole di genere femminile:

    la stazione *le stazioni*
    la zia *le zie*

  - *la* si apostrofa sempre davanti a vocale

    l'amica
    l'automobile

! davanti a semivocale però rimane invariata

la ionosfera
la yucca

Si usa

- Per indicare una categoria o una specie in senso generico:

  Il cane è il miglior amico dell'uomo (tutti i cani)

- Per indicare una cosa o un oggetto determinato:

  Hai visto il film? (quel film)

- Per indicare un'azione che si svolge a intervalli regolari:

  Il lunedì vado al cinema (ogni lunedì)

- Davanti ai pronomi possessivi:

  L'auto di Carlo è nuova, la mia no

- Con i cognomi di personaggi femminili celebri:

  la Garbo
  la Loren

- Con tutti i cognomi al plurale:

  i Verri
  gli Strozzi

- Con i soprannomi, gli pseudonimi:

  il Barbarossa
  il Griso
  il Canaletto
  il Caravaggio

- Con i nomi geografici di:

continenti	*l'Europa*
stati	*l'Italia*
regioni	*la Toscana*
grandi isole	*la Sicilia*
mari	*il Mediterraneo*
laghi	*il Garda*
fiumi	*il Po*
monti	*il Cervino*

Non si usa

- Con i nomi propri di persona, usati senza alcuna specificazione:

  Mario
  ma: *il signor Mario*

- Con i cognomi di personaggi maschili celebri o conosciuti, purché non preceduti da aggettivo o titolo:

  Mozart
  ma: *il grande Mozart*

  ! si può usare l'articolo invece con alcuni cognomi, soprattutto di letterati italiani

  il Petrarca
  il Manzoni

- Con i nomi di parentela al singolare preceduti dagli aggettivi possessivi *mio, tuo, suo, nostro, vostro*:

  mio padre
  vostra madre

  ! però *babbo* e *mamma* vogliono l'articolo

  il mio babbo
  la mia mamma

- Con i nomi di città e paesi, purché senza attributi:

  Roma
  ma: *la Roma imperiale*
  Assisi
  ma: *l'artistica Assisi*

  ! sono eccezioni

  L'Aia
  L'Aquila
  Il Cairo
  La Mecca
  La Spezia

- Con i nomi delle piccole isole:

  Capri
  Ischia

! molte sono le piccole isole che fanno eccezione alla regola

l'Asinara
la Capraia
l'Elba
la Gorgona
La Maddalena

- Nelle insegne o indicazioni in genere:

Incrocio
Macelleria
Ospedale

- Se si vuol dare un senso partitivo:

Ho bevuto latte stamattina

- Se si vuol dare maggior incisività a un'azione:

Ha studiato giorno e notte

ARTICOLO INDETERMINATIVO

Si premette al nome per indicarlo in modo generico, indeterminato. Ha le seguenti forme:

	SINGOLARE
MASCHILE	*un*, *uno*
FEMMINILE	*una*, *un'*

- **un** si usa davanti a parola maschile che inizia per vocale o consonante:

un amico
un giorno
un tavolo

! *un* non è mai seguito dall'apostrofo

- **uno** si premette a parola maschile che inizia per:
  - *s* impura

uno scontrino
uno specchio
uno svago

- *y* semiconsonantica

  uno yogurt
  uno yacht

- *gn, ps, x, z*

  uno gnomo
  uno psicologo
  uno xenofobo
  uno zaino

- **una** si usa davanti a parola femminile che inizia per consonante:

  una madre
  una zia

- **un'** si usa davanti a parola femminile che inizia per vocale:

  un'automobile
  un'amica

! L'articolo indeterminativo non ha la forma plurale, che tuttavia può essere resa:

- non esprimendo l'articolo

  Leggo giornali
  Mangio pere e mele

- con l'articolo partitivo, con il significato di *qualche*, *alcuni*, *un po' di*

  Prendo caffè e dei biscotti
  Vorrei comprare dei libri

ARTICOLO PARTITIVO

Si usa per indicare una parte indefinita di un tutto e per declinare l'articolo indeterminativo al plurale.
Assume la forma della preposizione articolata (*di + articoli determinativi*):

	SINGOLARE	PLURALE
MASCHILE	*del* *dello*, *dell'*	*dei* *degli*
FEMMINILE	*della*	*delle*

! Non esistono regole fisse per l'uso del partitivo; spesso è reso con *qualche*, *alcuni*, *un po' di*, ma può essere anche sottinteso:

Berrei volentieri **del** *vino*
Berrei volentieri **un po'** *di vino*
Berrei volentieri vino

SOSTANTIVO

- È quella parte variabile del discorso che indica esseri viventi, cose, fatti o azioni, concetti, sentimenti:

  *L'****atleta*** *ha ricevuto il* ***premio*** *dopo aver vinto la* ***corsa***
  Crede ciecamente nella ***libertà*** *d'****idee*** *e di* ***espressione***
  Sono legati da una salda e sincera ***amicizia***

- Secondo il significato può essere
  - concreto
  - astratto
  - comune
  - proprio
  - individuale
  - collettivo

- Secondo la forma ha un
  - genere
    - maschile
    - femminile
  - numero
    - singolare
    - plurale

- Secondo la formazione si distingue in
  - primitivo
  - derivato
  - alterato

! Qualunque parte del discorso può svolgere la funzione di sostantivo se preceduta dall'articolo determinativo o indeterminativo e, naturalmente, dalle preposizioni articolate. In questo caso l'*aggettivo*, la *preposizione*, il *verbo*, la *congiunzione*, l'*avverbio* (o un'altra parte del discorso) si diranno **sostantivati**:

E ***il bello*** (agg.) *deve ancora venire*!
Il di *è una preposizione*
Il bere (verbo) *eccessivo danneggia la salute*
Moltissimi sono ***i perché*** (cong.) *della vita*
Non pensare ***al poi*** (avv.) *e goditi questa giornata*

CLASSIFICAZIONE DEL SOSTANTIVO SECONDO IL SIGNIFICATO

Secondo il significato il sostantivo o nome può essere

- **concreto**, quando designa esseri viventi o cose appartenenti al mondo reale e che percepiamo con i nostri sensi:

  uomo
  profumo
  suono

- **astratto**, quando indica sentimenti, concetti, qualità e tutto ciò che non è percepibile direttamente con i nostri sensi:

  amore
  filosofia
  virtù

- **comune**, quando indica esseri viventi o cose appartenenti a una stessa categoria, classe o specie, considerati in senso generico:

  poeta
  mare
  città

- **proprio**, quando indica esseri viventi o cose, distinguendoli però dagli altri delle stessa categoria, classe o specie; si scrive sempre con l'iniziale maiuscola:

  Dante Alighieri
  Mediterraneo
  Venezia

! oltre ai nomi propri, si scrivono sempre con la lettera maiuscola

soprannomi	*l'Innominato* *Federico I detto il Barbarossa* *Michelangelo Merisi detto il Caravaggio*
pseudonimi	*Alberto Moravia (Alberto Pincherle)* *Pietro Metastasio (Pietro Trapassi)*
cose personificate	*La Luna allora le sorrise*

- **individuale**, quando indica un solo essere o una sola cosa:

  giocatore
  cavallo
  nave

- **collettivo**, quando indica, pur avendo forma singolare, un insieme di esseri viventi o cose, siano essi in numero determinato che indeterminato:

  gregge
  flotta
  paio
  migliaio

! pur indicando una pluralità di esseri o cose, il nome collettivo è sempre seguito dal verbo alla terza persona singolare, tuttavia l'uso della forma plurale del verbo è ammesso quando del nome collettivo si conoscono gli elementi che lo compongono

La flotta ***salpò*** *all'alba*
Il gregge ***pascolava*** *tranquillamente*
La folla ***manifestò*** *in piazza*
Una folla di tifosi ***invase (invasero)*** *il campo*

CLASSIFICAZIONE DEL SOSTANTIVO SECONDO LA FORMA

GENERE DEL SOSTANTIVO

In italiano i nomi possono essere di genere maschile o femminile.

Esseri animati

- Sono **maschili** i nomi di persone e animali, appartenenti a questo sesso:

  Alessandro
  fratello
  gallo

- Sono **femminili** i nomi di persone e animali, appartenenti a questo sesso:

  Giulia
  amica
  gatta

Esistono tuttavia nomi di genere femminile che possono designare anche persone di sesso maschile:

la guardia
la guida
la sentinella

E nomi di genere maschile che però si riferiscono a persone di sesso femminile:

il contralto
il mezzosoprano
il soprano

! In entrambi i casi l'aggettivo si accorda col nome a cui si riferisce:

*Carlo è **una** brav**a** **guida** turistic**a***
*Lorena è **un** brav**o** **mezzosoprano***

Esseri inanimati

Possono essere **maschili** o **femminili** e non esiste alcuna regola per determinarne con esattezza il genere grammaticale. Sono però di aiuto alcune norme che concernono la *terminazione* e il *significato*.

RISPETTO ALLA TERMINAZIONE

- Sono **maschili** quasi tutti i nomi che escono in **o**, **i** e per **consonante** e alcuni di quelli che terminano in **e**:

  amico
  brindisi
  tennis
  dottore

  ! anche se rari, ci sono però nomi *femminili* che terminano in *o* e *i* (questi ultimi di origine greca); eccone alcuni

  la mano
  la radio
  la crisi

- Sono **femminili** quasi tutti i nomi che terminano in **a**, **u** e alcuni in **e**:

  Giovanna
  gru
  immagine

  ! ci sono però numerosi nomi *maschili* che terminano in *a* e *u*

  Andrea
  il poeta
  il caucciù

RISPETTO AL SIGNIFICATO

- Sono **maschili** i nomi che indicano:
  - metalli

    il ferro
    il platino

  - piante

    il faggio
    il melo

! alcuni però sono *femminili*

la betulla
la mimosa
la palma
la vite

- i mesi e i giorni della settimana

il gelido gennaio
il prossimo lunedì
un venerdì sfortunato

! ma domenica è *femminile*

una tranquilla domenica

- monti, fiumi, laghi, mari, oceani

il Cervino
il Po
il Garda
il Mediterraneo
il Pacifico

! alcuni monti e fiumi sono però *femminili*

le Alpi
la Sila
la Bormida
la Senna
la Loira

- Sono **femminili** i nomi che indicano:
  - frutti

la pera
la mela
la pesca
la ghianda

! ma sono *maschili*

il dattero
il fico
il limone
il pistacchio

- città, isole e continenti

la Roma imperiale
la Sicilia
la vecchia Europa

! sono invece *maschili*

Il Cairo
il Madagascar

- I **nomi stranieri**, usati nell'italiano, mantengono di solito lo stesso genere della lingua d'origine. Il neutro, assente nella nostra lingua ma presente ad esempio nel tedesco, è generalmente assimilato al maschile:

  la Bundesrepublik (tedesco)
  il corner (inglese)
  la fondue (francese)
  la pelota (spagnolo)

- Nei casi in cui è difficile riconoscere il genere dei nomi, come avviene in lingue meno comuni – ad esempio il giapponese, il russo, l'ungherese – non rimane che affidarsi al buon senso.

FORMAZIONE DEL FEMMINILE

Nomi mobili

Appartengono a questa categoria la maggior parte dei nomi di esseri viventi, che hanno una forma per il maschile e una per il femminile:

figlio	*figlia*
pittore	*pittrice*
professore	*professoressa*

- I nomi maschili terminanti in **o** hanno il femminile di regola in **a**:

amico	*amica*
Carlo	*Carla*
nonno	*nonna*

- hanno forme particolari

dio	*dea*
gallo	*gallina*

! alcuni nomi maschili terminanti in **o** possono uscire al femminile in **essa**, ma si tratta di una forma per lo più in disuso: oggi si preferisce mantenere il sostantivo maschile invariato nei due generi, o formare il femminile con la desinenza regolare **a**

avvocato	*avvocatessa* o *avvocato*
notaio	*notaio* o *notaia*
diavolo	*diavolessa* o *diavola*

- I nomi maschili uscenti in **e** hanno di regola il femminile in **a**:

signore	*signora*
infermiere	*infermiera*
pasticciere	*pasticciera*

  - alcuni però hanno forme particolari

cane	*cagna*
eroe	*eroina*
re	*regina*

! alcuni nomi maschili uscenti in **e** hanno il femminile in **essa**

professore	*professoressa*
studente	*studentessa*

- I nomi maschili uscenti in **a** hanno di regola il femminile in **essa**:

poeta	*poetessa*
duca	*duchessa*

! i nomi di genere comune (vedi pag. 36) restano però invariati

- I nomi maschili uscenti in **tore** fanno di regola al femminile in **trice, tora**:

attore	*attrice*
coordinatore	*coordinatrice*
tintore	*tintora*
! *dottore*	*dottoressa (*raro *dottora)*

- I nomi maschili uscenti in **ista** e **cida** restano invariati:

***un** regista*	***una** regista*
***un** omicida*	***un'**omicida*
***un** suicida*	***una** suicida*

Nomi di genere comune

Hanno un'unica forma per il maschile e il femminile. Il loro genere può essere desunto soltanto dal contesto in cui sono inseriti. Appartengono a questa categoria:

- alcuni nomi che terminano in **e**

un assistente	*un'assistente*
il cantante	*la cantante*
un insegnante	*un'insegnante*

- alcuni nomi che terminano in **a**

un atleta	*un'atleta*
il geometra	*la geometra*
il pediatra	*la pediatra*
lo psichiatra	*la psichiatra*

- alcuni nomi che terminano in **cida**

un omicida	*un'omicida*
un suicida	*una suicida*

- alcuni nomi che terminano in **ista**

il dentista	*la dentista*
il pianista	*la pianista*
il regista	*la regista*

! I nomi uscenti in **a**, **cida**, **ista** hanno al plurale due distinte forme:

atleta	*gli atleti*	*le atlete*
suicida	*i suicidi*	*le suicide*
pianista	*i pianisti*	*le pianiste*

Nomi promiscui

- Hanno una sola forma per i due generi, o maschile o femminile, che si usa per indicare entrambi i sessi:

l'aquila
il delfino
la iena
il merlo
la tigre

! Quando si vuole precisare il sesso si usa accompagnare il nome con gli aggettivi **maschio** o **femmina**:

l'aquila ***maschio***
il delfino ***femmina***

il merlo ***maschio***
la tigre ***femmina***

- Sono da considerare promiscui anche nomi come: la *guardia*, la *guida*, la *sentinella*, perché, pur avendo forma femminile, si riferiscono a entrambi i sessi.

Nomi indipendenti

Sono quei sostantivi che nel maschile e nel femminile hanno forme del tutto diverse. Eccone alcuni tra i più comuni:

abate	*(ab)badessa*
celibe	*nubile*
compare	*comare*
frate	*suora*
fratello	*sorella*
fuco	*ape*
genero	*nuora*
marito	*moglie*
maschio	*femmina*
montone	*pecora*
padre	*madre*
porco	*scrofa*
toro	*vacca*
uomo	*donna*

Falsi mutamenti di genere

- Alcuni nomi maschili assumono al femminile un significato del tutto diverso. I più comuni sono:

il *baro* (imbroglione)	***la*** *bara* (feretro)
il *buco* (foro)	***la*** *buca* (fossa)
il *busto* (tronco; corpetto)	***la*** *busta* (involucro)
il *cerchio* (circonferenza)	***la*** *cerchia* (insieme di amici o di monti)
il *collo* (parte del corpo)	***la*** *colla* (sostanza per incollare)
il *colpo* (botta)	***la*** *colpa* (mancanza)
il *corso* (strada; flusso)	***la*** *corsa* (gara)
il *foglio* (di carta)	***la*** *foglia* (dell'albero)
il *gambo* (stelo di fiore)	***la*** *gamba* (arto inferiore)
il *grano* (cereale)	***la*** *grana* (granulosità; seccatura
il *latte* (sostanza)	***la*** *latta* (metallo)

il manico (impugnatura)	*la manica* (parte dell'abito)
il mento (parte del volto)	*la menta* (pianta)
il palo (asta)	*la pala* (attrezzo)
il pianto (da piangere)	*la pianta* (del piede; albero)
il porto (scalo)	*la porta* (uscio)
il soffitto (volta)	*la soffitta* (solaio)
il suolo (terra)	*la suola* (della scarpa)
il testo (lo scritto)	*la testa* (capo)
il visto (vidimazione)	*la vista* (il vedere)

- Altri nomi, pur avendo una sola forma, mutano ugualmente genere e significato. Sono detti anche *omofoni*, parola di origine greca che significa appunto "dallo stesso suono". I più frequenti sono:

un asse (di ruota)	*un'asse* (tavola)
il boa (serpente)	*la boa* (galleggiante)
il camerata (compagno)	*la camerata* (locale)
il capitale (somma)	*la capitale* (città)
il fine (scopo)	*la fine* (il termine)
il fronte (linea di combattimento; associazione)	*la fronte* (parte superiore del volto)

FORMAZIONE DEL PLURALE

Sostantivi maschili

- I sostantivi maschili uscenti al singolare in **o**, **e**, **a** hanno il plurale in **i**:

albero	*alberi*
signore	*signori*
artista	*artisti*

! alcuni nomi maschili al singolare diventano femminili al plurale

l'uovo	*le uova*
il paio	*le paia*
il centinaio	*le centinaia*

! alcuni nomi al plurale modificano il tema

dio	*dèi*
tempio	*templi*
uomo	*uomini*
bue	*buoi*
mille	*mila*

- I nomi maschili uscenti in **co** e **go**, con la penultima sillaba tonica, hanno il plurale in **chi** e **ghi**:

calco	*calchi*
soppalco	*soppalchi*
lago	*laghi*
mago	*maghi*

! fanno eccezione

amico	*amici*
greco	*greci*
nemico	*nemici*
porco	*porci*

- I nomi maschili uscenti in **co** e **go**, con la terzultima sillaba tonica, hanno il plurale in **ci** e **gi**:

medico	*medici*
traffico	*traffici*
asparago	*asparagi*

! molte sono le eccezioni

incarico	*incarichi*
valico	*valichi*
catalogo	*cataloghi*
dialogo	*dialoghi*
epilogo	*epiloghi*
obbligo	*obblighi*

! diversi nomi ammettono le due forme

farmaco	*farmachi*	*farmaci*
intonaco	*intonachi*	*intonaci*
stomaco	*stomachi*	*stomaci*
astrologo	*astrologhi*	*astrologi*
esofago	*esofaghi*	*esofagi*
monologo	*monologhi*	*monologi*

- I nomi maschili uscenti in **ca** e **ga** hanno il plurale in **chi** e **ghi**:

duca	*duchi*
monarca	*monarchi*
collega	*colleghi*

! ma *belga* fa *belgi*

- I nomi maschili uscenti in **io**, con la **i** tonica, hanno il plurale in **ii**:

mormorio	*mormorii*
pendio	*pendii*

pigolio	*pigolii*

- I nomi maschili uscenti in **io**, con la **i** atona, formano il plurale in **i**:

archivio	*archivi*
occhio	*occhi*
studio	*studi*

! Può accadere che la **i** in alcuni nomi sia un segno solo grafico (*socio-soci*, *tiglio-tigli*); in questo caso la **i** cade, generando talvolta qualche equivoco: esistono infatti alcuni plurali che possono corrispondere a due diverse forme di sostantivi singolari. Eccone alcuni esempi:

arbitri	può derivare da	*arbitro* e *arbitrio*
martiri	può derivare da	*martire* e *martirio*
principi	può derivare da	*principe* e *principio*

Si può ovviare a questa difficoltà segnando al plurale l'accento tonico. Avremo così **àrbitri** (da *arbitro*) e **arbìtri** (da *arbitrio*), **màrtiri** (da *martire*) e **martìri** (da *martirio*), **prìncipi** (da *principe*) e **princìpi** (da *principio*). Attualmente si preferisce tuttavia lasciare al contesto il compito di distinguere le diverse forme.

Sostantivi femminili

- I nomi femminili uscenti al singolare in **a** hanno il plurale in **e**:

camera	*camere*
gomma	*gomme*
pianta	*piante*

- I nomi femminili che terminano al singolare in **e**, **o** hanno il plurale in **i**:

madre	*madri*
stagione	*stagioni*
mano	*mani*

! molti nomi femminili che terminano in **o** sono forme abbreviate di sostantivi composti e restano invariati al plurale

l'auto	***le auto***	da *automobile*	(*le automobili*)
la foto	***le foto***	da *fotografia*	(*le fotografie*)
la moto	***le moto***	da *motocicletta*	(*le motociclette*)

- I nomi femminili uscenti al singolare in **ca** e **ga** hanno il plurale in **che** e **ghe**:

amica	*amiche*
banca	*banche*
paga	*paghe*

- I nomi femminili che terminano al singolare in **cia** e **gia**, con la **i** tonica, hanno il plurale regolarmente in **cie** e **gie**:

farmacia	*farmacie*
bugia	*bugie*
nevralgia	*nevralgie*

- I nomi femminili uscenti al singolare in **cia** e **gia**, con la **i** atona, hanno il plurale in **cie** e **gie**, se **c** e **g** sono precedute da **vocale**:

camicia	*camicie*
socia	*socie*
ciliegia	*ciliegie*
valigia	*valigie*

- I nomi femminili che terminano al singolare in **cia** e **gia**, con la **i** atona, hanno il plurale in **ce** e **ge**, se **c** e **g** sono precedute da una **consonante**:

roccia	*rocce*
frangia	*frange*
pioggia	*piogge*

! Nell'uso queste regole non sempre vengono rispettate per cui avremo:

ciliegia	*ciliegie*	*ciliege*
valigia	*valigie*	*valige*
pronuncia	*pronunce*	*pronuncie*
provincia	*province*	*provincie*

Nomi invariabili al plurale

Appartengono a questa categoria i nomi che mantengono la stessa forma al singolare e al plurale. Essi sono:

- I nomi femminili composti, ma usati in forma abbreviata:

l'auto(mobile)	*le auto*

la foto(grafia) *le foto*
la moto(cicletta) *le moto*

- I nomi femminili terminanti in **ie**:

  la specie *le specie*
  la serie *le serie*

! ci sono però alcune eccezioni

  la moglie *le mogli*
  la superficie *le superfici*

- I nomi terminanti in **i**, che sono quasi tutti femminili:

  l'analisi *le analisi*
  la crisi *le crisi*
  la metropoli *le metropoli*
  il brindisi *i brindisi*

- I nomi maschili che terminano in **a**:

  il boia *i boia*
  il paria *i paria*
  il vaglia *i vaglia*

- I nomi che hanno l'ultima sillaba tonica:

  il caffè *i caffè*
  il falò *i falò*
  la virtù *le virtù*

- I monosillabi:

  il re *i re*
  lo gnu *gli gnu*
  la gru *le gru*

- I nomi che terminano in consonante:

  il camion *i camion*
  lo sport *gli sport*
  il tram *i tram*

Alcuni **nomi stranieri** delle lingue più conosciute tendono a essere usati al plurale secondo le regole della loro lingua, come nel caso di *marine* che fa al plurale *marines*. Restano di solito invariati al plurale i nomi di origine greca e latina, ma anche in questo caso potremmo imbatterci in termini come *media*, che è il plurale di *medium*, o *curricula* plurale di *curriculum*.

Nomi difettivi

Sono quelli che mancano del singolare o del plurale.

- Sono usati solo al **singolare**:
  - i nomi collettivi

    il fogliame
    la plebe
    la prole
    il sudiciume

  - alcuni nomi astratti

    la pazienza
    la pietà
    l'umiltà
    la vanità

  - i nomi di molti metalli, minerali e sostanze chimiche

    il ferro
    il carbonio
    l'ossigeno

  - alcuni nomi di prodotti alimentari

    il caffè
    il latte
    il pepe
    il riso

  - i nomi di alcune malattie

    il colera
    il tifo
    il vaiolo

  - altri nomi quali

    il sangue
    la sete

- Si usano solo al **plurale**:
  - i nomi che indicano oggetti formati da due parti uguali

    le bretelle
    le forbici
    gli occhiali
    i pantaloni
    le redini

- i nomi che indicano una pluralità di oggetti o di altre realtà

  i dintorni
  le stoviglie
  le viscere
  i viveri

- alcuni nomi derivati da plurali latini

  le esequie
  le ferie
  le nozze
  i posteri
  le tenebre

Nomi sovrabbondanti

Sono sostantivi che hanno più di una forma al singolare e/o al plurale, al maschile e al femminile.

- Sono sovrabbondanti nel **plurale**:

il braccio	*i bracci*	diramazioni; ali di una costruzione
	le braccia	arti superiori del corpo umano; misura di lunghezza
il cervello	*i cervelli*	in senso figurato (*ma che cervelli*!)
	le cervella	materia cerebrale dell'uomo e degli animali
il ciglio	*i cigli*	bordi della strada, dei fossi
	le ciglia	quelle dell'occhio
il fondamento	*i fondamenti*	quelli di una disciplina, una scienza
	le fondamenta	quelle di sostegno di una costruzione

il gesto	*i gesti*	da gesticolare
	le gesta	imprese eroiche
il ginocchio	*i ginocchi*	se considerati separatamente
	le ginocchia	entrambi i ginocchi assieme
il grido	*i gridi*	quelli degli animali
	le grida	quelle umane
il lenzuolo	*i lenzuoli*	se presi individualmente
	le lenzuola	il paio
il membro	*i membri*	di una commissione, società
	le membra	parti del corpo umano
il muro	*i muri*	di una stanza, di un edificio
	le mura	di una città
l'osso	*gli ossi*	di animale macellato
	le ossa	del corpo umano, di un animale vivo

- Sono sovrabbondanti nel **singolare** e nel **plurale**

il frutto / *i frutti*	prodotti della terra, di attività umana; utile economico
la frutta / *le frutta*	frutti commestibili nel loro insieme
l'orecchio	organo uditivo; abilità musicale
gli orecchi	organi uditivi; forme sporgenti che assomigliano a un orecchio
l'orecchia	organo uditivo
le orecchie	organi uditivi; forme sporgenti che assomigliano a un orecchio

- I nomi sovrabbondanti nel **singolare** sono oggi rarissimi e perlopiù di uso letterario:

il destriero / *il destriere*	*i destrieri*
il forestiero / *il forestiere*	*i forestieri*

! *gregge* ha la particolarità di avere due singolari di genere diverso per uno stesso significato

il gregge	*i greggi*
la greggia	*le greggi* (irregolare, d'uso letterario)

CLASSIFICAZIONE DEL SOSTANTIVO SECONDO LA FORMAZIONE

Secondo la formazione il sostantivo o nome può essere

- **primitivo**, quando non deriva da altra parola; è formato dalla radice del nome e da una desinenza:

alber	+	*o*	***albero***
sol	+	*e*	***sole***
tavol	+	*a*	***tavola***

- **derivato**, quando deriva da un nome primitivo alla cui radice si è aggiunto un prefisso o un suffisso, o entrambi; i derivati indicano un oggetto diverso da quello espresso dal nome primitivo:

da *carta*:	*cartaio*	*cartolaio*	*cartiera*	*cartella*
da *latte*:	*lattaio*	*latteria*	*latticino*	*lattante*
da *fiore*:	*infiorata*	*infiorescenza*	*fioriera*	*fiorista*

- **alterato**, quando subisce, con l'aggiunta di suffissi, alterazioni nella forma ma non di significato; i nomi alterati si distinguono in *diminutivi*, *vezzeggiativi*, *accrescitivi*, *peggiorativi*:

  - i **diminutivi** esprimono dimensioni più piccole del normale e si formano con i suffissi: **ino**, **icino**, **icello**, **icciolo**, **ello**

cappello	+	*ino*	*cappellino*
cuore	+	*icino*	*cuoricino*
vento	+	*icello*	*venticello*
muro	+	*icciolo*	*muricciolo*
albero	+	*ello*	*alberello*

  ! *ino* a volte assume la forma **cino** quando il nome contiene una *n* nell'ultima sillaba

melone	*meloncino*
leone	*leoncino*
portone	*portoncino*

  - i **vezzeggiativi** esprimono dimensioni più piccole del normale, ma anche graziosità, carineria, tenerezza; si formano con i suffissi: **etto**, **erello**, **olo**, **olino**, **uccio**, **uzzo**

micio	+	*etto*	*micetto*
fatto	+	*erello*	*fatterello*

figlia	+	*ola*	*figli**ola***
topo	+	*olino*	*top**olino***
re	+	*uccio*	*re**uccio***
labbro	+	*uzzo*	*labbr**uzzo***

! i nomi che terminano in **cio** perdono la **i** davanti al suffisso **etto** come nel caso del primo esempio citato (*mi**cio**-mi**cetto***)

- gli **accrescitivi** esprimono dimensioni più grandi del normale; si formano con i suffissi: **one**, **otto**, **ozzo**, **accione**, **acchione**

bicchiere	+	*one*	*bicchier**one***
ragazzo	+	*otto*	*ragazz**otto***
barile	+	*ozzo*	*baril**ozzo***
uomo	+	*accione*	*om**accione***
matto	+	*acchione*	*matt**acchione***

- i **peggiorativi** esprimono disprezzo, ironia; si formano con i suffissi: **accio**, **astro**, **onzolo**, **ucolo**, **ercolo**, **upola**

povero	+	*accio*	*pover**accio***
poeta	+	*astro*	*poet**astro***
medico	+	*onzolo*	*medic**onzolo***
attore	+	*ucolo*	*attor**ucolo***
libro	+	*ercolo*	*lib**ercolo***
casa	+	*upola*	*cas**upola***

! Gli alterati possono anche cambiare genere:

***la** porta*	***il** port**one***
***la** tavola*	***il** tavol**ino***
***il** tino*	***la** tin**ozza***

Ci sono numerosi sostantivi che, pur avendo la terminazione degli alterati, di fatto non lo sono. Questi nomi non hanno nessun rapporto di significato con quelli da cui sembrano derivare, perciò sono detti **falsi alterati**. Ecco alcuni frequenti esempi:

acetone	non deriva da	*aceto*
bottone	non deriva da	*botte*
burrone	non deriva da	*burro*
lampone	non deriva da	*lampo*

lupino	non deriva da	*lupo*
mattone	non deriva da	*matto*
melone	non deriva da	*mela*
merletto	non deriva da	*merlo*
montone	non deriva da	*monte*
mulino	non deriva da	*mulo*
tacchino	non deriva da	*tacco*
tifone	non deriva da	*tifo*
visone	non deriva da	*viso*

NOMI COMPOSTI

Sono quei sostantivi che derivano dalla fusione di due o più parole di natura grammaticale diversa. Hanno significato proprio. Più comunemente, possono essere formati dai seguenti elementi:

- **nome + nome**

capo	+	*stazione*	***capostazione***
capo	+	*giro*	***capogiro***
cassa	+	*panca*	***cassapanca***
madre	+	*perla*	***madreperla***

- **nome + aggettivo**

cassa	+	*forte*	***cassaforte***
pelle	+	*rossa*	***pellerossa***

- **aggettivo + nome**

basso	+	*rilievo*	***bassorilievo***
franco	+	*bollo*	***francobollo***
mezza	+	*luna*	***mezzaluna***

- **aggettivo + aggettivo**

piano	+	*forte*	***pianoforte***
sordo	+	*muto*	***sordomuto***

- **verbo + verbo**

dormi	+	*veglia*	***dormiveglia***
para	+	*piglia*	***parapiglia***
sali	+	*scendi*	***saliscendi***

- **verbo + nome**

apri	+	*scatole*	***apriscatole***
lava	+	*piatti*	***lavapiatti***
spazza	+	*neve*	***spazzaneve***

- **verbo + avverbio**

posa	+	*piano*	***posapiano***
butta	+	*fuori*	***buttafuori***

- **avverbio + verbo**

bene	+	*stare*	***benestare***
male	+	*essere*	***malessere***

- **avverbio + aggettivo**

sempre	+	*verde*	***sempreverde***

- **preposizione/avverbio + nome**

sotto	+	*passaggio*	***sottopassaggio***
anti	+	*pasto*	***antipasto***
sopra	+	*nome*	***soprannome***
senza	+	*tetto*	***senzatetto***
dopo	+	*scuola*	***doposcuola***

- Tra i composti formati da **capo** (in senso figurato), come primo elemento, bisogna distinguere:
  - quelli in cui il termine *capo* sta a indicare ‘‘colui che comanda’’, il ‘‘dirigente’’

capo	+	*scuola*	***caposcuola***
capo	+	*stazione*	***capostazione***
capo	+	*classe*	***capoclasse***

  - quelli in cui l’elemento *capo* indica ‘‘eccellenza’’ o ‘‘inizio di qualcosa’’

capo	+	*lavoro*	***capolavoro***
capo	+	*verso*	***capoverso***

- Esistono anche altri tipi di composti, formati da elementi disparati o nei più diversi modi. Si notino i seguenti esempi:

capodanno	= capo dell’anno (nome + preposizione + nome)
pomodoro	= pomo d’oro (nome + preposizione + aggettivo)
buono-sconto	= buono per ottenere uno sconto
fantascienza	= scienza del fantastico

Plurale dei nomi composti

FORMANO IL PLURALE DEL PRIMO ELEMENTO

- **nome** + **nome**, se appartengono a un genere diverso:

pescespada	*pescispada*
grillotalpa	*grillitalpa*

! fanno eccezione

banconota	*banconote*
boccaporto	*boccaporti*
ferrovia	*ferrovie*

FORMANO IL PLURALE DEL SECONDO ELEMENTO

- **nome** + **nome**, se appartengono allo stesso genere:

arcobaleno	*arcobaleni*
madrepatria	*madrepatrie*
madreperla	*madreperle*

! *pomodoro* { *pomodori* / *pomidoro* / *pomidori*

- **aggettivo** + **nome**:

bassorilievo	*bassorilievi*
biancospino	*biancospini*
gentildonna	*gentildonne*

! sono eccezioni

altoforno	*altiforni*
mezzanotte	*mezzenotti*
mezzaluna	*mezzelune*

- **aggettivo** + **aggettivo**:

pianoforte	*pianoforti*
rossonero	*rossoneri*
sordomuto	*sordomuti*

- **verbo** + **nome**:

batticuore	*batticuori*
battibecco	*battibecchi*
parafulmine	*parafulmini*
spazzacamino	*spazzacamini*

! fanno eccezione

il parasole	*i parasole*
lo spartitraffico	*gli spartitraffico*
il tritaghiaccio	*i tritaghiaccio*

- con i sostantivi di genere femminile di solito il nome composto rimane invariato

l'aspirapolvere	*gli aspirapolvere*
il battiscopa	*i battiscopa*
il tritacarne	*i tritacarne*

- **preposizione** + **nome**:

antipasto	*antipasti*
soprannome	*soprannomi*
sottopassaggio	*sottopassaggi*

! *il senzatetto* — *i senzatetto*

- con i sostantivi di genere femminile il nome composto rimane di solito invariato

il dopobarba	*i dopobarba*
il dopocena	*i dopocena*
il doposcuola	*i doposcuola*
il retroscena	*i retroscena*
il sottoscala	*i sottoscala*

!

la sottoveste	*le sottovesti*
l'anticamera	*le anticamere*

- fanno eccezione anche tutti i nomi femminili formati dalle parole **sopra/sovra**

soprascarpa	*soprascarpe*
soprattassa	*soprattasse*
sovrapproduzione	*sovrapproduzioni*

RESTANO INVARIATI I COMPOSTI FORMATI DA

- **verbo** + **verbo**

il dormiveglia	*i dormiveglia*
il fuggifuggi	*i fuggifuggi*
il tiramolla	*i tiramolla*

- **verbo** + **avverbio**

il buttafuori	*i buttafuori*
il posapiano	*i posapiano*

- **avverbio** + **verbo**

il benestare	*i benestare*

!	*malessere*	*malesseri*

PRENDONO ENTRAMBI LA FORMA PLURALE

- **nome + aggettivo**

	cassaforte	*casseforti*
	terracotta	*terrecotte*
!	*camposanto*	*camposanti*
	palcoscenico	*palcoscenici*
	pellerossa	*pellirosse* o *pellirossa*

- I composti formati da **capo**, come primo elemento, con il significato di ''colui che comanda'', il ''dirigente'', mutano di solito al plurale solo questo elemento, a meno che non siano femminili; in tal caso restano invariati:

caposcuola	*capiscuola*
capostazione	*capistazione*
capoclasse	*capiclasse*
la capoclasse	*le capoclasse*
la caposala	*le caposala*
la capoufficio	*le capoufficio*

! Molti nomi maschili hanno il doppio plurale:

capotreno	*capitreno* o *capitreni*
caporedattore	*capiredattore* o *capiredattori*

- In genere questi composti seguono le regole dei normali sostantivi, assumendo la desinenza del plurale nel secondo elemento:

capolavoro	*capolavori*
capodanno	*capodanni*
capoverso	*capoversi*

AGGETTIVO

È quella parte variabile del discorso che si aggiunge al sostantivo per qualificarlo o determinarlo con precisione:

*È proprio una **bella** giornata*
*Preferisco le **fresche** notti agli **afosi** pomeriggi **estivi***
***Questa** estate verrò a trovarti*

- Un aggettivo si dice:
  - **attributivo**, quando esprime una qualità del sostantivo o ne chiarisce più esattamente il significato

    *Mi regalò un **libro interessante***
    *Abbiamo visto un **film spettacolare***
    *Gli **uomini** veramente **coraggiosi** sono rari*

  - **predicativo**, quando è impiegato assieme al verbo *essere* (o ad altro verbo copulativo come *credere*, *divenire*, *sembrare*) che lo mette in relazione con il soggetto della frase

    *Riccardo **è alto***
    *Credevo che Carla **fosse sincera** con me*
    *Il cielo **sembra sereno***

- Secondo la funzione che svolge, l'aggettivo si distingue in **qualificativo** e **determinativo**:

  *Con un mare **calmo** e **pulito** come questo è difficile non fare il bagno*
  *Un **bel** clima **mite** e **dolce**: è questo che voglio*
  *Ha **tre** fratelli e **due** sorelle più grandi di lui*
  *I **suoi** discorsi sono sempre molto interessanti*

AGGETTIVO QUALIFICATIVO

Indica una qualità, uno stato, una caratteristica del sostantivo che accompagna, con il quale si accorda in genere e numero. Per la formazione del genere e del numero, l'aggettivo segue le regole del sostantivo (vedi pagg. 31, 38).

FORMAZIONE DEL FEMMINILE

Rispetto al genere distinguiamo:

- aggettivi con **due terminazioni**, **o** per il maschile e **a** per il femminile

  alto *alta*
  bianco *bianca*
  rumoroso *rumorosa*

- aggettivi con un'**unica terminazione**, **e** per entrambi i generi

  un uomo mite
  una donna mite

FORMAZIONE DEL PLURALE

Anche per la formazione del plurale gli aggettivi seguono le regole dei sostantivi. Si confronti lo schema seguente:

	SINGOLARE	PLURALE
MASCHILE	*o*	*i*
FEMMINILE	*a*	*e*
MASCHILE / FEMMINILE	*e*	*i*

- Gli aggettivi in **co**, **ca** e **go**, **ga**, con la penultima sillaba tonica (piani), hanno il plurale in **chi**, **che** e **ghi**, **ghe**:

  poco *pochi*
  stanca *stanche*

largo	*larghi*
lunga	*lunghe*

! fanno eccezione

amico	*amici*
nemico	*nemici*
greco	*greci*

- Gli aggettivi in **co**, con la terzultima sillaba tonica (sdruccioli), hanno il plurale in **ci**:

comico	*comici*
pratico	*pratici*
unico	*unici*

! fanno eccezione

carico	*carichi*
dimentico	*dimentichi*

- Gli aggettivi in **cio** e **gio** hanno il plurale in **ci** e **gi**:

sudicio	*sudici*
grigio	*grigi*

- Gli aggettivi in **cia** e **gia** hanno al plurale le due forme **ce**, **ge** e **cie**, **gie**:

grigia	*grige/grigie*
sudicia	*sudice/sudicie*

- Gli aggettivi composti fanno il plurale regolarmente cambiando la desinenza finale:

italo-americano	*italo-americani*
malconcio	*malconci*

- Sono invariabili:
  - alcuni aggettivi che terminano in **i** o per **consonante**

un *numero* ***pari***	*i numeri* ***pari***
una *ragazza* ***snob***	***due*** *ragazze* ***snob***

  - alcuni aggettivi che indicano **colore**

Indossare un ***abito viola***
Sfogliare un campionario di ***tessuti rosa***
Mi piacciono gli ***occhi blu***

- alcuni aggettivi derivati da **locuzioni avverbiali**

  alcune ***famiglie perbene*** (per bene)
  un ***uomo****/una* ***donna dappoco*** (da poco)

AGGETTIVI CON USI PARTICOLARI

Bello, buono

- Questi aggettivi, quando sono usati al maschile, si comportano davanti al nome come l'articolo determinativo (*lo*) e indeterminativo (*uno*) e ammettono anche la forma tronca (*bel*, *buon*). Si confronti il seguente schema:

DAVANTI A:	GN, PS, X, Z, S IMPURA	ALTRE CONSONANTI	VOCALE
SINGOLARE	***bello/buono***	***bel/buon***	***bell'/buon***
PLURALE	***begli/buoni***	***bei/buoni***	***begli/buoni***

un ***bel*** *quadro* — *un* ***buon*** *posto*
dei ***bei*** *quadri* — *dei* ***buoni*** *posti*
un ***bell'****albero* — *un* ***buon*** *amico*
dei ***begli*** *alberi* — *dei* ***buoni*** *libri*

! *buon* davanti a vocale non si apostrofa mai

- quando **bello** e **buono** seguono il nome non hanno forma tronca

  un quadro ***bello***
  un pranzo ***buono***

- Le forme femminili **bella** e **buona** non hanno forma tronca. Non è obbligatoria l'elisione davanti a parola che inizi per vocale:

  Bell'*amica sei!*
  Una ***bella*** *attrice*
  Alla ***buon'****ora arrivi!*
  Una ***buona*** *archeologa*

Santo

- Anche questo aggettivo, quando è usato al maschile, ha la forma tronca:

DAVANTI A:	VOCALE	S IMPURA	ALTRE CONSONANTI
SINGOLARE	***sant'***	***santo***	***san***
PLURALE	***santi***	***santi***	***santi***

sant'*Antonio*
santo *Stefano*
san *Carlo*
i santi *Cosma e Damiano*

- Le forme femminili fanno regolarmente **sant'** (davanti a vocale), **santa** (negli altri casi), **sante** (al plurale):

sant'*Agnese*
santa *Lucia*
le ***sante*** *Caterina e Veronica*

Grande

- Questo aggettivo, quando precede il sostantivo, può avere la forma tronca, che però non è d'uso obbligatorio. Ricorre:
  - davanti ai sostantivi maschili che iniziano per consonante, eccetto **gn**, **ps**, **s** impura, **x**, **z**, sia al singolare sia al plurale

un ***gran*** *giorno*	*un* ***grande*** *giorno*
un ***gran*** *caldo*	*un* ***grande*** *caldo*
gran *risultati*	***grandi*** *risultati*

  - davanti ai nomi femminili al singolare

una ***gran*** *serata*	*una* ***grande*** *serata*
una ***gran*** *folla*	*una* ***grande*** *folla*
una ***gran*** *interprete*	*una* ***grande*** *interprete*

! *Grande* si può elidere davanti a nomi maschili o femminili singolari inizianti per vocale. Al plurale non si elide mai:

un ***grand'****uomo*	*un* ***grande*** *uomo*
una ***grand'****amica*	*una* ***grande*** *amica*
grandi *uomini*	***grandi*** *amiche*

AGGETTIVO ALTERATO

- Come il sostantivo, anche l'aggettivo si avvale di suffissi alterativi e può essere:
  - **diminutivo** (*ino*, *icino*, *etto*, *ello* e simili)
  - **vezzeggiativo** (*etto*, *erello*, *uccio* e simili)
  - **accrescitivo** (*one*, *otto*, *ozzo* e simili)
  - **peggiorativo** (*accio*, *astro*, *onzolo* e simili)

brutto	*brutt**ino***	*brutt**arello***
ricco	*ricc**one***	*ricc**astro***

AGGETTIVO SOSTANTIVATO

- È così chiamato quando, preceduto dall'articolo, da un numerale o un aggettivo indefinito, assume il valore di sostantivo:

utile	***l'utile***
romano	***due*** (o ***alcuni***) ***romani***

! Si usa per indicare:
  - un concetto astratto

    Il senso e il gusto ***del bello***
  - particolari qualità di persone o cose

    Contrappore ***il vecchio al nuovo***
  - i nomi di popoli

    un russo ***i russi***

CONCORDANZA DELL'AGGETTIVO

- L'aggettivo concorda in genere e numero con il sostantivo a cui si riferisce.

! Ci sono però alcuni casi particolari:
  - se l'aggettivo è riferito a nomi singolari di genere diverso, prende la forma maschile plurale

    ***Un** foglio e **una** busta bianchi*

- se riferito a nomi di genere diverso, usati al plurale o al singolare e plurale, l'aggettivo concorda con il nome più vicino o prende la forma maschile plurale

  fogli e buste diverse/diversi
  busta e fogli diversi

POSIZIONE DELL'AGGETTIVO

- L'aggettivo può precedere o seguire il nome:
  - lo **precede** quando indica genericamente una qualità, un aspetto, una caratteristica del nome

    *una **bella** vacanza*
    *un **vecchio** libro*

  - lo **segue** quando vuole porre l'accento su una particolare qualità, caratteristica del nome

    *una camicia **azzurra***
    *un impiegato **comunale***
    *una fronte **spaziosa***

  - **seguono** il nome anche gli aggettivi derivanti da participi

    *un lavoro **stancante***
    *un attore **consumato***

! In alcuni casi l'aggettivo anteposto o posposto al nome ne cambia il senso:

*un **buon** uomo* (mite, ma limitato)
*un uomo **buono*** (onesto, virtuoso)

GRADI DELL'AGGETTIVO

Sono tre: **positivo**, **comparativo** e **superlativo**.

Positivo

L'aggettivo è di grado positivo quando non propone alcun confronto:

Il clima è mite
La poltrona è comoda

Comparativo

L'aggettivo è di grado comparativo quando esprime un paragone tra persone, animali, cose, gradazioni di qualità o azioni diverse. Rispetto al tipo di paragone che propone, il comparativo può essere:

- di **maggioranza**, espresso dall'avverbio **più**, preposto all'aggettivo, e dalla preposizione **di** o dalla congiunzione **che**, premesse al secondo termine di paragone:

  *Piero è **più studioso di** Andrea*
  *Carlo è **più pigro che** volenteroso*

  ! *che* si preferisce a *di* davanti ad aggettivo, participio e infinito

- di **uguaglianza**, espresso dagli avverbi correlativi **(tanto) ...quanto**, **(così) ...come**:

  *Giulia è **(tanto) bella quanto** sua madre*
  *Marco è **(tanto) gentile quanto** premuroso*
  *Luigi è **(così) alto come** Giorgio*

- di **minoranza**, espresso dall'avverbio **meno**, preposto all'aggettivo e dalla preposizione **di** o dalla congiunzione **che**, preposte al secondo termine di paragone:

  *Sono **meno paziente di** te*
  *Ti considero **meno volenteroso che** intelligente*

I comparativi di *maggioranza* e di *minoranza* possono essere a volte modificati, rafforzati o attenuati dagli avverbi **molto**, **poco**, **troppo**, **assai**, **tanto**, **alquanto**, **parecchio**, **un po'**:

*Mario è **poco più grande del** fratello*
*Sono **molto meno stanco di** te*

Superlativo

Indica una qualità eccezionale, straordinaria. Il grado superlativo può essere *assoluto* o *relativo*

- **assoluto**, quando non propone alcun paragone con altre persone o cose o qualità. Si forma:
  - aggiungendo all'aggettivo la desinenza **issimo**

dolce	*dolcissimo*	*dolcissimi*
amara	*amarissima*	*amarissime*

    ! gli aggettivi che terminano in **co** e **go** conservano o perdono il suono gutturale, seguendo le stesse regole della formazione del plurale (vedi pagg. 55-56):

ricco	*ricchissimo*
pratico	*praticissimo*

    ! gli aggettivi in **io**, con **i** tonica, la mantengono al superlativo

    pio *piissimo*

    ! gli aggettivi in **io**, con **i** atona, la perdono al superlativo

    saggio *saggissimo*

  - aggiungendo, ad alcuni aggettivi, la desinenza **errimo**

acre	*acerrimo*
aspro	*asperrimo/asprissimo*
celebre	*celeberrimo*
integro	*integerrimo*
misero	*miserrimo/miserissimo*

  - aggiungendo, agli aggettivi che terminano in **dico**, **fico**, **volo**, la desinenza **entissimo**

benefico	*beneficentissimo*
benevolo	*benevolentissimo*
maledico	*maledicentissimo*
malefico	*maleficentissimo*
malevolo	*malevolentissimo*
magnifico	*magnificentissimo*
munifico	*munificentissimo*

  - mediante la ripetizione dell'aggettivo

    un cane piccolo piccolo
    un'andatura lenta lenta

  - premettendo all'aggettivo alcuni avverbi come

molto, **assai**, **estremamente**, **straordinariamente**, **enormemente**, **oltremodo**

un libro ***molto*** *interessante*
una gita ***assai*** *movimentata*
un film ***estremamente*** *realistico*

- facendo precedere o seguire l'aggettivo da locuzioni come **quanto mai**, **oltre ogni dire**

  una giornata ***quanto mai*** *noiosa*
  un uomo abitudinario ***oltre ogni dire***

- mediante l'aggiunta di prefissi come **arci**, **extra**, **iper**, **sopra**, **sovra**, **stra**, **super**, **ultra**

  un'opera ***arci****nota*
  una matita ***extra****fine*
  un giornalista ***iper****critico*
  uno sforzo ***sovr****umano*
  un uomo ***stra****ricco*
  un motore ***super****potente*
  una politica ***ultra****conservatrice*

- con l'uso di espressioni che rafforzano il significato dell'aggettivo

  bello ***da impazzire***
  matto ***da legare***
  pazzo ***furioso***
  ricco ***sfondato***
  stanco ***morto***
  ubriaco ***fradicio***

- **relativo**, quando indica una qualità eccezionale, straordinaria, in relazione però a un gruppo definito o ristretto di persone o cose dello stesso genere. Si forma:

  - premettendo l'**articolo determinativo** al comparativo di maggioranza o di minoranza e facendo precedere il secondo termine di paragone da **di**, **tra**, **che** e simili

    il più serio tra *i colleghi*
    il meno spiritoso della *compagnia*

! si noti che

- l'articolo determinativo può precedere il nome anziché il superlativo relativo

Quello è ***il*** *treno* ***più veloce*** *del mondo*
Quel treno è ***il più veloce*** *del mondo*

- il secondo termine di paragone può essere sottinteso

  Carlo è ***il più fortunato*** *(tra gli amici, i colleghi)*

COMPARATIVI E SUPERLATIVI PARTICOLARI

- Esistono alcuni aggettivi qualificativi che, oltre alla normale forma del comparativo e del superlativo, ne hanno una di derivazione latina usata di preferenza nelle espressioni di senso figurato:

POSITIVO	COMPARATIVO	SUPERLATIVO ASSOLUTO
alto	***superiore***	***sommo/supremo***
basso	***inferiore***	***infimo***
buono	***migliore***	***ottimo***
cattivo	***peggiore***	***pessimo***
grande	***maggiore***	***massimo***
piccolo	***minore***	***minimo***
interno	***interiore***	***intimo***
esterno	***esteriore***	***estremo***
vicino	***(viciniore)***	***prossimo***

la cima ***più alta*** — *il* ***sommo*** *poeta*
il ***più piccolo*** *sforzo* — *la* ***minima*** *importanza*

- Vi sono alcuni aggettivi che mancano del positivo e di qualche altra forma:

POSITIVO	COMPARATIVO	SUPERLATIVO ASSOLUTO
–	–	***primo***
–	***anteriore***	–
–	***posteriore***	***postumo***
–	***ulteriore***	***ultimo***

Il ***primo*** *dell'anno* (il giorno che precede tutti gli altri)
I fatti ***anteriori*** *all'accaduto* (precedenti)
Le zampe ***anteriori*** *del cavallo* (davanti)
Un documento ***posteriore*** (successivo)

Le zampe ***posteriori*** (di dietro)
Un'opera ***postuma*** (pubblicata dopo la morte)
Ulteriori *chiarimenti* (successivi e aggiuntivi)
*L'****ultimo*** *treno* (che viene dopo tutti gli altri)
*L'****ultima*** *casa della strada* (la più lontana)

Difettano del comparativo e del superlativo:

- gli aggettivi che indicano qualità, caratteristiche materiali

    chimico
    romboidale
    ferreo

- gli aggettivi che indicano misure di tempo

    giornaliero
    settimanale
    mensile

- gli aggettivi che esprimono nazionalità, confessioni religiose, convinzioni politiche

    statunitense
    protestante
    comunista

- gli aggettivi già alterati

    grassoccio
    piccolino
    grandicello

AGGETTIVO DETERMINATIVO

Serve a determinare il nome a cui si riferisce.
Può essere: **numerale**, **possessivo**, **dimostrativo**, **indefinito**, **interrogativo** ed **esclamativo**.

AGGETTIVO NUMERALE

Sei sono le categorie di numerali: **cardinali**, **ordinali**, **distributivi**, **moltiplicativi**, **frazionari**, **collettivi**.

Numerali cardinali

Esprimono una quantità numerica con esattezza; sono trascritti con le cifre arabe:

uno	1	*diciotto*	18
due	2	*diciannove*	19
tre	3	*venti*	20
quattro	4	*ventuno*	21
cinque	5	*trenta*	30
sei	6	*quaranta*	40
sette	7	*cinquanta*	50
otto	8	*sessanta*	60
nove	9	*settanta*	70
dieci	10	*ottanta*	80
undici	11	*novanta*	90
dodici	12	*cento*	100
tredici	13	*centouno*	101
quattordici	14	*duecento*	200
quindici	15	*cinquecento*	500
sedici	16	*mille*	1000
diciassette	17	*un milione*	1.000.000

- I numerali cardinali sono invariabili:

  quattro *uomini* ***quattro*** *donne*
  sei *libri* ***sei*** *sedie*

! Vi sono però alcune eccezioni:

- **uno** ha il femminile **una**

  uno *studente* ***una*** *commessa*

- i composti di **uno** assumono la forma tronca se sono seguiti dal sostantivo; richiedono il plurale del nome a cui si riferiscono

  ventun *giorni*
  trentun *mesi*
  novantun *settimane*

- **tre** non si accenta mai, tranne che nei composti

  tre *sedie*
  *trenta**tré** giorni*
  *cento**tré** soldati*

- **mille** ha il plurale **mila**

  mille *grazie* *due**mila** euro*

- **milione/milioni**, **miliardo/miliardi** sono sostantivi e sono sempre seguiti dalla preposizione **di**

  un milione di *sterline* ***due milioni di*** *euro*
  un miliardo di *persone* ***cinque miliardi di*** *stelle*

- Si usano le cifre arabe:
  - per indicare l'ora ufficiale e le date

    *le **5.05**, le **23.32***
    5 maggio 1992 o ***5.5.1992***

  - in aritmetica e per indicare misure scientifiche

    7 + 3 = 10
    *il Monte Bianco è alto **4810** m*

  - quando il numero espresso è troppo grande per scriverlo in lettere

    532.455 *è la somma totale*

Numerali ordinali

Indicano l'ordine di esseri viventi o cose in una serie o in una successione; sono trascritti con le cifre arabe (seguite da una **o** per il maschile o una **a** per il femminile, posta in alto a destra) e con i numeri romani:

primo	1°	I	***diciottesimo***	18°	XVIII
secondo	2°	II	***diciannovesimo***	19°	XIX
terzo	3°	III	***ventesimo***	20°	XX
quarto	4°	IV	***ventunesimo***	21°	XXI
quinto	5°	V	***trentesimo***	30°	XXX
sesto	6°	VI	***quarantesimo***	40°	XL
settimo	7°	VII	***cinquantesimo***	50°	L
ottavo	8°	VIII	***sessantesimo***	60°	LX
nono	9°	IX	***settantesimo***	70°	LXX
decimo	10°	X	***ottantesimo***	80°	LXXX
undicesimo	11°	XI	***novantesimo***	90°	XC
dodicesimo	12°	XII	***centesimo***	100°	C
tredicesimo	13°	XIII	***centunesimo***	101°	CI
quattordicesimo	14°	XIV	***duecentesimo***	200°	CC
quindicesimo	15°	XV	***cinquecentesimo***	500°	D
sedicesimo	16°	XVI	***millesimo***	1000°	M
diciassettesimo	17°	XVII	***milionesimo***	1.000.000°	$\underline{\underline{M}}$

! Anche **ultimo**, **penultimo**, **terzultimo**, **quartultimo**, **quintultimo** e **sestultimo** (gli altri non si usano) possono considerarsi ordinali.

- I numerali ordinali concordano in genere e numero con il nome a cui si riferiscono:

  i ***primi*** *risultati*
  la ***seconda*** *settimana*
  il ***quinto*** *piano*

Fino al IX secolo, quando gli arabi introdussero le cifre che portano il loro nome, i numeri romani fungevano da cardinali e ordinali. Oggi il loro uso è limitato ai soli ordinali e a pochi altri casi, come nelle epigrafi ad esempio e nei numerali frazionari (vedi pag. 70).

- I numeri romani di base sono:

  I = 1 ***L*** = 50 ***D*** = 500
  V = 5 ***C*** = 100 ***M*** = 1000
  X = 10

  - gli altri numeri romani si ottengono dalla combinazione di queste cifre: se l'unità più piccola si trova a sinistra del numero più grande, si sottrae, se a destra si aggiunge

XL (50 – 10) = 40
XCVI (100 – 10 + 5 + 1) = 96
MCMXCII (1000 + (1000 – 100) + (100 – 10) + 1 + 1) = 1992

- I numeri romani si usano:
  - per indicare sovrani e papi

    *l'imperatore **Carlo V***
    ***Enrico VIII** d'Inghilterra*
    *papa **Giovanni Paolo II***

  - per indicare i secoli

    *l'arte del **XV secolo** (1400)*
    *la storia americana del **XVIII secolo** (1700)*

! si potrà anche dire *il Quattrocento*, *il Settecento*, che sono numeri cardinali e che debbono essere scritti con la lettera maiuscola

Numerali distributivi

- Indicano il modo di distribuire o ripartire una quantità nello spazio o nel tempo. Si esprimono di solito con locuzioni formate da numeri cardinali uniti a preposizioni, aggettivi, pronomi indefiniti come: **a uno a uno**, **a due a due**, **uno per uno**, **due per due**, **uno ciascuno**, **due ciascuno** e simili:

__ogni due__ giorni
uscire __a tre a tre__ oppure *__tre alla volta__*
cento euro __per ciascuno__

! Nel caso di espressioni come *a due a due*, *a tre a tre* e simili l'intera locuzione, detta anche complemento attributivo, ha valore aggettivale (di attributo).

Numerali moltiplicativi

- Indicano una quantità moltiplicata. Sono **doppio**, **triplo**, **quadruplo**, **sestuplo**, **decuplo**:

strada a __doppia__ corsia
versare una somma __tripla__

! Sono in uso anche le forme terminanti in **plice**, come **duplice**, **triplice**, **quadruplice** e così via:

un duplice incarico
documento in triplice copia

Numerali frazionari

- Indicano parti di unità. Sono formati da un numero cardinale e un ordinale:

  1/4 (un quarto)
  3/4 (tre quarti)
  5/8 (cinque ottavi)

  - l'aggettivo **mezzo** è invariabile se preceduto dalla congiunzione **e**, ma concorda in genere e numero se precede il sostantivo

    le cinque e mezzo
    una giornata e mezzo
    mezza giornata

  nell'italiano colloquiale (non corretto) la forma femminile *mezza* viene concordata in genere e numero anche se segue il sostantivo:

    le cinque e mezza (ora)
    una giornata e mezza

Numerali collettivi

Indicano una pluralità considerata come un insieme.

- Sono aggettivi **ambo**, **ambedue**, **entrambi** o **entrambe** (sempre seguiti dall'articolo determinativo):

  ambo le parti
  ambedue gli amici
  entrambi i fratelli
  entrambe le sorelle

! Sono sostantivi:

- **paio, coppia**

  un paio di scarpe
  una coppia di amici

- **decina, dozzina, quindicina, ventina, trentina, centinaio, migliaio**

  una decina d'anni

una dozzina di uova
una quindicina di giovani
un centinaio di lettere
un migliaio di euro

- **settimana, bimestre, trimestre, biennio, triennio**

  Il corso dura una settimana
  L'anno scolastico è diviso in bimestri o quadrimestri?

- **terno, terna, quaterna, cinquina**

  una terna di squadre
  un terno, una quaterna e una cinquina vincenti al lotto

AGGETTIVO POSSESSIVO

Indica sia il possessore sia la cosa posseduta. Concorda in genere e numero con il nome a cui si riferisce:

MASCHILE		FEMMINILE	
SINGOLARE	PLURALE	SINGOLARE	PLURALE
mio	*miei*	*mia*	*mie*
tuo	*tuoi*	*tua*	*tue*
suo	*suoi*	*sua*	*sue*
nostro	*nostri*	*nostra*	*nostre*
vostro	*vostri*	*vostra*	*vostre*
loro	*loro*	*loro*	*loro*
proprio	*propri*	*propria*	*proprie*
altrui	*altrui*	*altrui*	*altrui*

- **suo**, **sua**, **suoi**, **sue** significano *di lui*, *di lei* e si riferiscono a persona singolare:

  I suoi (di lui o di lei) *amici sono simpatici*
  L'attore recita la sua parte (di lui)
  Scrivi il suo numero (di lui o di lei)

- **loro** è invariabile e si riferisce sempre a più persone:

  È il loro cantante preferito
  I tuoi fratelli e i loro amici

- **proprio** e **altrui** sono considerati aggettivi possessivi di terza persona come *suo* e *loro*:

  Educa i propri (suoi) *figli*

*Pensano solo ai **propri*** (loro) *interessi*
*Non desiderare le cose **altrui*** (di altri)

- **proprio** ha funzione di rafforzativo se unito ad altri aggettivi possessivi

  *I **nostri propri** desideri*
  *Con le **mie proprie** orecchie*

! il suo uso è richiesto

- nelle frasi in cui *suo* e *loro* non indicano con chiarezza il possessore

  *Lucia, dopo aver parlato con Marta, salì sulla sua **propria** automobile* (di Lucia)

- quando il soggetto della frase è indeterminato, invece di *suo* e *loro*

  ***Ciascuno** di voi faccia il **proprio** dovere*

- nelle frasi impersonali

  ***Si pensa** solo ai **propri** interessi*
  ***Ci si duole** dei **propri** malanni*

- **altrui** (di un altro, di altri) è invariabile come *loro*, indica un possessore non definito e si riferisce solo a persona

  *I fatti **altrui** non m'interessano*
  *Si sacrifica per il bene **altrui***

- Di regola l'aggettivo possessivo è preceduto dall'articolo:

  ***la mia** auto*
  ***il tuo** vestito*
  ***il vostro** lavoro*

! Rifiuta però l'articolo:

- con i nomi di parentela al singolare: *marito*, *moglie*, *padre*, *madre*, *figlio*, *figlia*, *fratello*, *sorella*

  ***Mio padre** è partito*
  ***Mia sorella** e **vostro fratello** sono usciti insieme*

  ! fanno eccezione: *mamma* e *papà*

  ***la tua** mamma*
  ***il suo** papà*

! *i nomi di parentela preceduti da* **loro** (che vuole sempre l'articolo) o da un aggettivo qualificativo

il loro *fratello*
il suo buon *padre*
la sua cara *madre*

- L'aggettivo possessivo di solito si pone prima del nome. Si pospone quando si vuol dare maggiore rilievo al possesso:

Mio padre *si chiama Franco*
È ***mia sorella***
La ***nostra casa***
Questa è ***casa nostra***

  - nelle esclamazioni talvolta segue la parola a cui si riferisce

    caro mio!
    Dio mio!

- In italiano l'aggettivo possessivo non è espresso:
  - quando ci si riferisce a parti del corpo

    Mi sono lavato le mani
    La testa mi duole

  - se dal contesto risulta evidente il possessore

    Prima di andare, prendo il cappotto

AGGETTIVO DIMOSTRATIVO

Indica la vicinanza o la lontananza, nello spazio o nel tempo, di esseri od oggetti rispetto a chi parla o ascolta, o a entrambi:

MASCHILE		FEMMINILE	
SINGOLARE	PLURALE	SINGOLARE	PLURALE
questo	***questi***	***questa***	***queste***
codesto	***codesti***	***codesta***	***codeste***
quello, quel	***quegli, quei***	***quella***	***quelle***
stesso	***stessi***	***stessa***	***stesse***
medesimo	***medesimi***	***medesima***	***medesime***
(tale)	***(tali)***	***(tale)***	***(tali)***

- **questo** si usa per indicare esseri o cose vicini a chi parla:

  Questo vestito è elegante
  Questa lettera è per Maria

- **codesto** indica esseri o cose vicini a chi ascolta; ormai in disuso, è sostituito di solito da *quello*:

  Consignale codesto regalo che porti con te

  ! *codesto* (meno frequente *cotesto*) si usa ancora nel dialetto toscano e nel linguaggio commerciale o burocratico

  Pertanto richiedo a codesto istituto...

- **quello** indica esseri o cose lontani da chi parla e da chi ascolta:

  Quello scolaro è studioso
  Quel ragazzo alto è mio cugino
  Quei bambini giocano
  Quegli artisti sono celebri

  - *quello* segue le regole dell'articolo determinativo

lo scolaro	*quello scolaro*
gli artisti	*quegli artisti*
i bambini	*quei bambini*

  ! si apostrofa sempre davanti a vocale

  quell'uomo
  quell'attore

- **quel** è la forma tronca di *quello:*

  quel giorno
  quel quadro

- **stesso** e **medesimo** indicano identità:

  Prenderemo lo stesso treno
  Soggiorniamo nel medesimo albergo

  ! *stesso* ha talvolta significato rafforzativo

  Il ministro stesso diede l'annuncio

- **tale** è considerato aggettivo dimostrativo con valore di *questo*, *quello*:

  Non ho mai detto tali (queste o quelle) *cose*

AGGETTIVO INDEFINITO

Indica in modo generico esseri o cose. Gli aggettivi indefiniti si distinguono in

- **regolari**, con le forme singolare e plurale del maschile e del femminile (sono anche pronomi):
  - **alcuno**
    Alcuni ospiti sono in ritardo
  - **alquanto**
    Sembrava alquanto stanco
  - **altro**
    Domani è un altro giorno
  - **certo**
    Certe volte non ti capisco
  - **diverso**
    Ho diverse cose da dirti
  - **molto**
    Non ho molta fretta
  - **parecchio**
    È trascorso parecchio tempo
  - **poco**
    Invito solo pochi amici
  - **taluno**
    Talune notti non dormo
  - **tanto**
    Ci sono tanti stranieri in città
  - **troppo**
    Ho troppi problemi
  - **tutto**
    Tutti i giorni vado in ufficio
  - **vario**
    Ci sono vari colori
- aggettivi con il **solo singolare** (sono anche pronomi):
  - **ciascuno**
    Ciascun atleta ebbe una medaglia

- **nessuno**

  Nessuna risposta è esatta

- aggettivi **invariabili** e con il **solo singolare** (sono solo aggettivi):

  - **ogni**

    Ogni studente riceverà un modulo d'iscrizione

  - **qualche**

    Qualche ufficio è aperto

  - **qualsiasi**

    Crederebbe a qualsiasi cosa

  - **qualsivoglia**

    Sono disponibile in qualsivoglia momento

  - **qualunque**

    Puoi telefonarmi a qualunque ora

- Da ricordare che:

  - **alcuno**, **ciascuno**, **nessuno** si comportano come l'articolo indeterminativo *uno* per quanto riguarda l'apostrofo e il troncamento

    Non fece nessun'altra domanda
    Chiamò per nome ciascun allievo

  - **nessuno** ha valore negativo: se precede il verbo non richiede alcuna negazione, se lo segue vuole invece la negazione *non*

    nessuno ha parlato
    non ha parlato nessuno

  - **qualche** non si usa nelle frasi negative; al suo posto s'impiega *alcuno* o *nessuno*

    Ho qualche problema
    Non ho alcun (nessun) problema

AGGETTIVO INTERROGATIVO ED ESCLAMATIVO

Questa categoria di aggettivi indica una qualità o una quantità indefinita del sostantivo a cui si riferisce, in forma di domanda o esclamazione. Le forme più comuni sono *che*, *quale*, *quanto*:

- **che?**, **che!** è invariabile e corrisponde a *quale*:

  Che *film hai visto?*
  Che *peccato!*

- **quale?**, **quale!** varia solo nel numero:

  Quali *film hai visto?*
  Quale *onore!*

  - *quale* assume la forma tronca *qual* (mai seguita dall'apostrofo), davanti a vocale e talvolta anche davanti a consonante diversa da *gn*, *pn*, s impura, *x*, *z*

    Qual *esempio ricordi?* (e non qual'esempio)
    Qual *buon vento di porta?*
    Qual *pensiero gentile!*

- **quanto?**, **quanto!** varia nel genere e nel numero:

  Quanto *tempo fa?*
  Quanti *anni hai?*
  Quanta *gente!*
  Quante *storie!*

! **che**, **quale** e **quanto** possono essere anche pronomi interrogativi ed esclamativi (vedi pag. 94).

PRONOME

È quella parte variabile del discorso che di solito sostituisce il nome. Si distingue in:

- **personale**

  *Ho incontrato Carlo e Luigi: **essi** sono amici di mio padre*
  *Non ho voglia di parlare con **lui***

- **relativo**

  *Non trovo la penna **che** mi hai regalato*
  *Ho acquistato il libro **di cui** mi hai parlato ieri*

- **possessivo**

  *Se la tua auto non parte, prendi **la nostra***
  *La mia televisione è più vecchia **della tua***

- **dimostrativo**

  *Questa strada porta al castello, **quella** scende al fiume*
  *Mi raccontò **questo** tra le lacrime*

- **indefinito**

  *Molti studenti parteciparono al concorso, ma **pochi** superarono la prova*
  ***Nessuno** le ha riferito il messaggio di Laura*

- **interrogativo**

  ***Chi** hai invitato a cena?*
  ***Di che cosa** mi si accusa?*

- **esclamativo**

  *Difficoltà? **Quante** ne ho superate!*
  ***Che cosa** non feci per raggiungerli!*

PRONOMI PERSONALI

Sostituiscono un nome proprio o comune di persona (ma in alcuni casi anche di animali o cose). Hanno tre persone per il singolare e tre per il plurale. Si distinguono in **pronomi personali soggetto** e **complemento**:

		SOGGETTO	COMPLEMENTO	
			FORME TONICHE	FORME ATONE
I sing.		***io***	***me***	***mi*** (rifl.)
II sing.		***tu***	***te***	***ti*** (rifl.)
III sing.	(m.)	***egli, esso***	***lui, sé*** (rifl.)	***lo, gli, si*** (rifl.), ***ne***
	(f.)	***ella, essa***	***lei, sé*** (rifl.)	***la, le, si*** (rifl.), ***ne***
I pl.		***noi***	***noi***	***ci*** (rifl.)
II pl.		***voi***	***voi***	***vi*** (rifl.)
III pl.	(m.)	***essi***	***loro, sé***	***li, si*** (rifl.), ***ne***
	(f.)	***esse***	***loro, sé***	***le, si*** (rifl.), ***ne***

Pronomi personali soggetto

Spesso sono sottintesi perché nelle forme del verbo è già contenuta l'indicazione della persona.

- **egli** ed **ella** si riferiscono solo a persone:

  Egli *(Mario) ascoltò la notizia in silenzio*
  Ella *(Marta) gli rimproverava spesso i suoi difetti*

  ella è una forma ormai letteraria, in disuso nella lingua parlata

- **esso** ed **essa** si riferiscono ad animali e cose:

  *Mi piace quel cane benché (**esso**) sia un bastardino*

  essa si usa anche per indicare persone nel linguaggio colloquiale

- **essi** ed **esse** si riferiscono a persone, animali e cose:

  *Scrissi ai tuoi fratelli perché (**essi**) sono i miei migliori amici*
  *Il cane inseguì le pecore abbaiando ed **esse** si misero a correre*

Spesso, nella lingua parlata, ma anche in quella scritta, i pronomi personali complemento **lui**, **lei**, **loro** si usano con funzione di soggetto, e in particolare:

- quando seguono il verbo

  *È stato **lui** a dirlo non io*

- quando si vuol dare particolare risalto al soggetto

  *Ma **lui** lo ha scritto!*

- nei paragoni

  *Marco fuma, **lui** (Giovanni) non ha mai fumato*

- nelle esclamazioni

  *Povero **lui**!*
  *Beata **lei**!*

- dopo **anche**, **come**, **neanche**, **nemmeno**, **persino**, **proprio**, **pure**, **quanto**

  ***Anche loro** vengono al cinema*
  ***Nemmeno lei** lo sa*
  *Lo dice **proprio lui***

Pronomi personali complemento

Sostituiscono il complemento oggetto e i complementi indiretti, quelli cioè preceduti da una preposizione. Hanno forme *toniche* e *atone*. Si dicono

- **toniche** o **forti** quelle forme che nella frase hanno un forte rilievo:

  *È **a me** che Carlo si riferisce*
  *Voglio vedere **te** e non tuo fratello*

- **atone** o **deboli** (dette anche **particelle pronominali**) quelle forme che non hanno particolare rilievo e che possono dipendere dalla parola vicino a cui si trovano. Le forme atone sono dette:

  - **proclitiche**, quando si appoggiano alla parola che segue

    ***Ti** telefono da Roma*
    ***Ti** spedirò la lettera al più presto*

  - **enclitiche**, quando si appoggiano alla parola precedente, in genere l'imperativo e le forme indefinite del verbo, dando origine a un'unica forma

    *Scrivi**mi** presto!*
    *Non voglio veder**lo***
    *Credendo**lo** un amico gli confidai il mio segreto*

! con le forme verbali tronche si raddoppia la consonante del pronome

*fa' **a me*** *fammi*
*di' **a lei*** *dille*

Si usano

- Le forme toniche fungono da veri e propri complementi, seguono quindi di solito il verbo e sono di norma precedute da preposizioni:

  *La nonna disse **a me** di non uscire*

- Le forme atone, che non possono mai essere accompagnate da preposizioni, si usano come segue:

  - **lo**, **la**, **li**, **le** svolgono la funzione di complemento oggetto

    *Mi piace questo abito, **lo** compro!*
    *Non **la** voglio vedere!*
    *Ho bisogno dei tuoi sci, te **li** restituirò a fine mese*
    *Le tue scuse non **le** voglio*

  ! *lo* può essere riferito a cosa anche con significato di **ciò**

    Lo (ciò) *diedi a lui*

  - **gli** e **le** svolgono la funzione di complemento di termine

    Le (a lei) *vorrei dare un consiglio*
    Gli (a lui) *donai tutti i miei averi*

  gli sostituisce *a loro*, ma solo nel linguaggio familiare

    *Mi telefonarono, ma **gli** dissi di non venire*

  - **mi**, **ti**, **si**, **ci**, **vi**, **si** sostituiscono sia il complemento oggetto sia il complemento di termine

    *La mamma **ci*** (compl. oggetto) *bacia spesso*
    Ci (compl. di termine) *diede vitto e alloggio*

  - **mi**, **ti**, **si**, **ci**, **vi**, **si** sono detti anche **pronomi riflessivi** quando riflettono l'azione, espressa dal verbo, sul soggetto che la compie (vedi forma riflessiva pag. 131)

    *Io **mi** lavo*
    *Noi **ci** pettiniamo*

Il pugile si difende

! la forma tonica di *si* è ***sé***, spesso rafforzata dal pronome **stesso**; in questo caso *sé* può perdere l'accento

Pensò tra sé di essere nel giusto
*Crede molto in sé (*o *se) stesso*

- **ne** sostituisce i complementi di specificazione e di separazione

Ce ne (di lui/di loro/di ciò) *parlò l'anno scorso*
Ne (di essi) *ho ricevuti diversi*
Se ne (da lui/lei/loro/esso/essa) *separò volentieri*

! **ci**, **vi**, **ne** sono anche particelle avverbiali

Non ci (lì/là/qui/qua) *sono*
Vi (lì/là/qui/qua) *andremo domani*
Ce ne (di lì/là/qui/qua) *andammo subito*

- Le particelle pronominali seguite da un altro pronome personale mutano la vocale **i** in **e**:

Me lo disse = mi disse ciò
Ve la spedii = vi spedii essa (la lettera)

- **gli** seguito da un altro pronome personale prende una **e** finale e si fonde con esso, assumendo la forma **glielo**, **gliela**, **glieli**, **gliele**, **gliene**; *gli* in questo caso vale per i due generi:

Glielo regalai = a lui/lei (gli) regalai ciò (lo)
Gliela mandai = a lui/lei (gli) mandai lei (la)
Gliene parlai = a lui/lei (gli) parlai di ciò (ne)

FORMA DI CORTESIA

Quando ci si rivolge a una persona di riguardo, si ricorre alla forma di cortesia, che si esprime con i pronomi personali **Lei**, **Ella**, **Loro**, **Voi**, **Noi**, scritti con la lettera maiuscola (oggi, tuttavia, si tende a scriverli anche con la minuscola).

- **Lei** si usa sia per il maschile sia per il femminile singolare:

Lei, signor Antonioni, è veramente cortese
Lei, signora Milani, è stata certamente informata per tempo

- **Ella** si riferisce a personaggi di grande rilievo per entrambi i sessi:

  Sua Eccellenza, Ella è attesa dal presidente

- **Loro**, invariabile, si usa per il plurale:

  Come Loro già sapranno, la seduta è stata rinviata

- **La** (compl. oggetto), **Le** (compl. di termine), **Li** (compl. oggetto) sono i pronomi personali complemento della forma atona di cortesia:

  La (lei) *pregherei di rispondere al più presto*
  Signora Rossi, come Le (a lei) *ho già detto, può contare su di me*

- **Voi**, con la corrispondente forma atona **Vi**, è usato quasi esclusivamente nella corrispondenza commerciale:

  Come Voi già saprete, la richiesta risulta inevasa
  Vi comunico con la presente il ricevimento della fattura...

- **Noi** è usato come plurale di modestia, invece di **io**, quando si vuole attenuare il carattere personale di un'affermazione:

  Noi pensiamo che ciò sia giusto

- L'aggettivo concorda in genere e numero con il soggetto o i soggetti a cui si riferisce:

  Lei è spiritoso, signor Belli
  Lei è troppo modesta, signora
  Loro sono veramente premurosi, signori

- Anche gli aggettivi, come i pronomi possessivi, se usati nella forma di cortesia di norma richiedono la lettera maiuscola:

  Sua Eccellenza, mi consenta di ricordarLe che la seduta inizierà alle 10
  Apprezzo la Sua premura, ma non posso proprio accettare
  In risposta alla Vostra, (Vs/abbreviato) lettera del 13 c.m. vi confermo la spedizione della merce

PRONOMI RELATIVI

Sono così chiamati perché, oltre a sostituire il nome, mettono in relazione due proposizioni. Quella introdotta dal pronome è subordinata, cioè dipende dalla principale:

*È molto bello il vestito **che hai acquistato***

I pronomi relativi sono: *chi*, *che, cui, il quale*

- **chi** è invariabile, si usa per il maschile e il femminile singolare e si riferisce solo a persona:

  ***Chi rompe**, paga*
  ***Chi tra voi ragazze vuole partecipare alla gara**, si iscriva*

  - funge generalmente da soggetto e oggetto; corrisponde infatti a un pronome relativo preceduto da un dimostativo

    *Non mi piace **chi*** [*colui* (ogg.) *il quale* (sogg.)] ***non lavora seriamente***

  - funge a volte anche da complemento indiretto, se preceduto da preposizione

    *Mi rivolgo **a chi*** [*a colui* (compl. di termine) *il quale* (sogg.)] ***parla senza pensare***

- **che** è invariabile, si usa quindi per il maschile e il femminile, per il singolare e il plurale:

  *Il libro, **che mi hai prestato**, è interessante*
  *La radio, **che ho comprato**, è costosa*
  *Le fotografie, **che ti ho mostrato**, sono nitide*

  - ha funzione di soggetto e di oggetto

    *È una nuova trasmissione, **che*** (sogg.) ***va in onda ogni giorno***
    *Il lavoro, **che*** (ogg.) ***Carlo ha ottenuto**, è molto interessante*

  - si riferisce a persone, animali o cose; ha lo stesso valore della forma **il quale** (**la quale**, **i quali**, **le quali**) che sostituisce, nella lingua comune, sempre più frequentemente

    *I ragazzi, **che*** (i quali) ***giocano al pallone**, sono miei compagni di classe*

- **cui**, invariabile, si riferisce a persone, animali o cose; è impiegato per esprimere i complementi indiretti, cioè quelli preceduti da preposizione; corrisponde alle forme **del quale**, **al quale**, **per il quale**, e **con il quale**:

  *La casa **di cui*** (della quale) ***ti parlo** è grandissima*
  *Il motivo **per cui*** (per il quale) ***ti telefono** è importante*
  *Gli amici **con cui*** (con i quali) ***esco** sono simpatici*

- **il quale**, declinabile, funge da soggetto e da complemento indiretto (quando è preceduto da preposizione); si riferisce a persone, animali o cose:
  *Incontrai un amico, **il quale mi pregò di un favore***
  *I romanzi del Verga, **dei quali ti ho parlato**, sono in biblioteca*

  il quale ha come forma corrispondente invariabile *che*, frequentemente usata nella lingua comune, salvo che non dia luogo ad ambiguità

- Alcuni pronomi indefiniti possono anche svolgere funzione di relativo. Essi sono *chiunque*, *quanto*:
  - **chiunque**, invariabile, si riferisce solo a persona di genere maschile e femminile singolare; corrisponde a **qualunque persona che**:

    ***Chiunque sbaglia**, deve pagare*
    *Chiedilo a **chiunque sia informato***

  - **quanto** è pronome relativo quando significa **tutto ciò/quello che**; si riferisce solamente a cose:

    *Non dirle **quanto*** (tutto ciò che) *ti ho detto*
    Quanto (tutto quello che) *venni a sapere, mi bastò*

  - il plurale **quanti** si riferisce generalmente a persone e significa **tutti quelli che**

    *Risposi **a quanti*** (tutti quelli che) *mi scrissero*
    *Ringraziai **quante*** (tutte quelle che) *vennero*

- Alcuni avverbi di luogo possono avere funzione di pronomi relativi, solo in proposizioni relative, e sono perciò detti **avverbi relativi**. Essi sono *dove*, *donde*, *dovunque*:

- **dove** ha il significato di **in cui, nel quale**

  *L'ufficio **dove*** (in cui, nel quale) ***lavoro** è in centro*
  *La città **dove*** (in cui, nella quale) ***abito** è grande*

! *dove* può significare anche **nel luogo in cui**; in questo caso non sostituisce alcun nome nella frase dipendente

  *Resto esattamente **dove*** (nel luogo in cui) ***mi trovo***

- **donde** oggi è sostituito nella lingua parlata con ***da dove***

  Donde vieni?

- **dovunque** (**ovunque** più raro) sostituisce l'espressione **in ogni luogo che/in cui**

  Dovunque (in ogni luogo in cui) ***tu andrai**, ti seguirò*

PRONOMI POSSESSIVI

Sono gli aggettivi possessivi, usati senza il nome che determinano, e preceduti sempre dall'articolo o dalla preposizione articolata:

MASCHILE		FEMMINILE	
SINGOLARE	PLURALE	SINGOLARE	PLURALE
il mio	*i miei*	*la mia*	*le mie*
il tuo	*i tuoi*	*la tua*	*le tue*
il suo	*i suoi*	*la sua*	*le sue*
il nostro	*i nostri*	*la nostra*	*le nostre*
il vostro	*i vostri*	*la vostra*	*le vostre*
il loro	*i loro*	*la loro*	*le loro*

Il suo lavoro è interessante, il mio noioso
Prendi la sua auto, non la loro
La nostra famiglia e la vostra si conoscono da molti anni

PRONOMI DIMOSTRATIVI

Come gli aggettivi, indicano la posizione, rispetto a chi parla, chi ascolta o a entrambi, che occupa una persona, un animale o una cosa, oppure indicano una relazione d'identità.
Alcuni hanno la stessa forma degli aggettivi dimostrativi, altri sono veri e propri pronomi (indicati nello schema da un asterisco):

MASCHILE		FEMMINILE	
SINGOLARE	PLURALE	SINGOLARE	PLURALE
*questi**			
questo	*questi*	*questa*	*queste*
codesto	*codesti*	*codesta*	*codeste*
*quegli**			
quello, quel	*quelli, quegli, quei*	*quella*	*quelle*
*costui**	*costoro*	*costei*	*costoro*
*colui**	*coloro*	*colei*	*coloro*
*ciò**	–	–	–
tale	*tali*	*tale*	*tali*
stesso	*stessi*	*stessa*	*stesse*

- **questi** e **quegli** si usano solo in funzione di soggetto e quando ci si riferisce a persona singolare, anche se sono formalmente plurali:

  Questi è l'amministratore di cui ti ho parlato
  Quegli è un mio compagno di studi
  Carlo e Franco sono fratelli: ma questi è gentile, quegli scostante

- **questo** e **quello** si usano per persona, animale o cosa; frequentemente sostituiscono **ciò**:

  Questo (ciò) *non è giusto*
  Quello che dici è incredibile
  Luisa e Anna: questa è diligente, quella pigra

! *questo* si usa per esseri o cose vicini a chi parla, *quello* per esseri o cose lontani da chi parla e da chi ascolta

- **codesto** indica persona, animale o cosa vicina a chi ascolta:

  Prima di salire chiudi ***codesta*** *porta*

- **costui**, **costei**, **costoro** sono impiegati per indicare persona vicina a chi parla:

  Costui *detta*
  Costei *scrive*
  Costoro *ascoltano*

  ! *costui* ha per lo più significato dispregiativo

  Chi è ***costui****?*

- **colui**, **colei**, **coloro** si usano per indicare persona lontana da chi parla e da chi ascolta:

  ! è diffuso l'impiego di *colui* seguito dal pronome *che*, anche se è sempre più frequentemente sostituito da *quello*

  Colui che (quello che) *ride, verrà punito*
  Coloro che (quelli che) *aderiscono, alzino la mano*

- **ciò** è invariabile ed è pronome dimostrativo con il significato di **questa**, **quella cosa**; può essere sostituito dalle particelle pronominali **ci, vi** (compl. di termine), **lo** (compl. oggetto) e **ne** (compl. di specificazione):

  Ascolta ***ciò*** *con attenzione*
  Non fare ***ciò***
  *Non voglio pensar****ci*** (a ciò)
  *Vorrei prender****lo*** (ciò)
  Non ***ne*** (di ciò) *ho saputo più nulla*

- **tale** si usa per indicare questa, quella persona ed è pronome dimostrativo se è in relazione con qualcosa già citata o nota:

  È lui ***il tale*** *che aspetti?*

- **stesso** esprime un rapporto di identità; si riferisce a persona, animale o cosa:

  Carlo è sempre ***lo stesso***
  Il programma teatrale è ***lo stesso*** *di cinque anni fa*

  ! *lo stesso* si usa anche per indicare **la stessa cosa**

  Fa' come vuoi, per me è ***lo stesso***

PRONOMI INDEFINITI

Come gli aggettivi indefiniti, indicano in modo generico, non definito, esseri o cose, ma non accompagnano il nome, lo sostituiscono.

- Sono pronomi e aggettivi:
  - gli indefiniti **regolari**, cioè con i due numeri, singolare e plurale, e i due generi, maschile e femminile

alcuno	***poco***
alquanto	***taluno***
altro	***tanto***
certo	***troppo***
diverso	***tutto***
molto	***vario***
parecchio	

Di questi vasi ***alcuni*** *sono grandi,* ***altri*** *piccoli*
Diversi *lasciarono la scuola definitivamente*
Molti *sono partiti subito,* ***certi*** *il martedì, solo* ***pochi*** *rimasero*
Troppi *parlano senza riflettere*
E non sa ancora ***tutto***

! **tale/i**, pronome e aggettivo, ha solo i due numeri singolare e plurale

  - gli indefiniti con il **solo singolare**

uno
ciascuno
nessuno

Venne ***uno*** *a darci la notizia*
A ***ciascuno*** *il suo*
Nessuno *ha preparato la colazione*

- Sono solo pronomi:
  - gli indefiniti **invariabili**

alcunché	***niente***
checché	***nulla***
chicchessia	***qualcosa***
chiunque	

*Non c'è **alcunché** di vero in ciò che dici*
***Checché** tu ne dica, farò come credo*
*Non dirlo a **chicchessia***
*A **chiunque** mi cerchi, dite che tornerò domani*
***Niente** di tutto ciò è vero*
*Non serve a **nulla** gridare*
*Ha dimenticato di comprare **qualcosa**, ne sono sicuro!*

- gli indefiniti con il **solo singolare**

ognuno
qualcuno

***Ognuno** è responsabile di sé stesso*
***Qualcuno** chiami un medico*

Si usano

- **nessuno**, quando precede il verbo si usa da solo; quando è posposto al verbo è sempre rafforzato dalla negazione **non** posta prima della forma verbale

  ***Nessuno** può condannarlo*
  *Mio fratello **non** vide arrivare **nessuno***

- Gli indefiniti *chiunque*, *chicchessia* si riferiscono solo a persone:

  - **chiunque** è invariabile e corrisponde a **qualunque persona** (**che**); può essere contemporaneamente soggetto e complemento (in due proposizioni diverse)

    *È un libro che consiglio a **chiunque** abbia senso dell'umorismo*

  - **chicchessia**, poco usato, corrisponde a *chiunque*

    *Riferiscilo pure a **chicchessia***

- I pronomi *qualcosa*, *niente*, *nulla*, *alcunché*, *checché* si usano solo per cose:

  - **qualcosa**, ha il significato di **una** o **alcune cose**

    *Per cena, **qualcosa** preparerò*
    *Ti prego, dimmi **qualcosa***

! **qualcosa come** corrisponde all'espressione **all'incirca**

*Ho vinto **qualcosa come** trecento milioni*

- **niente** e **nulla**, indefiniti negativi, significano **nessuna cosa**; sono accompagnati dalla negazione **non**, posta prima del verbo, se seguono la forma verbale

__Niente__ è successo
__Non__ è successo __niente__

- **alcunché** raro, significa **qualcosa**; nelle frasi negative ha valore di **nulla**

C'era __alcunché__ di curioso nel suo incedere
__Non__ dire __alcunché__ di offensivo

- **checché** è forma desueta, con valore di pronome composto (da un indefinito e un relativo): ha il significato di **qualunque cosa che** e funge da soggetto e complemento

__Checché__ Luigi dica, non mi convincerà

- Gli indefiniti *uno*, *qualcuno*, *alcuno*, *taluno*, *ciascuno*, *altro*, *troppo*, *parecchio*, *molto*, *poco*, *tutto*, *tanto*, *alquanto* e *altrettanto* si usano per persone, animali o cose:

  - **uno** indica persona, animale o cosa in modo generico

  L'informazione me l'ha data __uno__ che non conosco

  ! **uni** (forma plurale del pronome **uno**) è correlato ad **altri** in frasi come

  Gli __uni__ tacevano, gli __altri__ gridavano

  - **qualcuno** indica una sola persona o una quantità esigua, sia di persone che di cose

  __Qualcuno__ mi ha telefonato, ma non so chi
  A __qualcuno__ questo non piacerà affatto
  Ne ho __qualcuna__ di queste riproduzioni

! **essere qualcuno** significa **emergere** (dall'anonimato)

*È **qualcuno** nel suo campo*

- **ognuno** è usato per indicare ciascuno degli elementi di un insieme o gruppo considerati singolarmente

*Desidero parlare con **ognuno** di voi*

PRONOMI INTERROGATIVI ED ESCLAMATIVI

Pronomi interrogativi

Servono a introdurre una domanda. Essi sono: *chi*?, *che*?, *che cosa*?, *quale*?, *quanto*?

- **chi?**, invariabile, si usa esclusivamente per le persone:

  Chi ha parlato?
  Dimmi chi ha parlato (interrogativa indiretta, vedi pag. 247)
  Di chi stai ridendo?

  ! il genere (maschile o femminile) del pronome *chi* si riconosce di solito dal contesto, soprattutto dalla concordanza dell'aggettivo o del participio

  Chi hai salutato per prima/primo?

- **che?** o **che cosa?** si riferisce solo a cose e ha il significato di **quale/i cose?**:

  Che (che cosa) vuoi?
  Dimmi che (che cosa) farai la prossima estate
  (interrogativa indiretta, vedi pag. 247)

  ! *che cosa* si abbrevia a volte in **cosa**

  Cosa desideri di più dalla vita?

- **quale?** si usa per indicare persone, animali o cose; è invariabile nel genere:

  Quale di voi ha studiato a Parigi?
  Quale vuoi conservare di queste due fotografie?

- **quanto?**, declinabile, si riferisce a persone, animali o cose:

  In quanti partecipano alla gara?
  Conta le buste e dimmi quante sono in tutto (interrogativa indiretta, vedi pag. 247)

Pronomi esclamativi

Chi!, **che**!, **che cosa**!, **quale**!, **quanto**! si dicono esclamativi quando introducono un'esclamazione:

Chi l'avrebbe detto!
Che sento mai!
Ma che cosa mi dici!

VERBO

- È la parte variabile del discorso che indica un'azione, un modo di essere o uno stato del soggetto, collocandolo in un tempo preciso (passato, presente, futuro):

  L'automobile ***corre***
  Fumavo *molto*
  La neve ***biancheggia*** *al sole*

- Il verbo è costituito da due parti: *radice* e *desinenza*:

  - la **radice** è invariabile (tranne in alcuni verbi irregolari) e contiene il significato del verbo; si ottiene togliendo dall'infinito la desinenza

    parl*are / noi* ***parl****iamo / tu* ***parl****asti*

  - la **desinenza** è variabile e fornisce indicazioni che riguardano il *modo*, il *tempo*, la *persona* o le *persone* che compiono l'azione

    che *io parli /* ***se*** *tu parl****assi***
    *tu parl****asti*** */ noi parl****eremo***
    io *parlo /* ***voi*** *parlate*

- L'insieme delle variazioni del verbo, espresse ordinatamente secondo i modi, i tempi, le persone, i numeri, costituisce la **coniugazione**.

- I verbi si distinguono in:

  - **verbi ausiliari**, così chiamati perché aiutano gli altri verbi nella coniugazione, formando i tempi composti. Sono entrambi irregolari **essere** e **avere**:

    Sono tornato *ieri*
    Ho camminato *tutto il giorno*
    Ho visto *uno spettacolo che mi* ***è piaciuto***

- **verbi comuni**, distinti in *regolari* e *irregolari*, tutti appartenenti a una delle tre coniugazioni in *are*, *ere*, *ire*
  - sono **regolari** i verbi che seguono le forme della coniugazione a cui appartengono

parlare	*temere*	*servire*
parlo	*temo*	*servo*
parlavo	*temevo*	*servivo*
parlai	*temei (temetti)*	*servii*

  - sono **irregolari** i verbi che hanno forme che si discostano dalla coniugazione regolare

essere	*avere*	*andare*
sono	*ho*	*vado*
ero	*avevo*	*andavo*
fui	*ebbi*	*andai*

CONIUGAZIONE DEL VERBO

Il verbo ha varie forme secondo i **modi**, i **tempi**, le **persone**, i **numeri**.

I MODI

Specificano il carattere dell'azione: se essa è certa e reale o se esprime possibilità, dubbio, desiderio. Si distinguono in *modi finiti* e *modi indefiniti*.

- I **modi finiti**, ovvero contenenti l'indicazione del tempo, della persona e del numero, sono l'*indicativo*, il *congiuntivo*, il *condizionale*, l'*imperativo*:

  - l'**indicativo** esprime certezza, realtà. Ha otto tempi, quattro semplici (*presente*, *imperfetto*, *passato remoto*, *futuro*) e quattro composti (*passato prossimo*, *trapassato prossimo*, *trapassato remoto*, *futuro anteriore*)

    io ***leggo*** ***ho letto***
    tu ***scrivevi*** ***avevi scritto***
    noi ***parlammo*** ***avemmo parlato***
    voi ***mangerete*** ***avrete mangiato***

  - il **congiuntivo** esprime dubbio, desiderio, possibilità, ma anche comando, esortazione. Ha quattro tempi: *presente*, *imperfetto*, *passato* e *trapassato*

    Spero che mi ***telefoni***
    Temevamo che non ci ***ascoltasse***
    Non credo che ***abbia capito***
    Pensavo che ***fosse tornato***

  - il **condizionale** indica prevalentemente un'azione il cui compimento dipende dal verificarsi di una condizione; se usato nella forma assoluta (ossia senza dipendere da una condizione) esprime un desiderio, una supposizione. Ha due tempi: *presente* e *passato*

Mangerei, se avessi fame
Se fossero usciti, non l'avrebbero incontrato
Vorrei che tutto andasse bene
Mario potrebbe aver perso l'aereo

! è frequente l'uso del condizionale, quando si esprime un'opinione o un giudizio in forma attenuata

In questo caso mi comporterei diversamente
Non sarei così sicuro nell'affermare quanto dici

- l'**imperativo** esprime un ordine, un comando, un divieto, un'esortazione. Ha solo il tempo *presente*

Taci!
Entrate!
Scrivetemi presto!

- I **modi indefiniti** non portano alcuna determinazione di persona e, in generale, di numero (si vedano, però, le particolarità del participio). La funzione che svolgono è molto simile a quella del sostantivo e dell'aggettivo. Essi sono: *infinito*, *participio*, *gerundio*:

  - l'**infinito** esprime un'azione genericamente indicata nel tempo e indefinita nel genere, nel numero e nella persona. Ha due tempi: *presente* e *passato*

parlare	*aver parlato*
tenere	*aver tenuto*
partire	*essere partito*
arrivare	*essere arrivato*

  - il **participio** esprime l'azione del verbo anche in funzione di attributo e, come l'aggettivo e il sostantivo, ha due generi e due numeri. Ha due tempi: *presente* e *passato*. Il participio passato, accompagnato da *essere* o *avere*, si usa per formare i tempi composti del verbo

Ha una voce irritante
Sono stato al cinema
Carla e Marta sono andate a far spese

- il **gerundio** indica un'azione nel suo svolgersi e ne definisce il modo e le circostanze rispetto a quella della principale. Ha due tempi: *presente* e *passato*

  ***Dormendo**, russava*
  ***Studiando**, ascoltava musica*
  ***Avendo previsto** il fallimento dell'impresa, non vi partecipò*

I TEMPI

Indicano il momento in cui un'azione si svolge. Si distinguono in

- **tempi semplici**, quando sono formati da una sola parola (radice + desinenza):

• **indicativo**	*presente*
	imperfetto
	passato remoto
	futuro semplice
• **congiuntivo**	*presente*
	imperfetto
• **condizionale**	*presente*
• **imperativo**	*presente*
• **infinito**	*presente*
• **gerundio**	*presente*
• **participio**	*presente*
	passato

- **tempi composti**, quando sono formati da due o tre parole (ausiliare coniugato, *essere* o *avere*, + participio passato del verbo):

• **indicativo**	*passato prossimo*
	trapassato prossimo
	trapassato remoto
	futuro anteriore
• **congiuntivo**	*passato*
	trapassato
• **condizionale**	*passato*
• **infinito**	*passato*
• **gerundio**	*passato*

USO DEI TEMPI: I MODI FINITI

I tempi qui elencati sono considerati come appartenenti a frasi principali o indipendenti. Nella sezione riguardante il periodo (vedi pag. 229) sarà presa in esame la correlazione dei tempi nelle frasi secondarie o subordinate.

I TEMPI DELL'INDICATIVO

Grammaticalmente i tempi dell'indicativo sono: *presente*, *imperfetto*, *passato prossimo*, *passato remoto*, *trapassato prossimo*, *trapassato remoto*, *futuro semplice*, *futuro anteriore*.

- Il **presente** indica un'azione che si svolge nel momento in cui si parla:

  Carlo ***telefona***
  Laura ***parte***
  Non ***temiamo*** *nulla*

  ! può anche indicare un passato: in questo caso è chiamato **presente storico**

  Napoleone ***muore*** *nel 1821*

- L'**imperfetto** indica un'azione avvenuta nel passato contemporaneamente a un'altra e considerata nel suo svolgersi, o un'azione che contiene in sé l'idea di abitudine, ripetizione:

  Mentre ***mangiava, parlava*** *continuamente*
  Diversi anni fa ***fumavo***
  Rincasava *sempre molto tardi*

- Il **passato prossimo** esprime un'azione avvenuta di recente e i cui effetti durano ancora nel presente. È formato dal presente dell'ausiliare (*essere* o *avere*) e dal participio passato del verbo:

  Questa mattina ***sono uscito*** *presto*
  Ho studiato *bene il problema*
  I nostri amici ci ***hanno invitato*** *a cena*
  Il Petrarca ***ha scritto*** *sonetti immortali*

- Il **passato remoto** esprime un'azione avvenuta e conclusa nel passato:

Piovve l'intera stagione
Lasciò la scuola senza diplomarsi
Il padre morì in un incidente d'auto

- Il **trapassato prossimo** esprime un'azione avvenuta prima di un'altra nel passato e con essa collegata. È formato dall'imperfetto dell'ausiliare (*essere* o *avere*) e dal participio passato del verbo:

Non risposi al telefono, perché ero già uscito
Aveva appena finito di mangiare, quando bussarono alla porta
Erano partiti da un'ora, quando scoppiò un temporale

- Il **trapassato remoto** esprime un'azione avvenuta prima di un'altra nel passato, ma del tutto compiuta. È formato dal passato remoto dell'ausiliare (*essere* o *avere*) e dal participio passato del verbo:

Dopo che ebbe parlato, se ne andò
Non appena ebbe finito di suonare, tutti applaudirono

! presente di fatto solo in frasi dipendenti e temporali (introdotte da: *quando*, *dopo*, *non appena* e simili) è sempre meno usato e viene perlopiù sostituito da proposizioni con il verbo a un modo indefinito

Dopo aver telefonato (= dopo che ebbe telefonato) *ai genitori, partì per le vacanze*
Consultato (= dopo che ebbe consultato) *l'orario, fece il biglietto per Napoli*

- Il **futuro semplice** esprime un'azione che si svolgerà nel futuro:

Leggerò questo libro domani
Mi ricorderò di te
Le scriverò certamente

! può esprimere anche una supposizione o una concessione

Avrà sì e no vent'anni
Sarai anche coraggioso, ma ti giudico incosciente

- Il **futuro anteriore** esprime un'azione futura, precedente a un'altra espressa dal futuro semplice. È formato dal futuro semplice dell'ausiliare (*essere* o *avere*) e dal participio passato del verbo. Come il futuro semplice, può esprimere anche una supposizione o una concessione:

Quando ti ***avrò raccontato*** *tutto, non avrai più dubbi*
Sarò *già* ***partito****, quando tornerai*
Andrete al cinema, non appena ***avrete terminato*** *di studiare*

I TEMPI DEL CONGIUNTIVO

Il congiuntivo ha quattro tempi: *presente*, *imperfetto*, *passato*, *trapassato*.

- Il **presente** indica un evento che può verificarsi nel momento in cui si parla. Usato nelle frasi principali esprime dubbio, supposizione. La terza persona, singolare o plurale, è usata come forma esortativa:

Che ***sia*** *lui?*
Dica *quello che pensa!*
Prego, ***si accomodi****!*

- L'**imperfetto** esprime, nelle proposizioni principali, un desiderio irrealizzabile o un augurio che si teme non possa compiersi:

Se ***fossi*** *ricco e famoso!*
Magari ***fossi*** *promosso!*

- Il **passato**, nelle frasi principali, esprime dubbio, supposizione, possibilità legati al passato. È formato dall'ausiliare (*essere* o *avere*) al congiuntivo presente e dal participio passato del verbo:

Che ***abbia parlato*** *troppo?*
Che ***sia stato*** *troppo rude?*

- Il **trapassato**, nelle frasi principali, esprime un fatto, una possibilità legati al passato e non verificatisi. È formato dall'imperfetto congiuntivo dell'ausiliare (*essere* o *avere*) a cui si unisce il participio passato del verbo:

Se ***avessi ascoltato*** *i tuoi consigli!*

I TEMPI DEL CONDIZIONALE

Il condizionale ha due tempi: *presente* e *passato*.

- Il **presente**, se usato da solo e non in un periodo ipotetico, esprime una supposizione, un desiderio, un parere in forma attenuata:

  Verrebbe *davvero anche lui*?
  Vorrei *ascoltare un po' di musica*
  Direi *di partire subito*

- Il **passato**, se usato da solo, esprime una supposizione, un desiderio, un parere in forma attenuata al passato:

  Sarebbe *poi* ***arrivato*** *puntuale*?
  Non ***saresti dovuto venire*** *fin qui*

L'IMPERATIVO PRESENTE

L'imperativo ha un solo tempo:

- il **presente**, che indica un comando, un'esortazione, un divieto:

  Cammina!
  Coraggio, ***telefona****!*
  Fermati!

- quando il comando o l'esortazione ha effetto, anche durevole, nel futuro, tempo di cui l'imperativo difetta, si ricorre al *futuro* dell'indicativo:

  Ubbidirete *a ciò che vi dirà l'istruttore, senza discutere*!
  Da domani ***comincerai*** *a studiare seriamente*!

Esistono alcune particolarità riguardo alle persone:

- la prima persona singolare manca, ma può essere sostituita dal verbo *dovere* seguito dall'infinito del verbo principale:

  Devo *assolutamente* ***studiare****!*

- la seconda persona singolare ha una forma propria solo nella 1ª coniugazione:

amare	***ama!***
mangiare	***mangia!***

- nella 2ª e 3ª coniugazione ha la stessa forma della seconda persona dell'indicativo presente

tenere	***tieni!***
sentire	***senti!***

- alla terza persona singolare, prima e terza plurali sono utilizzate, in tutte e tre le coniugazioni, le rispettive forme del congiuntivo presente

amare	***ami!***	***amiamo!***	***amino!***
temere	***tema!***	***temiamo!***	***temano!***
sentire	***senta!***	***sentiamo!***	***sentano!***

- la seconda persona plurale ha la stessa forma della seconda plurale dell'indicativo presente

amare	***amate!***
temere	***temete!***
sentire	***sentite!***

Forma affermativa

- Con l'imperativo, le particelle pronominali **mi, ti, ci, vi, lo, la, li, le, gli,** sono usate *encliticamente* (cioè si uniscono alla fine della forma verbale):

Seguimi
Accompagnateli

- Se la seconda persona singolare dell'imperativo è formata da una sola sillaba (*sta*) o è una forma tronca (*di'*), la particella che segue raddoppia la consonante iniziale (tranne nel caso di **gli**):

Dicci! (di' a noi)
Digli (di' a lui) che lo aspetto

Forma negativa

- La seconda persona singolare dell'imperativo si forma premettendo la negazione **non** all'infinito del verbo:

Non bere!
Non parlare!
Non ridere!

- Le altre persone sono regolari

Non gridi!
Non cantate!
Non corrano!

- Quando l'imperativo alla forma negativa è accompagnato dalle particelle pronominali si preferisce inserirle tra la negazione e il verbo (*forma proclitica*); nel caso di un ordine perentorio le particelle seguiranno la forma verbale unendosi ad essa (*forma enclitica*)

*Non **mi** disturbare!*	*Non disturbar**mi**!*
*Non **lo** fare!*	*Non far**lo**!*

USO DEI TEMPI: I MODI INDEFINITI

I modi indefiniti sono generalmente usati in proposizioni dipendenti, per cui si rinvia al capitolo proposizioni subordinate (vedi pag. 238 e sgg.). Ci si è limitati qui a segnalarne l'impiego soprattutto nelle frasi principali.

I TEMPI DELL'INFINITO

L'infinito è la forma base del verbo. Nonostante abbia un *presente* e un *passato*, esprime in modo generico il tempo in cui l'azione si verifica: può riferirsi infatti a un'azione passata, presente o futura:

*Mi preoccupa**vo di capire*** (passato)
*Mi preoccup**o di capire*** (presente)
*Mi preoccup**erò di capire*** (futuro)

- Il **presente** è usato:
  - come imperativo-esortativo in forma impersonale
    Circolare!
    Rallentare!
  - per formare la seconda persona singolare dell'imperativo negativo
    ***Non sbattere** la porta!*
    ***Non far** chiasso!*
  - per esprimere un dubbio
    *Che **fare** in simili circostanze?*
  - nelle esclamazioni
    *E **dire** che lo avevo previsto!*
- Il **passato** è formato dall'infinito dell'ausiliare (*essere* o *avere*) e dal participio passato del verbo da coniugare. È usato:
  - in frasi indipendenti, nelle esclamazioni
    ***Averlo saputo** per tempo!*
  - in frasi dipendenti, con più frequenza
    *Temo di **aver dimenticato** gli occhiali*
    *Speravo di **essere riuscito** a convincerlo*

- L'infinito può anche avere valore di sostantivo ed essere quindi preceduto dall'articolo:

  Leggere *è istruttivo*
  Il parlare *senza riflettere, spesso è imbarazzante*

! È interessante notare che l'infinito sostantivato mantiene la sua funzione verbale: può infatti essere seguito da un complemento oggetto:

L'aver invitato troppa gente*, è stata una cattiva idea*

I TEMPI DEL PARTICIPIO

Il participio ha due tempi: *presente* e *passato*.

- Il **presente** è formato dalla radice del verbo e dalle desinenze **ante** (1ª coniugazione), **ente** (2ª coniugazione), **ente** o **iente** (3ª coniugazione). È usato:
  - sempre più raramente, con funzione verbale, nelle proposizioni implicite (vedi pag. 234)

    Il poeta, ancora ***vivente*** (mentre era ancora in vita), *pubblicò tutte le sue opere*
  - come sostantivo

    L'ufficiale di servizio è il ***comandante*** *del campo*
  - come aggettivo

    È una casa ***accogliente***
- Il **passato** è formato dalla radice del verbo e dalle desinenze **ato** (1ª coniugazione), **uto** (2ª coniugazione) e **ito** (3ª coniugazione). Può avere sia valore attivo sia passivo; è usato:
  - per formare i tempi composti dei verbi (accompagnato da *essere* o *avere*)

    Hanno ballato *tutta la notte*
    È inutile correre, tanto ***sono*** *già* ***partiti***
  - per formare il passivo dei verbi transitivi attivi

*Giovedì **sono stato convocato** dal direttore*

- come sostantivo

  *Gli **sconfitti** non concessero interviste*

- come aggettivo

  *Questo negozio è **aperto** anche la domenica*

- in diverse proposizioni implicite (vedi pag. 234)

  Detto (dopo che ebbe detto) *questo se ne andò*
  *Il testimone, **chiamato*** (che era stato chiamato) *in causa, non disse nulla*

Concordanza del participio

- Unito all'ausiliare *essere*, il participio passato concorda in genere e numero con il **soggetto**:

  ***Lucia** è arrivata presto*
  *Anche i **miei amici** sono intervenuti alla festa*

  ! se i soggetti sono di genere diverso, il participio passato si accorda al maschile

  ***Carlo** e **Maria** sono partiti in ritardo*

- Unito all'ausiliare *avere* il participio passato non concorda col soggetto ma resta **invariato**:

  *I **soldati** hanno terminato il servizio di leva*

Particolarità

- Il participio passato dei *verbi riflessivi apparenti* (vedi pag. 131) si può concordare con il complemento oggetto, anziché col soggetto:

  *Giovanna si è pettinati **i capelli***

- Il participio passato unito a un verbo *transitivo attivo*:

  - si **deve** concordare in **genere** e **numero** con il complemento oggetto se quest'ultimo precede il verbo e se è espresso con i pronomi **lo**, **la**, **li**, **le**, **ne**

    *Le partite **le** abbiamo vinte noi*
    *Voglio quei dischi perché **li** ho ordinati*

- si **può** concordare in genere e numero con il complemento oggetto, quando quest'ultimo è rappresentato dal pronome **che** e dalle particelle **mi**, **ti**, **ci**, **vi**, posti prima del verbo

  *Le riviste, **che** hai letto/lette, sono interessanti*
  ***Ci** hanno chiamato/chiamati troppo tardi*

I TEMPI DEL GERUNDIO

Il gerundio è usato soprattutto nelle proposizioni dipendenti. Ha due tempi: *presente* e *passato*.

- Il **presente** è formato dalla radice del verbo e dalle desinenze **ando** (1ª coniugazione) e **endo** (2ª e 3ª coniugazione). È usato:

  - per indicare un'azione che si svolge contemporaneamente a quella espressa dal verbo della principale, da cui dipende

    ***Studiando**, capirai*
    ***Cenando**, ascoltava musica*

  - nelle proposizioni secondarie implicite di varia natura (vedi pag. 234)

    Correndo (mentre correva), *incespicò e cadde*
    *Parlava **gesticolando*** (in modo concitato, con gesti)

- Il **passato** è formato dal gerundio presente dell'ausiliare (*essere* o *avere*) e dal participio passato del verbo da coniugare. Indica anteriorità rispetto all'azione espressa dal verbo della principale:

__Avendo verificato__ di persona, si ricredette
__Avendo perduto__ la patente, non posso guidare
__Essendoti impegnato__ molto, raggiungerai il tuo scopo

Il soggetto del gerundio

- Il gerundio presente non esprime il genere e il numero del soggetto, per cui:

  - se il soggetto della dipendente non è espresso, la frase che contiene il gerundio avrà lo stesso soggetto della principale

Camminando a lungo, raggiungerò la vetta
Insistendo, otterrai ciò che vuoi

- se il soggetto della frase dipendente è diverso da quello della principale, allora dovrà essere chiaramente espresso

Viaggiando il treno con ritardo, perderò la coincidenza per Venezia

! Si ricorda che il gerundio passato, pur non esprimendo la persona, contiene l'indicazione del genere e del numero del soggetto. Si concorda come il participio passato:

Essendo tornati i miei amici, li inviterò a cena

PERSONE E NUMERO

- In italiano le **persone** del verbo sono sei, tre singolari e tre plurali, e corrispondono ai pronomi personali.
- I **numeri** sono due: singolare e plurale

SINGOLARE		PLURALE	
I PERSONA	***io***	I PERSONA	***noi***
II PERSONA	***tu***	II PERSONA	***voi***
III PERSONA	***egli (lui), ella (lei), esso, essa***	III PERSONA	***essi, esse, (loro)***

CONIUGAZIONE DEI VERBI AUSILIARI

ESSERE

INDICATIVO

Presente

io	sono
tu	sei
egli	è
noi	siamo
voi	siete
essi	sono

Passato prossimo

io	sono	stato
tu	sei	stato
egli	è	stato
noi	siamo	stati
voi	siete	stati
essi	sono	stati

Imperfetto

io	ero
tu	eri
egli	era
noi	eravamo
voi	eravate
essi	erano

Trapassato prossimo

io	ero	stato
tu	eri	stato
egli	era	stato
noi	eravamo	stati
voi	eravate	stati
essi	erano	stati

Passato remoto

io	fui
tu	fosti
egli	fu
noi	fummo
voi	foste
essi	furono

Trapassato remoto

io	fui	stato
tu	fosti	stato
egli	fu	stato
noi	fummo	stati
voi	foste	stati
essi	furono	stati

Futuro semplice

io	sarò
tu	sarai
egli	sarà
noi	saremo
voi	sarete
essi	saranno

Futuro anteriore

io	sarò	stato
tu	sarai	stato
egli	sarà	stato
noi	saremo	stati
voi	sarete	stati
essi	saranno	stati

CONGIUNTIVO

Presente

che io	sia
che tu	sia
che egli	sia
che noi	siamo
che voi	siate
che essi	siano

Passato

che io	sia	stato
che tu	sia	stato
che egli	sia	stato
che noi	siamo	stati
che voi	siate	stati
che essi	siano	stati

Imperfetto

che io	fossi
che tu	fossi
che egli	fosse
che noi	fossimo
che voi	foste
che essi	fossero

Trapassato

che io	fossi	stato
che tu	fossi	stato
che egli	fosse	stato
che noi	fossimo	stati
che voi	foste	stati
che essi	fossero	stati

Essere è un verbo irregolare perché ha forme proprie.

CONDIZIONALE

Presente

io	sarei
tu	saresti
egli	sarebbe
noi	saremmo
voi	sareste
essi	sarebbero

Passato

io	sarei	stato
tu	saresti	stato
egli	sarebbe	stato
noi	saremmo	stati
voi	sareste	stati
essi	sarebbero	stati

IMPERATIVO

Presente

—
sii
sia
siamo
siate
siano

INFINITO

Presente	Passato
essere	essere stato

PARTICIPIO

Presente	Passato
—	stato

GERUNDIO

Presente	Passato
essendo	essendo stato

Si usa

Il verbo **essere**, pur avendo significato proprio, è soprattutto usato come *ausiliare*.

- In funzione di **ausiliare** serve a formare i tempi composti:

  - del verbo **essere**

    Sono stato al mare
    Fossimo stati prudenti!

  - di molti verbi **intransitivi**

    Sono venuto a salutarti
    Siamo andati al cinema
    Siete tornati dalla montagna?

  - di tutti i verbi **riflessivi** (propri, apparenti, reciproci, impropri o intransitivi pronominali)

    Mi sono pettinato accuratamente
    Ti sei addormentato subito?
    Ci siamo sentiti spesso
    Si sono scritti di rado

  - dei verbi alla **forma impersonale**

    È bastato spiegarglielo una volta
    È accaduto ieri

- Come **verbo con significato proprio** indica *esistere*, *vivere*, *stare*, *trovarsi*:

  Penso, quindi sono
  Siete di Roma?
  Sono a casa
  Siamo in una situazione difficile

  ! il verbo *essere* si dice **copula** quando è seguito da un nome o un aggettivo, con il quale forma il predicato nominale (vedi pag. 204)

    Il sole è rosso
    Mio padre è medico
    Sono molto grasso

- Si usa per formare il **passivo**:

  Sono stato chiamato *dal direttore*
  È *molto* ***amato*** *dalla sua famiglia*
  Fu lodato *per la sua serietà*

- con **si** passivante e impersonale:

  Farò come ***si è detto***
  Si è ritenuto *giusto premiarlo*
  Si sono uditi *rumori sospetti*

- Ci sono alcuni verbi **intransitivi** (come *continuare*, *correre*, *mancare* e altri) che possono avere entrambi gli ausiliari:

  È corso *all'ospedale*
  Ha corso *per due chilometri*

  - una particolare categoria di impersonali è rappresentata dai verbi indicanti **fenomeni atmosferici** (*piovere*, *nevicare*, *diluviare* e simili) che ammettono con qualche eccezione, l'uso di entrambi gli ausiliari

è *piovuto*	***ha*** *piovuto*
è *nevicato*	***ha*** *nevicato*
è *diluviato*	***ha*** *diluviato*

AVERE

INDICATIVO

Presente

io	ho
tu	hai
egli	ha
noi	abbiamo
voi	avete
essi	hanno

Passato prossimo

io	ho	avuto
tu	hai	avuto
egli	ha	avuto
noi	abbiamo	avuto
voi	avete	avuto
essi	hanno	avuto

Imperfetto

io	avevo
tu	avevi
egli	aveva
noi	avevamo
voi	avevate
essi	avevano

Trapassato prossimo

io	avevo	avuto
tu	avevi	avuto
egli	aveva	avuto
noi	avevamo	avuto
voi	avevate	avuto
essi	avevano	avuto

Passato remoto

io	ebbi
tu	avesti
egli	ebbe
noi	avemmo
voi	aveste
essi	ebbero

Trapassato remoto

io	ebbi	avuto
tu	avesti	avuto
egli	ebbe	avuto
noi	avemmo	avuto
voi	aveste	avuto
essi	ebbero	avuto

Futuro semplice

io	avrò
tu	avrai
egli	avrà
noi	avremo
voi	avrete
essi	avranno

Futuro anteriore

io	avrò	avuto
tu	avrai	avuto
egli	avrà	avuto
noi	avremo	avuto
voi	avrete	avuto
essi	avranno	avuto

CONGIUNTIVO

Presente

che io	abbia
che tu	abbia
che egli	abbia
che noi	abbiamo
che voi	abbiate
che essi	abbiano

Passato

che io	abbia	avuto
che tu	abbia	avuto
che egli	abbia	avuto
che noi	abbiamo	avuto
che voi	abbiate	avuto
che essi	abbiano	avuto

Imperfetto

che io	avessi
che tu	avessi
che egli	avesse
che noi	avessimo
che voi	aveste
che essi	avessero

Trapassato

che io	avessi	avuto
che tu	avessi	avuto
che egli	avesse	avuto
che noi	avessimo	avuto
che voi	aveste	avuto
che essi	avessero	avuto

CONDIZIONALE

Presente

io	avrei
tu	avresti
egli	avrebbe
noi	avremmo
voi	avreste
essi	avrebbero

Passato

io	avrei	avuto
tu	avresti	avuto
egli	avrebbe	avuto
noi	avremmo	avuto
voi	avreste	avuto
essi	avrebbero	avuto

IMPERATIVO

Presente

—
abbi
abbia
abbiamo
abbiate
abbiano

INFINITO

Presente	Passato
avere	aver avuto

PARTICIPIO

Presente	Passato
avente	avuto

GERUNDIO

Presente	Passato
avendo	avendo avuto

Avere è un verbo irregolare perché ha forme proprie.

Si usa

Il verbo **avere**, pur avendo significato proprio, è soprattutto usato come *ausiliare*.

- In funzione di **ausiliare** serve a formare i tempi composti:

  - del verbo **avere**

    Voi ***avete avuto*** *un'ottima occasione*
    Avevo avuto *qualche buona notizia su di lui*
    Se ***avesse avuto*** *tempo!*

  - dei verbi **transitivi-attivi**

    Aveva studiato *bene la lezione*
    Ho prestato *un ombrello a Carlo*
    Abbiamo letto *un buon romanzo*

  - di alcuni verbi **intransitivi**

    Ha pianto *dal dolore*
    I nostri amici ***hanno litigato*** *furiosamente*
    Mi ***ha telefonato*** *Giovanni ieri*

  ! Nonostante i verbi indicanti **fenomeni atmosferici** si usino generalmente con l'ausiliare *essere*, oggi si tende a impiegare anche l'ausiliare **avere**

    è piovuto   ***ha*** *piovuto*

- Come **verbo con significato proprio**, indica *possedere*, *tenere*, *sentire/provare*:

  Ho *l'automobile*
  Ha *una bottiglia in mano*
  Aveva *sonno e freddo*

  ! *avere* seguito dalla preposizione **da** + **infinito** indica un obbligo

    Ho da confidarti *un segreto*
    Hanno *molto* ***da fare*** *oggi*
    Aveva da spedire *tre pacchi*

VERBI COMUNI

- Tre sono le coniugazioni in italiano:
  - **prima coniugazione**
    radice + are *(come amare)*
  - **seconda coniugazione**
    radice + ere *(come temere)*
  - **terza coniugazione**
    radice + ire *(come sentire)*
- All'interno di ogni coniugazione i verbi si dividono in:
  - **regolari**, se non mutano la radice e prendono tutte le desinenze della coniugazione a cui appartengono

amare	*sentire*
io amo	*io sento*
io amavo	*io sentivo*
io amai	*io sentii*
io amerò	*io sentirò*

  - **irregolari**, quando mutano la radice o la desinenza, o entrambe, rispetto alla coniugazione a cui appartengono

andare	*apparire*
io vado	*io appaio*
io andavo	*io apparivo*
io andai	*io apparvi*
io andrò	*io apparrò*

PRIMA CONIUGAZIONE REGOLARE

AMARE

INDICATIVO

Presente

io	amo
tu	ami
egli	ama
noi	amiamo
voi	amate
essi	amano

Imperfetto

io	amavo
tu	amavi
egli	amava
noi	amavamo
voi	amavate
essi	amavano

Passato remoto

io	amai
tu	amasti
egli	amò
noi	amammo
voi	amaste
essi	amarono

Futuro semplice

io	amerò
tu	amerai
egli	amerà
noi	ameremo
voi	amerete
essi	ameranno

Passato prossimo

io	ho	amato
tu	hai	amato
egli	ha	amato
noi	abbiamo	amato
voi	avete	amato
essi	hanno	amato

Trapassato prossimo

io	avevo	amato
tu	avevi	amato
egli	aveva	amato
essi	avevamo	amato
voi	avevate	amato
essi	avevano	amato

Trapassato remoto

io	ebbi	amato
tu	avesti	amato
egli	ebbe	amato
noi	avemmo	amato
voi	aveste	amato
essi	ebbero	amato

Futuro anteriore

io	avrò	amato
tu	avrai	amato
egli	avrà	amato
noi	avremo	amato
voi	avrete	amato
essi	avranno	amato

CONGIUNTIVO

Presente

che io	ami
che tu	ami
che egli	ami
che noi	amiamo
che voi	amiate
che essi	amino

Imperfetto

che io	amassi
che tu	amassi
che egli	amasse
che noi	amassimo
che voi	amaste
che essi	amassero

Passato

che io	abbia	amato
che tu	abbia	amato
che egli	abbia	amato
che noi	abbiamo	amato
che voi	abbiate	amato
che essi	abbiano	amato

Trapassato

che io	avessi	amato
che tu	avessi	amato
che egli	avesse	amato
che noi	avessimo	amato
che voi	aveste	amato
che essi	avessero	amato

CONDIZIONALE

Presente

io	amerei
tu	ameresti
egli	amerebbe
noi	ameremmo
voi	amereste
essi	amerebbero

Passato

io	avrei	amato
tu	avresti	amato
egli	avrebbe	amato
noi	avremmo	amato
voi	avreste	amato
essi	avrebbero	amato

IMPERATIVO

Presente

—
ama
ami
amiamo
amate
amino

INFINITO

Presente	Passato
amare	aver amato

PARTICIPIO

Presente	Passato
amante	amato

GERUNDIO

Presente	Passato
amando	avendo amato

Particolarità della prima coniugazione

- I verbi in **care** e **gare** aggiungono alla radice una **h** davanti alle desinenze in **i**, **e**, mantenendo così un suono gutturale:

cercare	*legare*
tu cerchi	*tu leghi*
noi cerchiamo	*noi leghiamo*
io cercherò	*io legherò*

- I verbi in **ciare**, **giare**, **sciare** perdono la **i** della radice davanti alle desinenze in **i**, **e**:

cominciare	*mangiare*	*strisciare*
tu cominci	*tu mangi*	*tu strisci*
noi cominciamo	*noi mangiamo*	*noi strisciamo*
io comincerò	*io mangerò*	*io striscerò*

- I verbi in **iare** conservano, davanti alle desinenze che cominciano per **i**, la **i** della radice, tranne davanti alle desinenze **iamo**, **iate**, se essa è tonica alla prima persona singolare dell'indicativo presente, la perdono invece se è atona:

espiare	*studiare*
io espio	*io studio*
che tu espii	*che tu studi*
noi espiamo	*noi studiamo*
voi espiate	*voi studiate*

- I verbi in **gliare** perdono la **i** della radice solo davanti alla vocale **i**:

tagliare	*pigliare*
io taglio	*io piglio*
tu tagli	*tu pigli*
noi tagliamo	*noi pigliamo*
voi tagliate	*voi pigliate*

- I verbi in **gnare** sono regolari, mantengono cioè la **i** nelle desinenze **iamo** (indicativo e congiuntivo presente), **iate** (congiuntivo presente):

accompagnare	***regnare***	***sognare***
noi accompagniamo	*noi regniamo*	*noi sogniamo*
che noi accompagniamo	*che noi regniamo*	*che noi sogniamo*
che voi accompagniate	*che voi regniate*	*che voi sogniate*

! la seconda persona plurale del presente indicativo fa regolarmente

voi accompagnate	*voi regnate*	*voi sognate*

SECONDA CONIUGAZIONE REGOLARE

TEMERE

INDICATIVO

Presente

io temo
tu temi
egli teme
noi temiamo
voi temete
essi temono

Imperfetto

io temevo
tu temevi
egli temeva
noi temevamo
voi temevate
essi temevano

Passato remoto

io temetti, temei
tu temesti
egli temette, temé
noi tememmo
voi temeste
essi temettero, temerono

Futuro semplice

io temerò
tu temerai
egli temerà
noi temeremo
voi temerete
essi temeranno

Passato prossimo

io ho temuto
tu hai temuto
egli ha temuto
noi abbiamo temuto
voi avete temuto
essi hanno temuto

Trapassato prossimo

io avevo temuto
tu avevi temuto
egli aveva temuto
noi avevamo temuto
voi avevate temuto
essi avevano temuto

Trapassato remoto

io ebbi temuto
tu avesti temuto
egli ebbe temuto
noi avemmo temuto
voi aveste temuto
essi ebbero temuto

Futuro anteriore

io avrò temuto
tu avrai temuto
egli avrà temuto
noi avremo temuto
voi avrete temuto
essi avranno temuto

CONGIUNTIVO

Presente

che io tema
che tu tema
che egli tema
che noi temiamo
che voi temiate
che essi temano

Imperfetto

che io temessi
che tu temessi
che egli temesse
che noi temessimo
che voi temeste
che essi temessero

Passato

che io abbia temuto
che tu abbia temuto
che egli abbia temuto
che noi abbiamo temuto
che voi abbiate temuto
che essi abbiano temuto

Trapassato

che io avessi temuto
che tu avessi temuto
che egli avesse temuto
che noi avessimo temuto
che voi aveste temuto
che essi avessero temuto

CONDIZIONALE

Presente

io temerei
tu temeresti
egli temerebbe
noi temeremmo
voi temereste
essi temerebbero

Passato

io avrei temuto
tu avresti temuto
egli avrebbe temuto
noi avremmo temuto
voi avreste temuto
essi avrebbero temuto

IMPERATIVO

Presente

—
temi
tema
temiamo
temete
temano

INFINITO

Presente	Passato
temere	aver temuto

PARTICIPIO

Presente	Passato
temente	temuto

GERUNDIO

Presente	Passato
temendo	avendo temuto

Particolarità della seconda coniugazione

- Al passato remoto molti verbi della seconda coniugazione hanno due forme alla prima e terza persona singolare e alla terza plurale:

io temetti/temei	*egli temette/temé*	*essi temettero/temerono*
io vendetti/vendei	*egli vendette/vendé*	*essi vendettero/venderono*
io credetti/credei	*egli credette/credé*	*essi credettero/crederono*

- Sono considerati come appartenenti alla seconda coniugazione i verbi **fare** e **dire** (perché derivano da due verbi latini della seconda coniugazione) e tutti quelli terminanti in **arre**, **orre**, **urre** come *trarre*, *porre*, *condurre*, *tradurre* e altri.

- I verbi terminanti in **cere**, **gere**, **scere** (regolari e irregolari), con la **e** atona, mantengono un suono molle (o palatale) davanti alle desinenze in **i**, **e** ma hanno suono gutturale davanti alle desinenze in **a**, **o**; inoltre quelli in **scere** inseriscono una **i** davanti alla desinenza **uto** del participio passato:

vincere	*tu vinci*	*che egli vinca*	
spargere	*tu spargi*	*che egli sparga*	
conoscere	*tu conosci*	*che egli conosca*	*conosciuto*
crescere	*tu cresci*	*che egli cresca*	*cresciuto*

- Il verbo **nuocere** e quelli terminanti in **cere** con la **e** tonica (come *piacere*, *giacere*) inseriscono una **i** davanti alle desinenze in **a**, **o**, **u**, mantenendo così il suono dolce (o palatale). Inoltre, se la **i** è preceduta da una **c**, quest'ultima in alcuni verbi e in alcuni tempi si raddoppia:

nuocere	*io nuoccio*	*tu nuoci*	*essi nuocciono*	*nuociuto*
piacere	*io piaccio*	*tu piaci*	*essi piacciono*	*piaciuto*

- I verbi terminanti in **gnere** sono regolari, mantengono cioè la **i** nelle desinenze **iamo** (indicativo e congiuntivo presente), **iate** (congiuntivo presente):

spegnere	*noi spegniamo*	*che voi spegniate*

TERZA CONIUGAZIONE REGOLARE

SENTIRE

INDICATIVO

Presente

io	sento
tu	senti
egli	sente
noi	sentiamo
voi	sentite
essi	sentono

Passato prossimo

io	ho	sentito
tu	hai	sentito
egli	ha	sentito
noi	abbiamo	sentito
voi	avete	sentito
essi	hanno	sentito

Imperfetto

io	sentivo
tu	sentivi
egli	sentiva
noi	sentivamo
voi	sentivate
essi	sentivano

Trapassato prossimo

io	avevo	sentito
tu	avevi	sentito
egli	aveva	sentito
noi	avevamo	sentito
voi	avevate	sentito
essi	avevano	sentito

Passato remoto

io	sentii
tu	sentisti
egli	sentì
noi	sentimmo
voi	sentiste
essi	sentirono

Trapassato remoto

io	ebbi	sentito
tu	avesti	sentito
egli	ebbe	sentito
noi	avemmo	sentito
voi	aveste	sentito
essi	ebbero	sentito

Futuro semplice

io	sentirò
tu	sentirai
egli	sentirà
noi	sentiremo
voi	sentirete
essi	sentiranno

Futuro anteriore

io	avrò	sentito
tu	avrai	sentito
egli	avrà	sentito
noi	avremo	sentito
voi	avrete	sentito
essi	avranno	sentito

CONGIUNTIVO

Presente

che io	senta
che tu	senta
che egli	senta
che noi	sentiamo
che voi	sentiate
che essi	sentano

Passato

che io	abbia	sentito
che tu	abbia	sentito
che egli	abbia	sentito
che noi	abbiamo	sentito
che voi	abbiate	sentito
che essi	abbiano	sentito

Imperfetto

che io	sentissi
che tu	sentissi
che egli	sentisse
che noi	sentissimo
che voi	sentiste
che essi	sentissero

Trapassato

che io	avessi	sentito
che tu	avessi	sentito
che egli	avesse	sentito
che noi	avessimo	sentito
che voi	aveste	sentito
che essi	avessero	sentito

CONDIZIONALE

Presente

io	sentirei
tu	sentiresti
egli	sentirebbe
noi	sentiremmo
voi	sentireste
essi	sentirebbero

Passato

io	avrei	sentito
tu	avresti	sentito
egli	avrebbe	sentito
noi	avremmo	sentito
voi	avreste	sentito
essi	avrebbero	sentito

IMPERATIVO

Presente

—
senti
senta
sentiamo
sentite
sentano

INFINITO

Presente	**Passato**
sentire	aver sentito

PARTICIPIO

Presente	**Passato**
sentente	sentito

GERUNDIO

Presente	**Passato**
sentendo	avendo sentito

FINIRE

INDICATIVO

Presente

io finisco
tu finisci
egli finisce
noi finiamo
voi finite
essi finiscono

Passato prossimo

io ho finito
tu hai finito
egli ha finito
noi abbiamo finito
voi avete finito
essi hanno finito

Imperfetto

io finivo
tu finivi
egli finiva
noi finivamo
voi finivate
essi finivano

Trapassato prossimo

io avevo finito
tu avevi finito
egli aveva finito
noi avevamo finito
voi avevate finito
essi avevano finito

Passato remoto

io finii
tu finisti
egli finì
noi finimmo
voi finiste
essi finirono

Trapassato remoto

io ebbi finito
tu avesti finito
egli ebbe finito
noi avemmo finito
voi aveste finito
essi ebbero finito

Futuro semplice

io finirò
tu finirai
egli finirà
noi finiremo
voi finirete
essi finiranno

Futuro anteriore

io avrò finito
tu avrai finito
egli avrà finito
noi avremo finito
voi avrete finito
essi avranno finito

CONGIUNTIVO

Presente

che io finisca
che tu finisca
che egli finisca
che noi finiamo
che voi finiate
che essi finiscano

Passato

che io abbia finito
che tu abbia finito
che egli abbia finito
che noi abbiamo finito
che voi abbiate finito
che essi abbiano finito

Imperfetto

che io finissi
che tu finissi
che egli finisse
che noi finissimo
che voi finiste
che essi finissero

Trapassato

che io avessi finito
che tu avessi finito
che egli avesse finito
che noi avessimo finito
che voi aveste finito
che essi avessero finito

CONDIZIONALE

Presente

io finirei
tu finiresti
egli finirebbe
noi finiremmo
voi finireste
essi finirebbero

Passato

io avrei finito
tu avresti finito
egli avrebbe finito
noi avremmo finito
voi avreste finito
essi avrebbero finito

IMPERATIVO

Presente

—
finisci
finisca
finiamo
finite
finiscano

INFINITO

Presente	Passato
finire	aver finito

PARTICIPIO

Presente	Passato
finente	finito

GERUNDIO

Presente	Passato
finendo	avendo finito

Particolarità della terza coniugazione

- Molti verbi della terza coniugazione aggiungono, tra la radice e la desinenza, il suffisso **isc** alla prima, seconda, terza persona singolare e terza plurale dell'indicativo e congiuntivo presente, alla seconda, terza persona singolare e terza plurale dell'imperativo presente:

finire

io finisco	*che io finisca*	
tu finisci	*che tu finisca*	
egli finisce	*che egli finisca*	
essi finiscono	*che essi finiscano*	
finisci	*finisca*	*finiscano*

  - alcuni verbi hanno entrambe le forme, sul modello di **sentire** e di **finire**

languire	*io languo*	*io languisco*
mentire	*io mento*	*io mentisco*

  - altri verbi hanno entrambe le forme, ma impiegate con diverso significato

ripartire
io riparto (parto di nuovo)
io ripartisco (fraziono)

- Generalmente il participio presente dei verbi della terza coniugazione termina in **ente**, ma alcuni verbi hanno la forma in **iente**; altri ancora hanno entrambe le forme:

morire	*morente*
esordire	*esordiente*
dormire	*dormente/dormiente*

- Alcuni participi mutano la **t**, che precede la desinenza del participio **iente**, in **z**:

sentire	*senziente*

IL GENERE DEL VERBO

VERBI TRANSITIVI E INTRANSITIVI

Secondo il genere, il verbo si distingue in

- **transitivo**, quando può reggere un complemento oggetto, non necessariamente espresso:

  *Noi beviamo **una birra***
  *Vendo **la mia macchina***
  Marco mangia

- **intransitivo**, quando non può essere seguito da un complemento oggetto e l'azione, compiuta dal soggetto, rimane sul soggetto stesso:

  Nuoto spesso
  Carlo e Sandra camminano

  ! i verbi intransitivi sono normalmente seguiti da un complemento indiretto, preceduto cioè da una preposizione

  *Io abito **a Milano** da tre anni*
  *I miei genitori vanno **al cinema***

  - sono intransitivi i verbi che indicano uno stato e la maggior parte dei verbi di movimento

    *Mio nonno **visse** a lungo*
    *Domani **parto** per Bologna*

- Alcuni verbi possono essere transitivi e intransitivi:

  ***Hai iniziato** il libro nuovo?* (transitivo)
  *La lezione **inizia** alle otto* (intransitivo)

- Alcuni verbi intransitivi possono diventare transitivi se seguiti da un oggetto interno, cioè da un complemento oggetto che derivi dalla stessa radice del verbo:

vivere intensamente	*vivere **una vita** agiata*
correre a pranzo	*correre **una corsa** a ostacoli*

FORMA ATTIVA E PASSIVA

Il verbo può avere

- **forma attiva**, quando il soggetto compie l'azione espressa dal verbo:

  L'allenatore ***convoca*** *la squadra*
  Paolo ***chiama*** *il cameriere*
  Giulietta ***ama*** *Romeo*

- **forma passiva**, quando il soggetto subisce l'azione espressa dal verbo:

  La squadra ***è convocata*** *dall'allenatore*
  Il cameriere ***è chiamato*** *da Paolo*
  Romeo ***è amato*** *da Giulietta*

- Solo i verbi transitivi hanno la forma attiva e passiva:

io ***lodo***	***sono lodato***
io ***guardo***	***sono guardato***
io ***interrogo***	***sono interrogato***

- Nella forma attiva dei verbi transitivi i tempi composti sono costruiti con l'ausiliare **avere** (vedi le tavole di *amare*, *temere*, *sentire*, *finire* alle pagg. 119, 122, 124, 125):

  Ho studiato *bene il programma del congresso*
  Mi avevano ***spedito*** *una raccomandata*
  Quando ***avrò finito*** *ti telefonerò*

- I verbi intransitivi hanno solo la forma attiva. Alcuni verbi di questa categoria formano i tempi composti con l'ausiliare **essere**, altri con **avere**:

  Parto *domani*
  Oggi ***siamo andati*** *allo stadio*
  Hanno viaggiato *spesso da soli*

- Nel passivo tutte le forme del verbo sono costruite con l'ausiliare **essere**, cui si aggiunge il **participio passato** del verbo principale:

  Io ***sono lodato*** (presente indicativo)
  Voi ***siete stati lodati*** (passato prossimo)

Altri modi per esprimere la forma passiva

- **venire + participio passato** del verbo principale. Questa forma è impiegata solo nei tempi semplici:

  Vennero (= furono) *tutti* ***licenziati***
  Venni (= fui) ***chiamato*** *dal direttore*

- **si** (detto **passivante) + la terza persona** singolare e plurale **del verbo di forma attiva**:

  Una volta ***si usava*** (= era usata) *di meno l'automobile*
  Si fecero (= furono fatti) *molti discorsi interessanti*

COSTRUZIONE DELLA FRASE PASSIVA

Perché un verbo transitivo possa essere trasformato dalla forma attiva alla passiva, è necessario che il complemento oggetto sia espresso:

FORMA ATTIVA	*il contadino* (soggetto: compie l'azione)	*ara* (verbo attivo)	*il campo* (compl. oggetto: subisce l'azione)
FORMA PASSIVA	***il campo*** (soggetto: subisce l'azione)	***è arato*** (verbo passivo)	***dal contadino*** (complemento d'agente: compie l'azione

Nella trasformazione della frase attiva in passiva, il complemento oggetto e il soggetto della frase attiva si trasformano, rispettivamente, in soggetto e complemento d'agente della frase passiva.

CONIUGAZIONE PASSIVA

ESSERE AMATO

INDICATIVO

Presente

io	sono	amato
tu	sei	amato
egli	è	amato
noi	siamo	amati
voi	siete	amati
essi	sono	amati

Imperfetto

io	ero	amato
tu	eri	amato
egli	era	amato
noi	eravamo	amati
voi	eravate	amati
essi	erano	amati

Passato remoto

io	fui	amato
tu	fosti	amato
egli	fu	amato
noi	fummo	amati
voi	foste	amati
essi	furono	amati

Futuro semplice

io	sarò	amato
tu	sarai	amato
egli	sarà	amato
noi	saremo	amati
voi	sarete	amati
essi	saranno	amati

Passato prossimo

io	sono	stato amato
tu	sei	stato amato
egli	è	stato amato
noi	siamo	stati amati
voi	siete	stati amati
essi	sono	stati amati

Trapassato prossimo

io	ero	stato amato
tu	eri	stato amato
egli	era	stato amato
noi	eravamo	stati amati
voi	eravate	stati amati
essi	erano	stati amati

Trapassato remoto

io	fui	stato amato
tu	fosti	stato amato
egli	fu	stato amato
noi	fummo	stati amati
voi	foste	stati amati
essi	furono	stati amati

Futuro anteriore

io	sarò	stato amato
tu	sarai	stato amato
egli	sarà	stato amato
noi	saremo	stati amati
voi	sarete	stati amati
essi	saranno	stati amati

CONGIUNTIVO

Presente

che io	sia	amato
che tu	sia	amato
che egli	sia	amato
che noi	siamo	amati
che voi	siate	amati
che essi	siano	amati

Imperfetto

che io	fossi	amato
che tu	fossi	amato
che egli	fosse	amato
che noi	fossimo	amati
che voi	foste	amati
che essi	fossero	amati

Passato

che io	sia	stato amato
che tu	sia	stato amato
che egli	sia	stato amato
che noi	siamo	stati amati
che voi	siate	stati amati
che essi	siano	stati amati

Trapassato

che io	fossi	stato amato
che tu	fossi	stato amato
che egli	fosse	stato amato
che noi	fossimo	stati amati
che voi	foste	stati amati
che essi	fossero	stati amati

CONDIZIONALE

Presente

io	sarei	amato
tu	saresti	amato
egli	sarebbe	amato
noi	saremmo	amati
voi	sareste	amati
essi	sarebbero	amati

Passato

io	sarei	stato amato
tu	saresti	stato amato
egli	sarebbe	stato amato
noi	saremmo	stati amati
voi	sareste	stati amati
essi	sarebbero	stato amato

IMPERATIVO

Presente

—	
sii	amato
sia	amato
siamo	amati
siate	amati
siano	amati

INFINITO

Presente	**Passato**
essere amato	essere stato amato

PARTICIPIO

Presente	**Passato**
—	stato amato

GERUNDIO

Presente	**Passato**
essendo amato	essendo stato amato

FORMA RIFLESSIVA

- Il verbo è riflessivo quando l'azione compiuta dal soggetto si riflette sul soggetto stesso:

  Ogni mattina ***mi lavo*** (lavo me stesso)
  Giulia ***si pettina*** *spesso* (pettina se stessa)

- La forma riflessiva richiede sempre l'ausiliare **essere**:

  Vi siete preparati *bene per l'esame?*
  Si sono salutati *con freddezza*
  Ti sei trovato *nel mezzo della manifestazione*

- Le particelle pronominali precedono di norma il verbo, lo seguono all'imperativo (modo finito) e nei modi indefiniti:

  Io ***mi*** *lavo*
  *Vestite**vi** in fretta!*
  *Alzato**si**, se ne andò*

- All'interno della forma riflessiva esistono in italiano quattro gruppi di verbi denominati:

  - **riflessivi propri**, quando sono formati da un verbo transitivo-attivo, a cui si aggiungono le particelle pronominali **mi**, **ti**, **si**, **ci**, **vi**, **si** con funzione di complemento oggetto

    Spesso ***mi giudico*** (giudico me) *con intransigenza*
    Gianni ***si veste*** *sempre in modo impeccabile*
    Dopo un lungo bagno, ***si asciugarono al sole***

  - **riflessivi apparenti**, quando sono formati da un verbo transitivo-attivo e dalle particelle pronominali, che non hanno però funzione di complemento oggetto

    Appena rientro a casa, ***mi lavo*** *subito le mani*
    Giulia ***si pettina*** *spesso i lunghi capelli*

  - **riflessivi reciproci**, quando esprimono un'azione scambievole tra due o più persone o cose

    Si abbracciarono *affettuosamente*
    Ci scambiammo *alcune informazioni*
    Vi scriveste *frequentemente, dopo quell'estate*

- **riflessivi impropri** o **intransitivi pronominali**, quando la particella pronominale non ha valore riflessivo, ma fa parte del verbo. Si suddividono in due categorie:
  - verbi che non esistono senza la particella pronominale

    arrabbiarsi *io* ***mi*** *arrabbio*
    astenersi *tu* ***ti*** *astieni*
    pentirsi *voi* ***vi*** *siete pentiti*

  - verbi transitivi o intransitivi, che hanno anche la forma pronominale

Dividere/rsi	*Allontanare/rsi*
Divido *il guadagno*	*Enzo* ***allontana*** *i cani*
Mi divido *da te*	***Si allontana*** *spesso*

CONIUGAZIONE RIFLESSIVA

LAVARSI

INDICATIVO

Presente

io mi lavo
tu ti lavi
egli si lava
noi ci laviamo
voi vi lavate
essi si lavano

Imperfetto

io mi lavavo
tu ti lavavi
egli si lavava
noi ci lavavamo
voi vi lavavate
essi si lavavano

Passato remoto

io mi lavai
tu ti lavasti
egli si lavò
noi ci lavammo
voi vi lavaste
essi si lavarono

Futuro semplice

io mi laverò
tu ti laverai
egli si laverà
noi ci laveremo
voi vi laverete
essi si laveranno

Passato prossimo

io mi sono lavato
tu ti sei lavato
egli si è lavato
noi ci siamo lavati
voi vi siete lavati
essi si sono lavati

Trapassato prossimo

io mi ero lavato
tu ti eri lavato
egli si era lavato
noi ci eravamo lavati
voi vi eravate lavati
essi si erano lavati

Trapassato remoto

io mi fui lavato
tu ti fosti lavato
egli si fu lavato
noi ci fummo lavati
voi vi foste lavati
essi si furono lavati

Futuro anteriore

io mi sarò lavato
tu ti sarai lavato
egli si sarà lavato
noi ci saremo lavati
voi vi sarete lavati
essi si saranno lavati

CONGIUNTIVO

Presente

che io mi lavi
che tu ti lavi
che egli si lavi
che noi ci laviamo
che voi vi laviate
che essi si lavino

Imperfetto

che io mi lavassi
che tu ti lavassi
che egli si lavasse
che noi ci lavassimo
che voi vi lavaste
che essi si lavassero

Passato

che io mi sia lavato
che tu ti sia lavato
che egli si sia lavato
che noi ci siamo lavati
che voi vi siate lavati
che essi si siano lavati

Trapassato

che io mi fossi lavato
che tu ti fossi lavato
che egli si fosse lavato
che noi ci fossimo lavati
che voi vi foste lavati
che essi si fossero lavati

CONDIZIONALE

Presente

io mi laverei
tu ti laveresti
egli si laverebbe
noi ci laveremmo
voi vi lavereste
essi si laverebbero

Passato

io mi sarei lavato
tu ti saresti lavato
egli si sarebbe lavato
noi ci saremmo lavati
voi vi sareste lavati
essi si sarebbero lavati

IMPERATIVO

Presente

—
lavati
si lavi
laviamoci
lavatevi
si lavino

INFINITO

Presente	**Passato**
lavarsi	essersi lavato

PARTICIPIO

Presente	**Passato**
lavantesi	lavatosi

GERUNDIO

Presente	**Passato**
lavandosi	essendosi lavato

VERBI IMPERSONALI

Sono chiamati impersonali quei verbi che mancano di un soggetto determinato e sono usati solo alla terza persona singolare. Si distingono in:

- **verbi impersonali propri**, costituiti da verbi indicanti fenomeni atmosferici come:

albeggiare	*nevicare*
annottare	*piovere*
grandinare	*tempestare*
lampeggiare	*tuonare*

Nevica spesso d'inverno sulle Alpi
Se non pioverà, faremo un'escursione in montagna
Quando il temporale si avvicina, tuona sempre più forte

! alcuni di questi verbi possono essere usati anche personalmente se indicano un senso figurato

I suoi occhi lampeggiarono di collera
Gli piovvero addosso decine di milioni
Il cannone tuonò per tutta la notte

- sono impersonali anche alcune **locuzioni**, formate col verbo **fare**, indicanti fenomeni atmosferici come

fa caldo	*fa buio*	*fa bello*
fa freddo	*fa notte*	*fa brutto*

L'estate scorsa faceva davvero caldo
Oggi fa freddo più di ieri
D'inverno fa buio molto presto

- **verbi accidentalmente impersonali**, cioè costituiti da verbi che sono normalmente personali, ma possono anche essere usati impersonalmente. Eccone alcuni:

accadere	*dispiacere*	*parere*
avvenire	*importare*	*piacere*
bisognare	*necessitare*	*sembrare*
convenire	*occorrere*	*succedere*

Sembra che il tuo collega sapesse già tutto
Qualche volta succede di non ricordare un indirizzo

- **bisognare** si usa preferibilmente in modo impersonale

  Bisogna *partire immediatamente dalla città*

! Forme impersonali si costruiscono anche con:

- i verbi **andare** e **stare**, usati in alcune **locuzioni** particolari

  Va bene (sta bene), *questa sera vi porteremo al cinema*
  Se continui a comportarti così, ***va proprio male***
  Ma che bella notizia! ***Va di male in peggio****!*

- il verbo **essere**, usato alla terza persona singolare, seguito in genere da un aggettivo

  È interessante *osservare il cielo notturno*
  È necessario *che voi partiate al più presto*

- qualunque verbo, usato alla terza persona singolare, preceduto dalla particella pronominale **si**

  Si dice *che sarà eletto presidente*
  Qui ***si parla*** *sempre troppo*
  Si partirà *quando lo deciderò io!*

- I verbi riflessivi alla forma impersonale si costruiscono con le particelle **ci si**:

  Ci si vedrà *domani nella sala delle riunioni*
  Ci si cambierà *d'abito subito dopo la cerimonia*

- Il participio passato, nei tempi composti dei verbi impersonali, è al singolare maschile, se il verbo principale è costruito normalmente con l'ausiliare **avere**, e al plurale maschile se è costruito con **essere**:

  Si è sperato (aus. avere) *fin troppo nel perdono*
  Si è partiti (aus. essere) *in treno*

VERBI SERVILI

- I verbi **dovere**, **potere**, **volere** si dicono servili perché reggono direttamente, cioè senza preposizione, l'infinito di un altro verbo, con cui formano un unico predicato verbale. Modificano, anche se in modo non radicale, il significato del verbo aggiungendo l'idea del dovere, della possibilità o della volontà:

*Non **possono trattenermi** oltre, è tardi **devo andare***
*Se **potessi credere** a ciò che mi dici, sarei felicissima*
***Vorrei poter fare** un lungo viaggio intorno al mondo*

! *Dovere*, *potere*, *volere* hanno anche un proprio significato, come verbi a sé stanti:

*Non accetto scuse: tu mi **devi** questo favore!*
*Se **potessi** lo farei volentieri, ma proprio non **posso**!*
*Se è Lei che lo **vuole**, non ho motivo di rifiutare l'invito*

L'AUSILIARE DEI VERBI SERVILI

- Nei tempi composti i verbi servili usano di norma l'ausiliare del verbo che accompagnano:

Sono andato via	***Sono dovuto** andare via*
Non sono venuto	*Non **sono potuto** venire*
Sono arrivato presto	***Sono voluto** arrivare presto*
Ho parlato con lui	***Ho potuto** parlare con lui*

colloquialmente, è sempre più diffuso l'uso dell'ausiliare **avere** anche quando il verbo richiederebbe *essere*

***Ho dovuto** andare via*
*Non **ho potuto** venire*
***Ho voluto** arrivare presto*

- Quando i servili reggono l'infinito di un verbo riflessivo o pronominale usano:
  - l'ausiliare **essere**, se le particelle pronominali precedono il verbo servile

***Si è voluto bagnare** lo stesso, nonostante il divieto*
*Non **mi sono potuto addormentare** a causa del baccano*

Si è dovuto preparare in fretta, per non arrivare tardi

- l'ausiliare **avere**, se le particelle pronominali sono unite all'infinito del verbo

Ha voluto bagnarsi lo stesso, nonostante il divieto
Non ho potuto addormentarmi a causa del baccano
Ha dovuto prepararsi in fretta, per non arrivare tardi

VERBI FRASEOLOGICI

- Evidenziano aspetti o sfumature particolari dell'azione espressa dal verbo a cui si accompagnano. Possono reggere l'infinito, il participio passato o il gerundio:

  - reggono l'**infinito** verbi come

accingersi a	*lasciare*	*cercare di*
cominciare a	*sapere*	*finire di*
riuscire a	*solere*	*smettere di*
continuare a	*sentirsi*	*tentare di*
stare per	*vedersi*	*terminare di*

    Cerca di raggiungere *Carlo prima che esca di casa*
    L'imputato ***continuava a sostenere*** *di non aver compiuto il fatto*
    Non ***hai*** *ancora* ***finito di riordinare*** *la tua stanza?*
    Alla fine della corsa, ***si sentì mancare***
    Se non la ***smetti di gridare****, me ne vado!*
    Quando ***avrò terminato di*** *scrivere, ti telefonerò*

  - reggono il **participio passato** verbi come

    sentirsi
    trovarsi
    vedersi

    Si ***sentì isolato***
    Si ***trovò impigliato***
    Si ***vide perduto***

  - reggono il **gerundio** ed esprimono un'azione continuata verbi come

    andare
    stare
    venire

    Andava dicendo *a tutti di non avere nessuna colpa*
    Stava *ancora* ***mangiando****, quando arrivai*
    Veniva *verso di noi* ***sorridendo*** *cortesemente*

- L'imminenza di un'azione viene espressa da locuzioni verbali come, **essere sul punto di**, **stare per** seguito dall'infinito:

Quando uscimmo, ***stava per piovere***
Era sul punto di confessare *tutto, quando arrivasti*

VERBI DIFETTIVI

Sono chiamati difettivi i verbi che mancano di uno o più modi, tempi o persone. Ecco di seguito i verbi difettivi più importanti con le sole forme in uso:

- **addirsi** (confarsi, convenire)

indicativo	presente	*si addice, si addicono*
	imperfetto	*si addiceva, si addicevano*
congiuntivo	presente	*si addica, si addicano*
	imperfetto	*si addicesse, si addicessero*
participio	presente	*addicentesi*
gerundio	presente	*addicendosi*

  - si usa solo alla terza persona singolare e plurale

- **aggradare** (piacere, garbare)

indicativo	presente	*aggrada* (3ª pers. sing.)

  - non usato negli altri modi, tempi o persone

- **bisognare**
  - usato alla terza persona singolare e plurale di tutti i modi e tempi

- **concernere**
  - raro al passato remoto, manca del participio passato e dei tempi composti

- **consumere** (consumare, logorare)

indicativo	passato remoto	*io consunsi, egli consunse, essi consunsero*
participio	passato	*consunto*

  - ha tutti i tempi composti

- **convergere** (confluire; coincidere; dirigere)
  - ha tutti i tempi semplici
  - raro il participio passato, manca dei tempi composti

- **delinquere** (commettere delitti)

infinito		*delinquere*

! è usato solo nell'espressione *associazione a delinquere*, mentre il participio presente *delinquente* ha valore solo di sostantivo

- **esimere** (rendere libero, esonerare)
  - ha tutti i tempi semplici
  - mancando del participio passato non ha i tempi composti

  ! poco usato oggi, viene di solito sostituito dai sinonimi *dispensare, esonerare*

- **fervere** (ardere; ribollire; brulicare di vita)
  - ha tutti i tempi semplici, i modi e le persone
  - manca del participio passato e dei tempi composti

- **incombere** (sovrastare, essere imminente)
  - si usa solo alla terza persona singolare e plurale dei tempi semplici
  - mancando del participio passato non ha i tempi composti

- **indulgere** (perdonare, giustificare; accondiscendere)
  - ha tutti i tempi semplici

  ! *indulgente* ha solo valore di aggettivo

  ! il participio passato *indulto* si usa quasi esclusivamente come sostantivo maschile, per cui non si usano i tempi composti

- **lucere** (risplendere, sfavillare)

indicativo	presente	*luce, lucono*
	imperfetto	*luceva, lucevano*
congiuntivo	imperfetto	*lucesse, lucessero*

  - le altre forme sono assai rare; il composto *rilucere* manca del participio passato

- **ostare** (essere d'ostacolo)

  ! usato solo nelle locuzioni *nonostante* e *nulla osta*

- **prudere** (dare prurito; aver voglia di azzuffarsi o di rispondere a tono)

- ha tutti i tempi semplici ma di solito è usato solo alla terza persona singolare e plurale
- mancando del participio passato, non ha i tempi composti

- **solere**
  - il verbo difettivo più comune, possiede solo le seguenti forme

indicativo	presente	*io soglio, tu suoli, egli suole, noi sogliamo, voi solete, essi sogliono*
	imperfetto	*io solevo, tu solevi, egli soleva, noi solevamo, voi solevate, essi solevano*
congiuntivo	presente	*che io soglia, che tu soglia, che egli soglia, che noi sogliamo, che voi sogliate, che essi sogliano*
	imperfetto	*che io solessi, che tu solessi, che egli solesse, che noi solessimo, che voi soleste, che essi solessero*
participio	passato	*solito*
gerundio	presente	*solendo*

  - le voci mancanti sono sostituite dalla locuzione *essere solito*

- **splendere** e **risplendere**
  - hanno tutti i tempi semplici, i modi e le persone
  - mancano del participio passato e, quindi, dei tempi composti

- **stridere** (cigolare; strepitare; stonare)
  - ha tutti i tempi semplici
  - mancando del participio passato, non ha i tempi composti

- **urgere** (incalzare; essere necessario; essere pressante)

indicativo	presente	*urge, urgono*
	imperfetto	*urgeva, urgevano*
	futuro semplice	*urgerà, urgeranno*

congiuntivo	presente	*urga, urgano*
	imperfetto	*urgesse, urgessero*
condizionale	presente	*urgerebbe, urgerebbero*
participio	presente	*urgente*
gerundio	presente	*urgendo*

- è usato solo alla terza persona singolare e plurale
- mancando del participio passato, non ha i tempi composti

- **vertere** (trattare, riguardare)
  - si usa solo alla terza persona singolare e plurale dei tempi semplici
  - mancando del participio passato, non ha i tempi composti

- **vigere** (essere in vigore)
  - si usa solo alla terza persona singolare e plurale dei tempi semplici

indicativo	presente	*vige, vigono*
	imperfetto	*vigeva, vigevano*
	futuro semplice	*vigerà, vigeranno*
congiuntivo	presente	*che viga, che vigano*
	imperfetto	*che vigesse, che vigessero*
participio	presente	*vigente*
gerundio	presente	*vigendo*

VERBI SOVRABBONDANTI

Sovrabbondanti sono detti quei verbi che, pur avendo una stessa radice, hanno due infiniti diversi e, generalmente, appartengono a due coniugazioni diverse; taluni esprimono uno stesso significato, altri un significato diverso.

- Hanno lo stesso significato:

adempiere	*adempire*
ammansare	*ammansire*
annerare	*annerire*
compiere	*compire*
dimagrare	*dimagrire*
empiere	*empire*
intorbidare	*intorbidire*
starnutare	*starnutire*

! generalmente una forma è più usata dell'altra

- Hanno diverso significato:

abbrunare	(mettere il lutto)	*abbrunire*	(diventare bruno)
ammollare	(allentare)	*ammollire*	(mettere a mollo)
arrossare	(rendere rosso)	*arrossire*	(diventare rosso)
assordare	(far diventare sordo)	*assordire*	(diventare sordo)
fallare	(sbagliare)	*fallire*	(mancare, andare in fallimento)
scolorare	(stingere)	*scolorire*	(perdere il colore)
sfiorare	(toccare leggermente)	*sfiorire*	(perdere il fiore)

! in realtà questi verbi sono considerati **sovrabbondanti apparenti** perché alle due forme, spesso di origine diversa, corrispondono significati diversi

I verbi **compiere** e **compire** sono considerati sovrabbondanti solo nell'infinito e nel participio passato (*compiuto*, *compito*); negli altri tempi si tende a usare una sola forma spesso ibrida, perché talvolta si preferiscono alcune forme della seconda coniugazione a quelle della terza.

Compiere/compire segue la seconda coniugazione (in *ere*), solo alla seconda persona plurale dell'indicativo presente, nel congiuntivo, nell'imperativo e nel gerundio presente. Negli altri tempi si usano le forme di *compire* (terza coniugazione):

indicativo presente
io compio
tu compi
egli compie
noi compiamo
voi compite (da comp**ire**)
essi compiono

congiuntivo presente
che io compia
che tu compia
che egli compia
che noi compiamo
che voi compiate
che essi compiano

imperativo
—
compi
compia
compiamo
compite
compiano

gerundio presente
compiendo

! Così si coniugano i verbi *adempiere/adempire* ed *empiere/empire*.

VERBI IRREGOLARI DELLA 1ª CONIUGAZIONE

- Alla prima coniugazione appartengono solo tre verbi irregolari: **andare**, **dare**, **stare**.

! **Fare**, poiché deriva da *facĕre*, verbo della seconda coniugazione latina, è inserito nella seconda coniugazione.

ANDARE

INDICATIVO

Presente

io	vado
tu	vai
egli	va
noi	andiamo
voi	andate
essi	vanno

Passato remoto

io	andai
tu	andasti
egli	andò
noi	andammo
voi	andaste
essi	andarono

Futuro

io	andrò
tu	andrai
egli	andrà
noi	andremo
voi	andrete
essi	andranno

CONGIUNTIVO

Presente

che io	vada
che tu	vada
che egli	vada
che noi	andiamo
che voi	andiate
che essi	vadano

Imperfetto

che io	andassi
che tu	andassi
che egli	andasse
che noi	andassimo
che voi	andaste
che essi	andassero

CONDIZIONALE

Presente

io	andrei
tu	andresti
egli	andrebbe
noi	andremmo
voi	andreste
essi	andrebbero

IMPERATIVO

Presente

—	andiamo
va, vai, va'	andate
vada	vadano

PARTICIPIO

Passato

andato

DARE

INDICATIVO

Presente	Passato remoto	Futuro
io do	*io* diedi/detti	*io* darò
tu dai	*tu* desti	*tu* darai
egli dà	*egli* diede/dette	*egli* darà
noi diamo	*noi* demmo	*noi* daremo
voi date	*voi* deste	*voi* darete
essi danno	*essi* diedero/dettero	*essi* daranno

CONGIUNTIVO / CONDIZIONALE

Congiuntivo Presente	Congiuntivo Imperfetto	Condizionale Presente
che io dia	*che io* dessi	*io* darei
che tu dia	*che tu* dessi	*tu* daresti
che egli dia	*che egli* desse	*egli* darebbe
che noi diamo	*che noi* dessimo	*noi* daremmo
che voi diate	*che voi* deste	*voi* dareste
che essi diano	*che essi* dessero	*essi* darebbero

IMPERATIVO

Presente

—	diamo
dà, dai, da'	date
dia	diano

PARTICIPIO

Passato

dato

STARE

INDICATIVO

Presente	Passato remoto	Futuro
io sto	*io* stetti	*io* starò
tu stai	*tu* stesti	*tu* starai
egli sta	*egli* stette	*egli* starà
noi stiamo	*noi* stemmo	*noi* staremo
voi state	*voi* steste	*voi* starete
essi stanno	*essi* stettero	*essi* staranno

CONGIUNTIVO / CONDIZIONALE

Congiuntivo Presente	Congiuntivo Imperfetto	Condizionale Presente
che io stia	*che io* stessi	*io* starei
che tu stia	*che tu* stessi	*tu* staresti
che egli stia	*che egli* stesse	*egli* starebbe
che noi stiamo	*che noi* stessimo	*noi* staremmo
che voi stiate	*che voi* steste	*voi* stareste
che essi stiano	*che essi* stessero	*essi* starebbero

IMPERATIVO

Presente

—	stiamo
sta, stai, sta'	state
stia	stiano

PARTICIPIO

Passato

stato

VERBI IRREGOLARI DELLA 2ª CONIUGAZIONE

Alla seconda coniugazione appartengono due gruppi.

- **Primo gruppo**: verbi che sono irregolari al passato remoto (prima e terza persona singolare e terza plurale) e al participio passato; hanno l'accento tonico sulla radice.
- **Secondo gruppo**: verbi che presentano anche altre irregolarità oltre a quelle del primo gruppo.

! **Fare**, **trarre**, **dire**, **porre**, **condurre** sono inseriti nella seconda coniugazione perché derivano da *facĕre*, *trahĕre*, *dicĕre*, *ponĕre*, *conducĕre*, verbi della seconda coniugazione latina.

VERBI DEL PRIMO GRUPPO

INFINITO	INDICATIVO: PASSATO REMOTO			PARTICIPIO PASSATO
accendere	io accesi	egli accese	essi accesero	acceso
accludere	io acclusi	egli accluse	essi acclusero	accluso
accorgersi	io mi accorsi	egli si accorse	essi si accorsero	accortosi
addurre	io addussi	egli addusse	essi addussero	addotto
affliggere	io afflissi	egli afflisse	essi afflissero	afflitto
alludere	io allusi	egli alluse	essi allusero	alluso
annettere	io annettei	egli annettè	essi annetterono	annesso
	io annessi	egli annesse	essi annessero	
appendere	io appesi	egli appese	essi appesero	appeso
ardere	io arsi	egli arse	essi arsero	arso
aspergere	io aspersi	egli asperse	essi aspersero	asperso
assolvere	io assolsi	egli assolse	essi assolsero	assolto
	io assolvei	egli assolvé	essi assolverono	
	io assolvetti	egli assolvette	essi assolvettero	
chiudere	io chiusi	egli chiuse	essi chiusero	chiuso
cingere	io cinsi	egli cinse	essi cinsero	cinto
comprimere	io compressi	egli compresse	essi compressero	compresso
concludere	io conclusi	egli concluse	essi conclusero	concluso
condurre	io condussi	egli condusse	essi condussero	condotto
conoscere	io conobbi	egli conobbe	essi conobbero	conosciuto
convergere	io conversi	egli converse	essi conversero	converso

correre	io corsi	egli corse	essi corsero	corso
crescere	io crebbi	egli crebbe	essi crebbero	cresciuto
decidere	io decisi	egli decise	essi decisero	deciso
difendere	io difesi	egli difese	essi difesero	difeso
discutere	io discussi	egli discusse	essi discussero	discusso
dividere	io divisi	egli divise	essi divisero	diviso
erigere	io eressi	egli eresse	essi eressero	eretto
escludere	io esclusi	egli escluse	essi esclusero	escluso
espellere	io espulsi	egli espulse	essi espulsero	espulso
esprimere	io espressi	egli espresse	essi espressero	espresso
fingere	io finsi	egli finse	essi finsero	finto
friggere	io frissi	egli frisse	essi frissero	fritto
giungere	io giunsi	egli giunse	essi giunsero	giunto
infrangere	io infransi	egli infranse	essi infransero	infranto
leggere	io lessi	egli lesse	essi lessero	letto
mettere	io misi	egli mise	essi misero	messo
mordere	io morsi	egli morse	essi morsero	morso
muovere	io mossi	egli mosse	essi mossero	mosso
nascere	io nacqui	egli nacque	essi nacquero	nato
nascondere	io nascosi	egli nascose	essi nascosero	nascosto
offendere	io offesi	egli offese	essi offesero	offeso
percuotere	io percossi	egli percosse	essi percossero	percosso
piangere	io piansi	egli pianse	essi piansero	pianto
prendere	io presi	egli prese	essi presero	preso
pungere	io punsi	egli punse	essi punsero	punto
rendere	io resi	egli rese	essi resero	reso
ridere	io risi	egli rise	essi risero	riso
riscuotere	io riscossi	egli riscosse	essi riscossero	riscosso
risolvere	io risolsi	egli risolse	essi risolsero	risolto
rispondere	io risposi	egli rispose	essi risposero	risposto
rodere	io rosi	egli rose	essi rosero	roso
rompere	io ruppi	egli ruppe	essi ruppero	rotto
scendere	io scesi	egli scese	essi scesero	sceso
scrivere	io scrissi	egli scrisse	essi scrissero	scritto
scuotere	io scossi	egli scosse	essi scossero	scosso
sorgere	io sorsi	egli sorse	essi sorsero	sorto
spendere	io spesi	egli spese	essi spesero	speso
stringere	io strinsi	egli strinse	essi strinsero	stretto
succedere	io successi	egli successe	essi successero	successo
tendere	io tesi	egli tese	essi tesero	teso
torcere	io torsi	egli torse	essi torsero	torto
trascorrere	io trascorsi	egli trascorse	essi trascorsero	trascorso
uccidere	io uccisi	egli uccise	essi uccisero	ucciso
vincere	io vinsi	egli vinse	essi vinsero	vinto
volgere	io volsi	egli volse	essi volsero	volto

VERBI DEL SECONDO GRUPPO

BERE

INDICATIVO

Presente	Passato remoto	Futuro
io bevo	*io* bevvi	*io* berrò
tu bevi	*tu* bevesti	*tu* berrai
egli beve	*egli* bevve	*egli* berrà
noi beviamo	*noi* bevemmo	*noi* berremo
voi bevete	*voi* beveste	*voi* berrete
essi bevono	*essi* bevvero	*essi* berranno

CONGIUNTIVO / CONDIZIONALE

Congiuntivo Presente	Congiuntivo Imperfetto	Condizionale Presente
che io beva	*che io* bevessi	*io* berrei
che tu beva	*che tu* bevessi	*tu* berresti
che egli beva	*che egli* bevesse	*egli* berrebbe
che noi beviamo	*che noi* bevessimo	*noi* berremmo
che voi beviate	*che voi* beveste	*voi* berreste
che essi bevano	*che essi* bevessero	*essi* berrebbero

IMPERATIVO / PARTICIPIO

Imperativo Presente		Participio Passato
—	beviamo	bevuto
bevi	bevete	
beva	bevano	

CADERE

INDICATIVO

Presente	Passato remoto	Futuro
io cado	*io* caddi	*io* cadrò
tu cadi	*tu* cadesti	*tu* cadrai
egli cade	*egli* cadde	*egli* cadrà
noi cadiamo	*noi* cademmo	*noi* cadremo
voi cadete	*voi* cadeste	*voi* cadrete
essi cadono	*essi* caddero	*essi* cadranno

CONGIUNTIVO / CONDIZIONALE

Congiuntivo Presente	Congiuntivo Imperfetto	Condizionale Presente
che io cada	*che io* cadessi	*io* cadrei
che tu cada	*che tu* cadessi	*tu* cadresti
che egli cada	*che egli* cadesse	*egli* cadrebbe
che noi cadiamo	*che noi* cadessimo	*noi* cadremmo
che voi cadiate	*che voi* cadeste	*voi* cadreste
che essi cadano	*che essi* cadessero	*essi* cadrebbero

IMPERATIVO / PARTICIPIO

Imperativo Presente		Participio Passato
—	cadiamo	caduto
cadi	cadete	
cada	cadano	

CHIEDERE

INDICATIVO

Presente	**Passato remoto**	**Futuro**
io chiedo	*io* chiesi	*io* chiederò
tu chiedi	*tu* chiedesti	*tu* chiederai
egli chiede	*egli* chiese	*egli* chiederà
noi chiediamo	*noi* chiedemmo	*noi* chiederemo
voi chiedete	*voi* chiedeste	*voi* chiederete
essi chiedono	*essi* chiesero	*essi* chiederanno

CONGIUNTIVO / CONDIZIONALE

Presente (Congiuntivo)	**Imperfetto** (Congiuntivo)	**Presente** (Condizionale)
che io chieda	*che io* chiedessi	*io* chiederei
che tu chieda	*che tu* chiedessi	*tu* chiederesti
che egli chieda	*che egli* chiedesse	*egli* chiederebbe
che noi chiediamo	*che noi* chiedessimo	*noi* chiederemmo
che voi chiediate	*che voi* chiedeste	*voi* chiedereste
che essi chiedano	*che essi* chiedessero	*essi* chiederebbero

IMPERATIVO / PARTICIPIO

Presente (Imperativo)		**Passato** (Participio)
—	chiediamo	chiesto
chiedi	chiedete	
chieda	chiedano	

COGLIERE

INDICATIVO

Presente	**Passato remoto**	**Futuro**
io colgo	*io* colsi	*io* coglierò
tu cogli	*tu* cogliesti	*tu* coglierai
egli coglie	*egli* colse	*egli* coglierà
noi cogliamo	*noi* cogliemmo	*noi* coglieremo
voi cogliete	*voi* coglieste	*voi* coglierete
essi colgono	*essi* colsero	*essi* coglieranno

CONGIUNTIVO / CONDIZIONALE

Presente (Congiuntivo)	**Imperfetto** (Congiuntivo)	**Presente** (Condizionale)
che io colga	*che io* cogliessi	*io* coglierei
che tu colga	*che tu* cogliessi	*tu* coglieresti
che egli colga	*che egli* cogliesse	*egli* coglierebbe
che noi cogliamo	*che noi* cogliessimo	*noi* coglieremmo
che voi cogliate	*che voi* coglieste	*voi* cogliereste
che essi colgano	*che essi* cogliessero	*essi* coglierebbero

IMPERATIVO / PARTICIPIO

Presente (Imperativo)		**Passato** (Participio)
—	cogliamo	colto
cogli	cogliete	
colga	colgano	

CUOCERE

INDICATIVO

Presente	Passato remoto	Futuro
io cuocio	*io* cossi	*io* cuocerò
tu cuoci	*tu* cuocesti	*tu* cuocerai
egli cuoce	*egli* cosse	*egli* cuocerà
noi cuociamo	*noi* cuocemmo	*noi* cuoceremo
voi cuocete	*voi* cuoceste	*voi* cuocerete
essi cuociono	*essi* cossero	*essi* cuoceranno

CONGIUNTIVO / CONDIZIONALE

Congiuntivo Presente	Congiuntivo Imperfetto	Condizionale Presente
che io cuocia	*che io* cuocessi	*io* cuocerei
che tu cuocia	*che tu* cuocessi	*tu* cuoceresti
che egli cuocia	*che egli* cuocesse	*egli* cuocerebbe
che noi cuociamo	*che noi* cuocessimo	*noi* cuoceremmo
che voi cuociate	*che voi* cuoceste	*voi* cuocereste
che essi cuociano	*che essi* cuocessero	*essi* cuocerebbero

IMPERATIVO / PARTICIPIO

Imperativo Presente		Participio Passato
—	cuociamo	cotto
cuoci	cuocete	
cuocia	cuociano	

DIRE

INDICATIVO

Presente	Passato remoto	Futuro
io dico	*io* dissi	*io* dirò
tu dici	*tu* dicesti	*tu* dirai
egli dice	*egli* disse	*egli* dirà
noi diciamo	*noi* dicemmo	*noi* diremo
voi dite	*voi* diceste	*voi* direte
essi dicono	*essi* dissero	*essi* diranno

CONGIUNTIVO / CONDIZIONALE

Congiuntivo Presente	Congiuntivo Imperfetto	Condizionale Presente
che io dica	*che io* dicessi	*io* direi
che tu dica	*che tu* dicessi	*tu* diresti
che egli dica	*che egli* dicesse	*egli* direbbe
che noi diciamo	*che noi* dicessimo	*noi* diremmo
che voi diciate	*che voi* diceste	*voi* direste
che essi dicano	*che essi* dicessero	*essi* direbbero

IMPERATIVO / PARTICIPIO

Imperativo Presente		Participio Passato
—	diciamo	detto
dì, di'	dite	
dica	dicano	

DOVERE

INDICATIVO

Presente	Passato remoto	Futuro
io devo, debbo	*io* dovei, dovetti	*io* dovrò
tu devi	*tu* dovesti	*tu* dovrai
egli deve	*egli* dové, dovette	*egli* dovrà
noi dobbiamo	*noi* dovemmo	*noi* dovremo
voi dovete	*voi* doveste	*voi* dovrete
essi devono, debbono	*essi* doverono, dovettero	*essi* dovranno

CONGIUNTIVO / CONDIZIONALE

Congiuntivo Presente	Congiuntivo Imperfetto	Condizionale Presente
che io deva, debba	*che io* dovessi	*io* dovrei
che tu deva, debba	*che tu* dovessi	*tu* dovresti
che egli deva, debba	*che egli* dovesse	*egli* dovrebbe
che noi dobbiamo	*che noi* dovessimo	*noi* dovremmo
che voi dobbiate	*che voi* doveste	*voi* dovreste
che essi devano, debbano	*che essi* dovessero	*essi* dovrebbero

IMPERATIVO / PARTICIPIO

Imperativo Presente	Participio Passato
—	dovuto

FARE

INDICATIVO

Presente	Passato remoto	Futuro
io faccio	*io* feci	*io* farò
tu fai	*tu* facesti	*tu* farai
egli fa	*egli* fece	*egli* farà
noi facciamo	*noi* facemmo	*noi* faremo
voi fate	*voi* faceste	*voi* farete
essi fanno	*essi* fecero	*essi* faranno

CONGIUNTIVO / CONDIZIONALE

Congiuntivo Presente	Congiuntivo Imperfetto	Condizionale Presente
che io faccia	*che io* facessi	*io* farei
che tu faccia	*che tu* facessi	*tu* faresti
che egli faccia	*che egli* facesse	*egli* farebbe
che noi facciamo	*che noi* facessimo	*noi* faremmo
che voi facciate	*che voi* faceste	*voi* fareste
che essi facciano	*che essi* facessero	*essi* farebbero

IMPERATIVO / PARTICIPIO

Imperativo Presente		Participio Passato
—	facciamo	fatto
fa, fai, fa'	fate	
faccia	facciano	

PARERE

INDICATIVO

Presente

io paio
tu pari
egli pare
noi paiamo
voi parete
essi paiono

Passato remoto

io parvi
tu paresti
egli parve
noi paremmo
voi pareste
essi parvero

Futuro

io parrò
tu parrai
egli parrà
noi parremo
voi parrete
essi parranno

CONGIUNTIVO

Presente

che io paia
che tu paia
che egli paia
che noi paiamo
che voi paiate
che essi paiano

Imperfetto

che io paressi
che tu paressi
che egli paresse
che noi paressimo
che voi pareste
che essi paressero

CONDIZIONALE

Presente

io parrei
tu parresti
egli parrebbe
noi parremmo
voi parreste
essi parrebbero

IMPERATIVO

Presente

—

PARTICIPIO

Passato

parso

PIACERE

INDICATIVO

Presente

io piaccio
tu piaci
egli piace
noi piacciamo
voi piacete
essi piacciono

Passato remoto

io piacqui
tu piacesti
egli piacque
noi piacemmo
voi piaceste
essi piacquero

Futuro

io piacerò
tu piacerai
egli piacerà
noi piaceremo
voi piacerete
essi piaceranno

CONGIUNTIVO

Presente

che io piaccia
che tu piaccia
che egli piaccia
che noi piacciamo
che voi piacciate
che essi piacciano

Imperfetto

che io piacessi
che tu piacessi
che egli piacesse
che noi piacessimo
che voi piaceste
che essi piacessero

CONDIZIONALE

Presente

io piacerei
tu piaceresti
egli piacerebbe
noi piaceremmo
voi piacereste
essi piacerebbero

IMPERATIVO

Presente

— piacciamo
piaci piacete
piaccia piacciano

PARTICIPIO

Passato

piaciuto

PORRE

INDICATIVO

Presente	Passato remoto	Futuro
io pongo	*io* posi	*io* porrò
tu poni	*tu* ponesti	*tu* porrai
egli pone	*egli* pose	*egli* porrà
noi poniamo	*noi* ponemmo	*noi* porremo
voi ponete	*voi* poneste	*voi* porrete
essi pongono	*essi* posero	*essi* porranno

CONGIUNTIVO

Presente	Imperfetto
che io ponga	*che io* ponessi
che tu ponga	*che tu* ponessi
che egli ponga	*che egli* ponesse
che noi poniamo	*che noi* ponessimo
che voi poniate	*che voi* poneste
che essi pongano	*che essi* ponessero

CONDIZIONALE

Presente

io porrei
tu porresti
egli porrebbe
noi porremmo
voi porreste
essi porrebbero

IMPERATIVO

Presente

—	poniamo
poni	ponete
ponga	pongano

PARTICIPIO

Passato

posto

POTERE

INDICATIVO

Presente	Passato remoto	Futuro
io posso	*io* potei	*io* potrò
tu puoi	*tu* potesti	*tu* potrai
egli può	*egli* poté	*egli* potrà
noi possiamo	*noi* potemmo	*noi* potremo
voi potete	*voi* poteste	*voi* potrete
essi possono	*essi* poterono	*essi* potranno

CONGIUNTIVO

Presente	Imperfetto
che io possa	*che io* potessi
che tu possa	*che tu* potessi
che egli possa	*che egli* potesse
che noi possiamo	*che noi* potessimo
che voi possiate	*che voi* poteste
che essi possano	*che essi* potessero

CONDIZIONALE

Presente

io potrei
tu potresti
egli potrebbe
noi potremmo
voi potreste
essi potrebbero

IMPERATIVO

Presente

—

PARTICIPIO

Passato

potuto

SAPERE

INDICATIVO

Presente	Passato remoto	Futuro
io so	*io* seppi	*io* saprò
tu sai	*tu* sapesti	*tu* saprai
egli sa	*egli* seppe	*egli* saprà
noi sappiamo	*noi* sapemmo	*noi* sapremo
voi sapete	*voi* sapeste	*voi* saprete
essi sanno	*essi* seppero	*essi* sapranno

CONGIUNTIVO / CONDIZIONALE

CONGIUNTIVO Presente	CONGIUNTIVO Imperfetto	CONDIZIONALE Presente
che io sappia	*che io* sapessi	*io* saprei
che tu sappia	*che tu* sapessi	*tu* sapresti
che egli sappia	*che egli* sapesse	*egli* saprebbe
che noi sappiamo	*che noi* sapessimo	*noi* sapremmo
che voi sappiate	*che voi* sapeste	*voi* sapreste
che essi sappiano	*che essi* sapessero	*essi* saprebbero

IMPERATIVO / PARTICIPIO

IMPERATIVO Presente		PARTICIPIO Passato
—	sappiamo	saputo
sappi	sappiate	
sappia	sappiano	

TACERE

INDICATIVO

Presente	Passato remoto	Futuro
io taccio	*io* tacqui	*io* tacerò
tu taci	*tu* tacesti	*tu* tacerai
egli tace	*egli* tacque	*egli* tacerà
noi taciamo	*noi* tacemmo	*noi* taceremo
voi tacete	*voi* taceste	*voi* tacerete
essi tacciono	*essi* tacquero	*essi* taceranno

CONGIUNTIVO / CONDIZIONALE

CONGIUNTIVO Presente	CONGIUNTIVO Imperfetto	CONDIZIONALE Presente
che io taccia	*che io* tacessi	*io* tacerei
che tu taccia	*che tu* tacessi	*tu* taceresti
che egli taccia	*che egli* tacesse	*egli* tacerebbe
che noi taciamo	*che noi* tacessimo	*noi* taceremmo
che voi taciate	*che voi* taceste	*voi* tacereste
che essi tacciano	*che essi* tacessero	*essi* tacerebbero

IMPERATIVO / PARTICIPIO

IMPERATIVO Presente		PARTICIPIO Passato
—	tacciamo	taciuto
taci	tacete	
taccia	tacciano	

TENERE

INDICATIVO

Presente

io tengo
tu tieni
egli tiene
noi teniamo
voi tenete
essi tengono

Passato remoto

io tenni
tu tenesti
egli tenne
noi tenemmo
voi teneste
essi tennero

Futuro

io terrò
tu terrai
egli terrà
noi terremo
voi terrete
essi terranno

CONGIUNTIVO

Presente

che io tenga
che tu tenga
che egli tenga
che noi teniamo
che voi teniate
che essi tengano

Imperfetto

che io tenessi
che tu tenessi
che egli tenesse
che noi tenessimo
che voi teneste
che essi tenessero

CONDIZIONALE

Presente

io terrei
tu terresti
egli terrebbe
noi terremmo
voi terreste
essi terrebbero

IMPERATIVO

Presente

—	teniamo
tieni	tenete
tenga	tengano

PARTICIPIO

Passato

tenuto

TRARRE

INDICATIVO

Presente

io traggo
tu trai
egli trae
noi traiamo
voi traete
essi traggono

Passato remoto

io trassi
tu traesti
egli trasse
noi traemmo
voi traeste
essi trassero

Futuro

io trarrò
tu trarrai
egli trarrà
noi trarremo
voi trarrete
essi trarranno

CONGIUNTIVO

Presente

che io tragga
che tu tragga
che egli tragga
che noi traiamo
che voi traiate
che essi traggano

Imperfetto

che io traessi
che tu traessi
che egli traesse
che noi traessimo
che voi traeste
che essi traessero

CONDIZIONALE

Presente

io trarrei
tu trarresti
egli trarrebbe
noi trarremmo
voi trarreste
essi trarrebbero

IMPERATIVO

Presente

—	traiamo
trai	traete
tragga	traggano

PARTICIPIO

Passato

tratto

VALERE

INDICATIVO

Presente	Passato remoto	Futuro
io valgo	*io* valsi	*io* varrò
tu vali	*tu* valesti	*tu* varrai
egli vale	*egli* valse	*egli* varrà
noi valiamo	*noi* valemmo	*noi* varremo
voi valete	*voi* valeste	*voi* varrete
essi valgono	*essi* valsero	*essi* varranno

CONGIUNTIVO / CONDIZIONALE

Congiuntivo Presente	Congiuntivo Imperfetto	Condizionale Presente
che io valga	*che io* valessi	*io* varrei
che tu valga	*che tu* valessi	*tu* varresti
che egli valga	*che egli* valesse	*egli* varrebbe
che noi valiamo	*che noi* valessimo	*noi* varremmo
che voi valiate	*che voi* valeste	*voi* varreste
che essi valgano	*che essi* valessero	*essi* varrebbero

IMPERATIVO / PARTICIPIO

Imperativo Presente		Participio Passato
—	valiamo	valso
vali	valete	
valga	valgano	

VEDERE

INDICATIVO

Presente	Passato remoto	Futuro
io vedo	*io* vidi	*io* vedrò
tu vedi	*tu* vedesti	*tu* vedrai
egli vede	*egli* vide	*egli* vedrà
noi vediamo	*noi* vedemmo	*noi* vedremo
voi vedete	*voi* vedeste	*voi* vedrete
essi vedono	*essi* videro	*essi* vedranno

CONGIUNTIVO / CONDIZIONALE

Congiuntivo Presente	Congiuntivo Imperfetto	Condizionale Presente
che io veda	*che io* vedessi	*io* vedrei
che tu veda	*che tu* vedessi	*tu* vedresti
che egli veda	*che egli* vedesse	*egli* vedrebbe
che noi vediamo	*che noi* vedessimo	*noi* vedremmo
che voi vediate	*che voi* vedeste	*voi* vedreste
che essi vedano	*che essi* vedessero	*essi* vedrebbero

IMPERATIVO / PARTICIPIO

Imperativo Presente		Participio Passato
—	vediamo	veduto
vedi	vedete	
veda	vedano	

VIVERE

INDICATIVO

Presente	Passato remoto	Futuro
io vivo	*io* vissi	*io* vivrò
tu vivi	*tu* vivesti	*tu* vivrai
egli vive	*egli* visse	*egli* vivrà
noi viviamo	*noi* vivemmo	*noi* vivremo
voi vivete	*voi* viveste	*voi* vivrete
essi vivono	*essi* vissero	*essi* vivranno

CONGIUNTIVO / CONDIZIONALE

Congiuntivo Presente	Congiuntivo Imperfetto	Condizionale Presente
che io viva	*che io* vivessi	*io* vivrei
che tu viva	*che tu* vivessi	*tu* vivresti
che egli viva	*che egli* vivesse	*egli* vivrebbe
che noi viviamo	*che noi* vivessimo	*noi* vivremmo
che voi viviate	*che voi* viveste	*voi* vivreste
che essi vivano	*che essi* vivessero	*essi* vivrebbero

IMPERATIVO / PARTICIPIO

Imperativo Presente		Participio Passato
—	viviamo	vissuto
vivi	vivete	
viva	vivano	

VOLERE

INDICATIVO

Presente	Passato remoto	Futuro
io voglio	*io* volli	*io* vorrò
tu vuoi	*tu* volesti	*tu* vorrai
egli vuole	*egli* volle	*egli* vorrà
noi vogliamo	*noi* volemmo	*noi* vorremo
voi volete	*voi* voleste	*voi* vorrete
essi vogliono	*essi* vollero	*essi* vorranno

CONGIUNTIVO / CONDIZIONALE

Congiuntivo Presente	Congiuntivo Imperfetto	Condizionale Presente
che io voglia	*che io* volessi	*io* vorrei
che tu voglia	*che tu* volessi	*tu* vorresti
che egli voglia	*che egli* volesse	*egli* vorrebbe
che noi vogliamo	*che noi* volessimo	*noi* vorremmo
che voi vogliate	*che voi* voleste	*voi* vorreste
che essi vogliano	*che essi* volessero	*essi* vorrebbero

IMPERATIVO / PARTICIPIO

Imperativo Presente		Participio Passato
—	vogliamo	voluto
vuoi	volete	
voglia	vogliano	

VERBI IRREGOLARI DELLA 3ª CONIUGAZIONE

Alla terza coniugazione appartengono due gruppi.

- **Primo gruppo:** verbi che sono irregolari solo al passato remoto (prima e terza persona singolare, terza plurale) e al participio passato.
- **Secondo gruppo:** verbi che presentano anche altre irregolarità, oltre quelle del primo gruppo.

! **Dire**, poiché deriva da *dicĕre*, verbo della seconda coniugazione latina, è inserito nella seconda coniugazione.

VERBI DEL PRIMO GRUPPO

INFINITO	INDICATIVO: PASSATO REMOTO			PARTICIPIO PASSATO
aprire	io aprii	egli aprì	essi aprirono	aperto
coprire	io coprii	egli coprì	essi coprirono	coperto
	io copersi	egli coperse	essi copersero	
costruire	io costruii	egli costruì	essi costruirono	costruito
offrire	io offrii	egli offrì	essi offrirono	offerto
	io offersi	egli offerse	essi offersero	
scolpire	io scolpii	egli scolpì	essi scolpirono	scolpito
seppellire	io seppellii	egli seppellì	essi seppellirono	seppellito sepolto
soffrire	io soffrii	egli soffrì	essi soffrirono	sofferto
	io soffersi	egli sofferse	essi soffersero	
sparire	io sparii	egli sparì	essi sparirono	sparito

VERBI DEL SECONDO GRUPPO

APPARIRE

INDICATIVO

Presente	Passato remoto	Futuro
io appaio/apparisco	*io* apparvi/apparii	*io* apparirò
tu appari/apparisci	*tu* apparisti	*tu* apparirai
egli appare/apparisce	*egli* apparve/apparì	*egli* apparirà
noi appariamo	*noi* apparimmo	*noi* appariremo
voi apparite	*voi* appariste	*voi* apparirete
essi appaiono/ appariscono	*essi* apparvero/ apparirono	*essi* appariranno

CONGIUNTIVO / CONDIZIONALE

Congiuntivo Presente	Congiuntivo Imperfetto	Condizionale Presente
che io appaia/apparisca	*che io* apparissi	*io* apparirei
che tu appaia/apparisca	*che tu* apparissi	*tu* appariresti
che egli appaia/apparisca	*che egli* apparisse	*egli* apparirebbe
che noi appariamo	*che noi* apparissimo	*noi* appariremmo
che voi appariate	*che voi* appariste	*voi* apparireste
che essi appaiano/ appariscano	*che essi* apparissero	*essi* apparirebbero

IMPERATIVO / PARTICIPIO

Imperativo Presente		Participio Passato
—	appariamo	apparso
appari/apparisci	apparite	
appaia	appaiano	

MORIRE

INDICATIVO

Presente	Passato remoto	Futuro
io muoio	*io* morii	*io* morirò
tu muori	*tu* moristi	*tu* morirai
egli muore	*egli* morì	*egli* morirà
noi moriamo	*noi* morimmo	*noi* moriremo
voi morite	*voi* moriste	*voi* morirete
essi muoiono	*essi* morirono	*essi* moriranno

CONGIUNTIVO / CONDIZIONALE

Congiuntivo Presente	Congiuntivo Imperfetto	Condizionale Presente
che io muoia	*che io* morissi	*io* morirei
che tu muoia	*che tu* morissi	*tu* moriresti
che egli muoia	*che egli* morisse	*egli* morirebbe
che noi moriamo	*che noi* morissimo	*noi* moriremmo
che voi moriate	*che voi* moriste	*voi* morireste
che essi muoiano	*che essi* morissero	*essi* morirebbero

IMPERATIVO / PARTICIPIO

Imperativo Presente		Participio Passato
—	moriamo	morto
muori	morite	
muoia	muoiano	

SALIRE

INDICATIVO

Presente	Passato remoto	Futuro
io salgo	*io* salii	*io* salirò
tu sali	*tu* salisti	*tu* salirai
egli sale	*egli* salì	*egli* salirà
noi saliamo	*noi* salimmo	*noi* saliremo
voi salite	*voi* saliste	*voi* salirete
essi salgono	*essi* salirono	*essi* saliranno

CONGIUNTIVO / CONDIZIONALE

Congiuntivo Presente	Congiuntivo Imperfetto	Condizionale Presente
che io salga	*che io* salissi	*io* salirei
che tu salga	*che tu* salissi	*tu* saliresti
che egli salga	*che egli* salisse	*egli* salirebbe
che noi saliamo	*che noi* salissimo	*noi* saliremmo
che voi saliate	*che voi* saliste	*voi* salireste
che essi salgano	*che essi* salissero	*essi* salirebbero

IMPERATIVO / PARTICIPIO

Imperativo Presente		Participio Passato
—	saliamo	salito
sali	salite	
salga	salgano	

UDIRE

INDICATIVO

Presente	Passato remoto	Futuro
io odo	*io* udii	*io* udirò
tu odi	*tu* udisti	*tu* udirai
egli ode	*egli* udì	*egli* udirà
noi udiamo	*noi* udimmo	*noi* udiremo
voi udite	*voi* udiste	*voi* udirete
essi odono	*essi* udirono	*essi* udiranno

CONGIUNTIVO / CONDIZIONALE

Congiuntivo Presente	Congiuntivo Imperfetto	Condizionale Presente
che io oda	*che io* udissi	*io* udirei
che tu oda	*che tu* udissi	*tu* udiresti
che egli oda	*che egli* udisse	*egli* udirebbe
che noi udiamo	*che noi* udissimo	*noi* udiremmo
che voi udiate	*che voi* udiste	*voi* udireste
che essi odano	*che essi* udissero	*essi* udirebbero

IMPERATIVO / PARTICIPIO

Imperativo Presente		Participio Passato
—	udiamo	udito
odi	udite	
oda	odano	

USCIRE

INDICATIVO

Presente	Passato remoto	Futuro
io esco	*io* uscii	*io* uscirò
tu esci	*tu* uscisti	*tu* uscirai
egli esce	*egli* uscì	*egli* uscirà
noi usciamo	*noi* uscimmo	*noi* usciremo
voi uscite	*voi* usciste	*voi* uscirete
essi escono	*essi* uscirono	*essi* usciranno

CONGIUNTIVO / CONDIZIONALE

CONGIUNTIVO Presente	CONGIUNTIVO Imperfetto	CONDIZIONALE Presente
che io esca	*che io* uscissi	*io* uscirei
che tu esca	*che tu* uscissi	*tu* usciresti
che egli esca	*che egli* uscisse	*egli* uscirebbe
che noi usciamo	*che noi* uscissimo	*noi* usciremmo
che voi usciate	*che voi* usciste	*voi* uscireste
che essi escano	*che essi* uscissero	*essi* uscirebbero

IMPERATIVO / PARTICIPIO

IMPERATIVO Presente		PARTICIPIO Passato
—	usciamo	uscito
esci	uscite	
esca	escano	

VENIRE

INDICATIVO

Presente	Passato remoto	Futuro
io vengo	*io* venni	*io* verrò
tu vieni	*tu* venisti	*tu* verrai
egli viene	*egli* venne	*egli* verrà
noi veniamo	*noi* venimmo	*noi* verremo
voi venite	*voi* veniste	*voi* verrete
essi vengono	*essi* vennero	*essi* verranno

CONGIUNTIVO / CONDIZIONALE

CONGIUNTIVO Presente	CONGIUNTIVO Imperfetto	CONDIZIONALE Presente
che io venga	*che io* venissi	*io* verrei
che tu venga	*che tu* venissi	*tu* verresti
che egli venga	*che egli* venisse	*egli* verrebbe
che noi veniamo	*che noi* venissimo	*noi* verremmo
che voi veniate	*che voi* veniste	*voi* verreste
che essi vengano	*che essi* venissero	*essi* verrebbero

IMPERATIVO / PARTICIPIO

IMPERATIVO Presente		PARTICIPIO Passato
—	veniamo	venuto
vieni	venite	
venga	vengano	

AVVERBIO

È quella parte invariabile del discorso che ha la funzione di modificare o determinare in diverso modo il significato di un verbo, di un aggettivo o di un altro avverbio:

Ho riposato ***tranquillamente***
Quello scrittore è ***piuttosto*** *famoso*
Devi parlare ***molto*** *lentamente*

In italiano ci sono diverse categorie di avverbi: **di modo** o **maniera**, **di luogo**, **tempo**, **quantità**, **affermazione**, **negazione**, **dubbio**.

AVVERBI DI MODO O MANIERA

Sono così chiamati perché indicano il modo o la maniera in cui si svolge un'azione; vengono detti anche *qualificativi* in quanto qualificano un aggettivo o un altro avverbio. Appartengono a questa categoria:

- gli avverbi in **mente**, che sono i più numerosi, si formano aggiungendo tale suffisso:
  - alla forma femminile in **a** dell'aggettivo qualificativo

    alta — *alta**mente***
    aspra — *aspra**mente***
    onesta — *onesta**mente***

  - agli aggettivi che terminano in **e**

    felice — *felice**mente***
    forte — *forte**mente***

  ! gli aggettivi che terminano con le sillabe **le** e **re**, precedute da vocale, perdono la *e* finale prima di aggiungere il suffisso *mente*

    abile — *abil**mente***
    regolare — *regolar**mente***

  così fanno anche gli aggettivi in **lo**

    benevolo — *benevol**mente***
    malevolo — *malevol**mente***

! il suffisso avverbiale **mente** non può essere apposto ad aggettivi indicanti colore e a un numero esiguo di altri aggettivi qualificativi come *buono*, *cattivo*, *giovane*, *vecchio*

- gli avverbi che terminano col suffisso **oni**, che si aggiunge a sostantivi e a forme derivate da verbi:

bocca	*bocc**oni***
ginocchio	*ginocchi**oni***
tastare	*tast**oni***

- alcuni avverbi che derivano dagli aggettivi qualificativi maschili, di cui assumono la forma, pur rimanendo invariabili:

*vederci **chiaro***
*camminare **piano***
*parlare **forte***

- alcuni avverbi che derivano dalla lingua latina

bene
male
meglio
peggio

- numerose **locuzioni avverbiali di modo**

*Sbrigare una faccenda **in fretta***
*Decidemmo di andare **a piedi***
*Arrivò **di corsa***

AVVERBI DI LUOGO

Indicano il luogo in cui si trovano esseri o cose, o nel quale si svolge un'azione. Appartengono a questa categoria:

- **qui**, **qua**, che indicano un luogo vicino a chi parla:

*Vieni **qui**, per favore!*
***Qua** ci sono dei bei fiori*

! non hanno mai l'accento

- **lì**, **là**, che indicano un luogo lontano sia da chi parla sia da chi ascolta:

  *Si trova **lì**, proprio vicino alla tabaccheria*
  *Guarda **là**, in direzione della strada*

- **dentro**, **fuori**, **davanti**, **dietro**, **vicino**, **lontano**, **sopra**, **sotto**, **dopo**, **contro**, che sono:
  - *avverbi* se accompagnano un verbo, un aggettivo o un altro avverbio

    ***Qui dentro** fa troppo caldo*
    *Puoi arrivarci a piedi, non **è lontano***

  - *preposizioni*, se precedono direttamente un nome

    ***Sotto il soggiorno** c'è la cantina*

  - *locuzioni preposizionali*, se sono accompagnati da una preposizione

    *L'auto si trova **dietro di** te*
    *Ti aspetto **davanti al** cinema*

- **dove**, **ove**, **dovunque**, **ovunque**, che sono chiamati anche *avverbi di luogo relativi* in quanto mettono in relazione due frasi:

  *La casa **dove** abito ha molti appartamenti*
  *Ti seguirò **dovunque** andrai*

  - *dove*, nelle domande diviene avverbio interrogativo

    ***Dove** vai in vacanza?*
    *Da **dove** vieni?*

- le particelle **ci**, **vi** (in questo, quel luogo), **ne** (da quel luogo):

  *Giunsero in città e **vi** restarono tre giorni*
  *Il cinema, quando **ne** uscimmo, era vuoto*

  ! si ricorda che *ci*, *vi*, *ni* sono anche particelle pronominali (vedi, pag. 80)

- numerose **locuzioni avverbiali di luogo**:

  *Via **di qua***
  *Passa **di là***
  ***Di giù, di su, di sopra, di sotto,** non si conclude mai nulla!*

AVVERBI DI TEMPO

- Fanno riferimento al tempo, determinato o continuato, in cui l'azione si verifica. I più comuni sono **quando**, **adesso**, **ora**, **allora**, **subito**, **prima**, **poi**, **dopo**, **presto**, **tardi**, **ieri**, **oggi**, **domani**, **sempre**, **mai**, **già**, **spesso**, **ancora**:

Quando sarai arrivato, telefonami
No, ora non posso
Va bene, vengo subito
Pensarci prima, per non pentirsi poi
La vedrò oggi, perché domani partirà
È sempre allegro
L'ho incontrata spesso

! *quando*, nelle domande, diviene avverbio interrogativo

Quando comincerai a lavorare seriamente?

- può anche avere la funzione di avverbio relativo, se mette in relazione tra di loro due proposizioni

Lo farò quando lo riterrò più opportuno

! *mai*, può avere diversi significati:

- **in nessun caso**, **in nessun momento** (in frase negativa). È spesso accompagnato dalla negazione *non*, tranne quando precede il verbo

Non te lo dirò mai
Mai me ne pentirò
Non l'ho mai visto

- **in qualche caso**, **qualche volta**

L'hai mai visto?
Se mai la incontrassi, riferiscile l'accaduto
Sei mai stato a Londra?

- come rafforzativo, di solito è usato in frasi esclamative

Che dici mai!
Che pensi mai!
Chi mai avrebbe potuto saperlo!
Mi perdonerai? Mai!

! *già*, può avere diverse sfumature di significato; esprime:

- un'azione avvenuta

  Ha ***già*** *telefonato*
  L'hai ***già*** *spedito?*
  Lo so ***già***

- oppure meraviglia

  Sei ***già*** *arrivato?*

- può significare anche **oramai**

  È ***già*** *passato troppo tempo, non verrà più*

- talvolta ha valore di **fin da ora**

  Immagino ***già*** *che cosa diranno*

- talvolta significa **prima d'ora**

  L'ho ***già*** *visto da qualche parte*

- si può usare anche come affermazione

  Ti hanno multato? ***Già!***

- Numerose le **locuzioni avverbiali di tempo**. Le più comuni sono: *di buon'ora*, *di giorno*, *di mattina*, *di notte*, *di sera*, *d'ora in avanti*, *di quando in quando*, *di tanto in tanto*, *fra poco*, *in futuro*, *ieri l'altro*, *l'anno scorso*, *oggigiorno*, *per sempre*, *or ora*, *sul momento*, *per tempo*, *un tempo*, *una volta*, *a volte*.

AVVERBI DI QUANTITÀ

- Indicano una quantità o una misura. I più comuni sono: **abbastanza**, **assai**, **appena**, **almeno**, **affatto**, **piuttosto**, **quasi**:

  Come stai? ***Abbastanza*** *bene*
  È ***assai*** *conosciuto nell'ambiente*
  Questo film è ***appena*** *uscito*
  Ne ho visti ***almeno*** *tre*
  Quella ragazza è ***piuttosto*** *antipatica*
  Erano ***quasi*** *le otto, quando ha telefonato*

! L'avverbio *affatto*:

- quando è usato da solo ha il valore di **del tutto**, **interamente**

  È una ragazza ***affatto*** *pigra* (= sì, del tutto)

- quando serve a rafforzare una negazione, acquista il valore negativo di **per niente**, **per nulla**

  Non sono ***affatto*** *stanco* (per nulla)
  Sei felice? ***Niente affatto*** (per niente)

- Hanno valore di avverbi di quantità:

  - alcuni *aggettivi indefiniti*, usati invariabilmente, alla forma maschile singolare, come **poco**, **tanto**, **quanto**, **alquanto**, **parecchio**, **altrettanto**, **molto**, **più**, **meno**, **troppo**

    Hai capito qualcosa? ***Poco***
    Vorrei andare a casa, sono ***alquanto*** *stanco*
    Ho aspettato ***parecchio*** *che venisse*
    Non so scrivere ***altrettanto*** *bene*
    È ***molto*** *distratto in questi ultimi tempi*
    Non prenderla ***troppo*** *seriamente*

  - i *pronomi indefiniti* negativi **niente** e **nulla**

    Non hai capito ***niente***
    Non si sente ***nulla***

- Appartiene a questa categoria anche un numero limitato di forme con terminazione **mente**:

  Non mi interessa ***minimamente*** *ciò che dici*
  Sei stato ***sufficientemente*** *chiaro nel parlare*
  Era ***talmente*** *buio, che non si vedeva nulla*

- Sono considerati di quantità anche gli *avverbi aggiuntivi*, così chiamati perché aggiungono qualcosa al concetto espresso dal verbo. Sono **anche**, **pure**, **ancora**, **addirittura**, **inoltre**, **perfino** e altri:

  Vuoi venire ***pure (anche)*** *tu alla fiera?*
  Vorrei ***ancora*** *un po' di caffè per favore*
  È diventato ***addirittura*** *presidente*
  È un libro interessante e ***inoltre*** *divertente*

AVVERBI DI AFFERMAZIONE NEGAZIONE E DUBBIO

Avverbi di affermazione

- Indicano assenso, certezza. I più comuni sono **sì**, **appunto**, **proprio**, **certo**, **sicuro**, **certamente**, **indubbiamente**, **sicuramente**, **davvero**:

  Hai preparato la lezione? ***Sì*** (= sì, l'ho preparata)
  Appunto *per questo, volevo vederti*
  Stavo ***proprio*** *pensando a te*
  Come ***certamente*** *saprai, Luigi è partito ieri*
  Sicuramente (certamente) *non telefonerà più*
  Canta ***davvero*** *bene*

  ! *sì* si scrive sempre con l'accento per distinguerlo dalla particella pronominale *si*

  - *appunto* ha il significato di **proprio**, **esattamente**, **giusto**, **precisamente**, ma si usa anche nelle risposte come affermazione decisa

    Stavamo ***appunto*** *per uscire*
    E non è venuto neanche al convegno? ***Appunto!***
    (= proprio così!)

- Le **locuzioni avverbiali di affermazione** più usate sono: *per davvero*, *senz'altro*, *per certo*, *di sicuro*, *per l'appunto*, *di certo*, *senza dubbio*, *senza meno*.

Avverbi di negazione

- Negano quanto espresso dal verbo. I più comuni sono **no**, **non**, **neanche**, **nemmeno**, **neppure**, **affatto**, **mica**:

  Hai sonno? ***No*** (= non ho sonno)
  Ieri mia sorella ***non*** *è andata a nuotare*
  Vieni anche tu? ***Neanche*** *per sogno*
  Nemmeno (neppure) *uno di voi ha superato la prova*

  ! *non* è la negazione per eccellenza, precede il verbo e rende la frase negativa. Talvolta può negare anche solo l'aggettivo, il pronome o l'avverbio che precede

Ieri ***non*** *sono uscito di casa*
Come trovi questo paesaggio? ***Non*** *bello*
Molti si sono scusati ma ***non*** *io*
Come ti senti? ***Non*** *bene*

- può rafforzare un'altra negazione

  Non *ho visto* ***nessuno***
  Non *ne so assolutamente* ***niente***

- può essere sostituito da **no** e talvolta da **meno**

  Mangi o ***no****?* oppure *Mangi o* ***non*** *mangi?*
  Vorremmo sapere se parteciperai o ***meno***

- Le **locuzioni avverbiali di negazione** più usate sono: *no davvero, no certo, no e poi no, niente affatto, per nulla, assolutamente no, in nessun modo, in nessun caso, neanche per idea, neanche per sogno.*

- **Sì** e **no** sono spesso rafforzati:
  - dal raddoppiamento

    Sì, sì, *glielo dirò*
    No, no, *non voglio proprio saperlo*

  - dagli avverbi *davvero, certo*

    sì davvero ***no davvero***
    sì certo ***no certo***
    certo *che* ***sì*** ***certo*** *che* ***no***

  - dalla congiunzione *che*

    Sì che *vengo*
    No che *non accetterò*

  - in unione con *signore, signora, signori*

    Vieni qui subito! ***Sissignore*** (m), ***sissignora*** (f) o ***signorsì*** (m/f)

! *Sì* e *no* possono essere sostituiti da avverbi o locuzioni del medesimo valore:

Farai ciò che ti ho detto? ***Senz'altro, certo***
Mi telefonerai? ***Per niente, nient'affatto, neanche per sogno***

Avverbi di dubbio

- Sono quelli che esprimono incertezza o mettono in dubbio ciò che è affermato dal verbo. I più comuni sono **forse**, **probabilmente**, **eventualmente**, **magari**, **possibilmente**, **quasi**, **circa**:

Forse tornerò domani
Probabilmente si ricorderà di noi
Eventualmente puoi sempre scrivermi prima di venire
Magari ci vedremo lunedì
Torna domani, possibilmente alle sei
Erano quasi (circa) una dozzina

! *magari* può essere anche interiezione o congiunzione

Vuoi partecipare anche tu alla festa? Magari!
Magari fosse vero! (= volesse il cielo che...)
Non sono ancora certo, magari verrò.

Due avverbi particolari: cioè ed ecco

- **Cioè** è un avverbio esplicativo che serve a chiarire oppure a precisare un concetto o a rettificarlo:

Arriverò fra due giorni, cioè domenica
Non sono proprio d'accordo con te! Cioè?
Ti spedirò l'invito, cioè (anzi) verrò di persona a consegnartelo

- **Ecco** è avverbio e interiezione. Quando ha funzione di avverbio non può essere ricondotto a una particolare categoria. Può avere in sé il senso di verbo, può essere seguito da avverbi di luogo, o può essere unito alle particelle pronominali *mi*, *ti*, *ci*, *vi*, *li* e così via o ancora preceduto dall'avverbio di tempo *quando*:

Ecco il fratello di Luca (questo è il fratello di Luca)
Ecco qui ciò che mi hai chiesto
Carlo, vieni qui! Eccomi!
Eccoli che arrivano
Quand'ecco che arrivò il temporale

GRADI DELL'AVVERBIO

L'avverbio, come l'aggettivo, può avere la forma comparativa e superlativa.

Comparativi e superlativi regolari

Hanno forme regolari i seguenti avverbi:

- di modo, fatta eccezione per quelli terminanti in **oni** e pochi altri come **altrimenti**
- di tempo: **spesso**, **presto**, **tardi**
- di luogo: **vicino**, **lontano**

POSITIVO	COMPARATIVO	SUPERLATIVO
velocemente	*più velocemente*	*velocissimamente* *il più velocemente*
	meno velocemente *velocemente come*	*il meno velocemente*
piano	*più piano*	*pianissimo* *il più piano*
	meno piano *piano come*	*il meno piano*
spesso	*più spesso*	*spessissimo* *il più spesso*
	meno spesso *spesso come*	*il meno spesso*
presto	*più presto*	*prestissimo* *il più presto*
	meno presto *presto come*	*il meno presto*
tardi	*più tardi*	*tardissimo* *il più tardi*
	meno tardi *tardi come*	*il meno tardi*
vicino	*più vicino*	*vicinissimo* *il più vicino*
	meno vicino *vicino come*	*il meno vicino*
lontano	*più lontano*	*lontanissimo* *il più lontano*
	meno lontano *lontano come*	*il meno lontano*

! **subito** ha il superlativo regolare (*subitissimo*) ma difetta del comparativo

Comparativi e superlativi irregolari

Alcuni avverbi, per lo più derivati da aggettivi indefiniti e qualificativi, hanno forme irregolari di comparativo e superlativo:

POSITIVO	COMPARATIVO	SUPERLATIVO
poco	***meno***	***pochissimo*** ***minimamente*** ***molto poco*** ***assai poco***
molto	***più***	***moltissimo*** ***assai***
grandemente (da *grande*)	***maggiormente***	***massimamente*** ***sommamente***
bene (da *buono*)	***meglio***	***benissimo*** ***ottimamente*** ***molto bene*** ***assai bene***
male (da *cattivo*)	***peggio***	***malissimo*** ***pessimamente*** ***molto male*** ***assai male***

ALTERAZIONE DEGLI AVVERBI

Gli avverbi, come gli aggettivi, possono subire alterazioni aggiungendo alla radice le desinenze tipiche del diminutivo, accrescitivo, vezzeggiativo e peggiorativo come **ino**, **one**, **etto**, **uccio**, **accio** e altre:

È guarito ma mangia ***pochino***
Oggi mi sento ***benone***
Gli affari vanno proprio ***maluccio***
Stai bene? Non c'è ***malaccio***

PREPOSIZIONE

È un elemento invariabile del discorso che si fa precedere a un nome, un pronome, un aggettivo, a un verbo indefinito per indicare i rapporti di dipendenza che intercorrono tra gli elementi di una frase.
Solo il complemento diretto, od oggetto, di solito non è preceduto da una preposizione.
Le preposizioni possono essere: **proprie** o **improprie**.

PREPOSIZIONI PROPRIE

Sono così dette perché svolgono solo questa funzione.
Si suddividono in

- **preposizioni semplici** *di*, *a*, *da*, *in*, *con*, *su*, *per*, *tra*, *fra*:

  Parlava sempre ***di*** *te*
  Vado ***a*** *casa* ***di*** *Luigi*
  Verrai anche tu ***da*** *Paolo?*
  Siamo ***in*** *una situazione difficile*
  Rispondimi ***con*** *sincerità per favore*
  Puoi contare ***su*** *ognuno* ***di*** *noi*
  Partiremo domani ***per*** *Parigi*
  Tra *te e me non ci sono segreti*
  Arriverò ***a*** *Roma* ***fra*** *le due e le tre* ***di*** *notte*

  ! *di* (e composti) può avere sia il valore di preposizione che di articolo partitivo. Si faccia attenzione ai seguenti esempi

  Vorrei un paio ***di*** (specificazione) *guanti nuovi*
  Ricordati di comprare ***del*** (*di* + *il* partitivo) *pane per la cena*

- *da* non si apostrofa mai, tranne in alcune locuzioni avverbiali come **d'ora in avanti**, **d'altronde**, **d'altra parte**

- **preposizioni articolate**, formate dall'unione delle preposizioni semplici *di*, *a*, *da*, *in*, *su* con gli articoli determinativi secondo il seguente schema:

	il	*lo*	*la*	*i*	*gli*	*le*
di	***del***	***dello***	***della***	***dei***	***degli***	***delle***
a	***al***	***allo***	***alla***	***ai***	***agli***	***alle***
da	***dal***	***dallo***	***dalla***	***dai***	***dagli***	***dalle***
in	***nel***	***nello***	***nella***	***nei***	***negli***	***nelle***
su	***sul***	***sullo***	***sulla***	***sui***	***sugli***	***sulle***

- le forme derivate da *con* (*col*, *collo*, *colla*, *coi*, *cogli*, *colle*), fatta eccezione per *col* e *coi*, non sono oggi più in uso

! le preposizioni articolate possono essere apostrofate e seguono le stesse regole date per gli articoli (*dell'*, *all'*, *dall'*, *nell'*, *sull'*)

Uso delle preposizioni

- **Di** introduce i complementi di:
  - **specificazione**

    *L'intervento **dei pompieri** è stato immediato*
    *Ho smarrito la carta **d'identità***
  - **abbondanza** o **privazione**

    *Carlo è dotato **di grandi qualità***
    *La sua vita era priva **di soddisfazioni***
  - **argomento**

    *Qui si parla sempre **di calcio***
    *Il Manzoni ha scritto «**Dell'unità della lingua**»*
  - **causa**

    *Torniamo a casa, sto morendo **di fame** e **di freddo***
  - **colpa**

    *L'imputato fu accusato **di furto***
  - **denominazione**

    *Il mese **di febbraio** è il più breve dell'anno*
    *Il lago **di Garda** è molto frequentato d'estate*
    *La città **di Firenze** è ricca di monumenti celebri*

- **età**

  Per essere un ragazzo ***di sedici anni*** *è molto alto*

- **limitazione**

  È un uomo ***di grande statura morale***

- **materia**

  Mi ha regalato un orologio ***d'oro***

- **mezzo** o **strumento**

  Vive ***della carità altrui***
  Questo artista per dipingere fa uso esclusivamente ***di pennelli***

- **misura**

  Un fossato ***di tre metri*** *separa la casa dalla strada*

- **modo** o **maniera**

  Arrivò ***di corsa*** *all'appuntamento*

- **moto da luogo**

  Quel ragazzo è fuggito ***di casa*** *più volte*

- **origine** o **provenienza**

  Abito a Milano, ma sono ***di Roma***
  Carlo è ***di nobile famiglia***

- **paragone**

  Tuo zio è più gentile ***di te***

- **pena**

  Ho ricevuto una contravvenzione ***di duecento euro***

- **qualità**

  Leonardo fu uomo ***di grande ingegno***

- **stima** o **prezzo**

  È un oggetto ***di scarso valore***

- **tempo determinato**

  Non esco mai ***di notte***

● **A** introduce i seguenti complementi:

- **termine**

  Scrisse una lunga lettera ***a Fulvia***

- **causa**

  *A **quelle rivelazioni** rimasi sorpreso*

- **distanza**

  *Abito **a un chilometro** dalla città*

- **distributivo**

  *Costa solo cinque euro **al litro***

- **età**

  *A **diciotto anni** mi sono diplomato*

- **fine** o **scopo**

  *È più adatto **al lavoro** che **allo studio***

- **limitazione**

  *A **parole** sei sempre molto bravo, ma **a fatti**?*

- **mezzo** o **strumento**

  *Andarono in città **a piedi***

- **modo** o **maniera**

  *Alla fine Carlo resta sempre **a mani vuote***

- **moto a luogo**

  *Domani andremo **a Milano***

- **pena**

  *È stato condannato **a tre mesi** di carcere*

- **stato in luogo**

  *Abito **a Firenze***

- **stima** o **prezzo**

  *Ho comprato un vestito **a buon prezzo***

- **tempo determinato**

  *Si svegliò **a notte alta***

- **vantaggio**

  *Un po' di moto ogni giorno fa bene **alla salute***

- **Da** introduce i complementi di:

- **agente**

  *Marco è stato accolto con piacere **dalla mia famiglia***

- **allontanamento**
  Fu allontanato ***dalla scuola***
- **causa**
  Piangeva ***dal dolore***
- **causa efficiente**
  Fu colpito ***da uno schiaffo***
- **colpa**
  Lo scagionarono ***da ogni imputazione***
- **fine**
  Possiede una bellissima bicicletta ***da corsa***
- **limitazione**
  Era cieco ***da un occhio***
- **moto da luogo**
  Vengono ***dalla Grecia***
- **moto per luogo**
  Prima di venire devo passare ***da casa***
- **origine**
  Proviene ***da una famiglia facoltosa***
- **prezzo**
  È un'opera ***da quattro soldi***
- **qualità**
  È una persona ***dall'intelligenza viva***
- **separazione**
  Quel muro separa la mia casa ***dal tuo giardino***
- **tempo**
  È ***da un'ora*** *che ti aspetto*

- **In** introduce i complementi di:
  - **fine**
    Hanno dato una festa ***in tuo onore***
  - **limitazione**
    Nessuno poteva batterla ***in loquacità***
  - **materia**
    Ha ricevuto una collana ***in oro e perle*** (meglio: *d'oro e perle*)

- **mezzo**

  *Andiamo al mare **in macchina***
- **modo**

  *Avanzavano **in corteo** con grande dignità*
- **moto a luogo**

  *Domani andrò **in Sicilia** per la prima volta*
- **quantità**

  *Ieri si sono presentati da me **in dieci***
- **stato in luogo**

  *Passiamo le vacanze **in montagna***
- **stima**

  *È tenuto **in gran considerazione** dai suoi superiori*
- **tempo determinato**

  *Al nord **in inverno** nevica spesso*

- **Con** introduce i seguenti complementi:
  - **causa**

    ***Con questo tempo** rischiamo di prendere un raffreddore*
  - **compagnia**

    *Ieri sono uscito **con Mario e Michele***
  - **concessivo**

    ***Con i malanni** che ha non si lamenta mai*
  - **limitazione**

    ***Con lo studio** me la cavo abbastanza bene*
  - **mezzo**

    *Oggi tornerò a casa **con l'autobus***
  - **modo**

    *L'accolse in casa **con molta gentilezza***
  - **qualità**

    *Giulia mi presentò una ragazza **con i capelli molto lunghi***
  - **sostituzione**

    *Mio padre sostituì il vetro rotto **con uno specchio***

- **tempo determinato**

  Con l'autunno *arriveranno le piogge*
- **unione**

  L'intervistatore arrivò ***con il microfono e il registratore***

! *con* seguito dall'*infinito* ha il valore di gerundio:

  Col parlar *(* = parlando*) troppo, non si conclude nulla*

- **Su** introduce i seguenti complementi:
  - **argomento**

    Ho tenuto una conferenza ***sui poeti romantici***
  - **causa**

    Si presentò ***su invito della giuria***
  - **distributivo**

    Solo tre ***su cento*** *ricevettero l'invito per il concerto*
  - **modo**

    Ascoltami! Parlo ***sul serio***
  - **moto a luogo**

    A giugno andremo ***sulle Dolomiti***
  - **stato in luogo**

    Sostammo ***sulla riva del fiume***
  - **tempo determinato**

    Rientrarono tutti ***sul far della sera***

su può anche esprimere approssimazione

Ha smesso di lavorare ***sui sessanta*** (complemento di età)
Tra qui e il mare ci saranno ***sui tre chilometri*** (complemento di misura)
Quell'abito costa ***sul milione*** (complemento di prezzo)
Impiegherò ***sui cinque giorni*** *per finire il lavoro* (complemento di tempo continuato)

si tratta però di forme colloquiali per cui sarà più corretto dire

Ha smesso di lavorare ***a circa sessant'anni***

*Tra qui e il mare ci saranno **circa tre chilometri***
*Quell'abito costa **circa un milione***
*Impiegherò **circa cinque giorni** per finire il lavoro*

- **Per** introduce i seguenti complementi:
  - **causa**

    *Erano felici **per la vittoria** della squadra del cuore*
  - **colpa**

    *Gli imputati furono tutti condannati **per frode***
  - **distributivo**

    *Disponetevi in fila **per tre**!*
  - **estensione**

    *Il mio giardino si estende **per trecento metri***
  - **fine** o **scopo**

    *I miei genitori mi regalarono l'attrezzatura **per la pesca***
  - **limitazione**

    *Anche se **per voi** non è giusto, gli restituirò il denaro*
  - **mezzo**

    *Ti spedirò il libro **per corriere***
  - **moto a luogo**

    *Il treno parte alle tre **per Losanna***
  - **prezzo**

    ***Per cento euro** posso anche venderti la mia bicicletta*
  - **tempo continuato**

    *Viaggerò **per tutto il giorno***
  - **tempo determinato**

    ***Per giovedì** il lavoro sarà consegnato*

- **Tra** e **fra** introducono i complementi di:
  - **causa**

    ***Tra il lavoro e lo sport** non trovo il tempo di leggere*
  - **compagnia**

    *Il professor Verdi lo potrai trovare **tra i suoi allievi***

- **moto a luogo**

  *Quando tornerai **tra noi**?*
- **relazione**

  *Sono due sorelle molto unite **tra loro***
- **stato in luogo**

  *Mi piace stare **fra la gente civile***
- **tempo**

  *Allora, ci vediamo **tra una settimana**?*

! *tra* e *fra* possono sostituire in qualche caso l'articolo partitivo

*Se c'è qualcuno **tra i** (*=dei*) **presenti** che lo sa, lo dica!*

Le preposizioni proprie seguite da un infinito possono introdurre alcune proposizioni subordinate:

- **di**, **a**, **da**, **per** + **infinito** possono introdurre una *proposizione finale*:

  *Ti prego **di ringraziarlo** per me*
  *Non preoccuparti, andrò io alla stazione **a riceverla***
  *Per favore, mi consigli qualcosa **da leggere***
  *Vado in vacanza **per riposarmi***
- **di**, **per** + **infinito** possono introdurre una *proposizione causale*:

  *Mi pento **di averlo insultato** in quel modo*
  *Sono stato elogiato **per aver realizzato** questo progetto*
- **di** + **infinito** può introdurre una *proposizione soggettiva*:

  *È buona abitudine **di alzarsi la mattina presto***
- **di** + **infinito** può introdurre una *proposizione oggettiva*:

  *Sono convinto **di essere stato furbo***
- **a** + **infinito** può introdurre una *proposizione condizionale*:

  ***Ad aiutarlo**, non otterrai nessun risultato*

- **a** + **infinito** può introdurre una *proposizione temporale:*

  Al sopraggiungere dell'inverno, *gli uccelli migrano nei paesi caldi*

- **da**, **per** + **infinito** possono introdurre una *proposizione consecutiva*:

  Mi ha tanto emozionato ***da piangere***
  È sufficientemente sensibile ***per capire*** *che non deve comportarsi così*

PREPOSIZIONI IMPROPRIE

- Sono così chiamate perché, pur essendo usate frequentemente in questa funzione, sono di fatto impiegate come altre parti del discorso. Sono formate da:
  - **avverbi** come *accanto, attorno, circa, contro, davanti, dentro, dietro, dopo, fuori, innanzi, insieme, intorno, lontano, oltre, presso, prima, sopra, sotto, vicino*
  - **sostantivi** e **aggettivi** come *causa, lontano, lungo, salvo, secondo, vicino*
  - **forme verbali**, perlopiù participi presenti e passati, come *dato, durante, eccetto, escluso, mediante, nonostante, rasente, stante, tranne, verso*

! Si ricorda che la **preposizione impropria** si distingue dall'avverbio perché è sempre seguita da una parola che regge, mentre l'**avverbio** è usato da solo oppure precisa il senso di un verbo:

Le mie chiavi sono ***sopra il tavolo*** (prep.)
Dai, vieni ***sopra!*** (avv.)

Uso delle preposizioni improprie

Seguite da una preposizione propria, danno luogo alle **preposizioni composte** o **locuzioni prepositive** (vedi pag. 186). Ecco le preposizioni improprie e composte più usate:

- **abbasso**

  Al corteo tutti gridavano ***«Abbasso la guerra!»***

- **accanto a**

  Vieni a sederti ***accanto a me***

- **circa**

  Erano ***circa le tre****, quando mi telefonò*

- **contro** (*di* con i pronomi personali)

  Agisce ***contro i propri interessi***
  No, non ho nulla ***contro di te***

- **davanti a**

  Ho aspettato un'ora ***davanti al teatro***

- **dentro** (*di* con i pronomi personali)

  La giacca è ***dentro l'armadio***

- **dietro** (*a*; *di* con i pronomi personali)

  Era seduta ***dietro la*** *(*o ***alla****) finestra*
  Gli altri venivano tutti ***dietro di noi***

- **dinanzi a**

  Siamo ***dinanzi a un evento storico***

- **dopo** (*di* con i pronomi personali)

  Vennero a farci visita ***dopo cena***

- **durante**

  Durante la partita*, tutti gridavano*

- **entro**

  Devi presentarti in ufficio ***entro le quattro***

- **fino a**

  L'autista mi accompagnò ***fino a casa***

- **fuorché**

  Sopporto tutto, ***fuorché le bugie***

- **fuori** (*di*, *dai*)

  È ***fuori discussione****: non puoi uscire a quest'ora!*
  Ma cosa fai, sei ***fuori di testa****?*
  Per le tre ti voglio ***fuori dai piedi****!*

- **innanzi a**

  Il presidente camminava ***innanzi alle autorità***

- **insieme con** (*a*, con i pronomi personali)

  *Questa sera usciamo **insieme con amici***
  *Mi piacerebbe fare un viaggio **insieme a te***

- **intorno a**

  *Ho girato per un'ora **intorno a questa piazza***

- **invece di**

  ***Invece del quadro** vorrei vedere quella stampa*

- **lontano da**

  *Vorrei abitare **lontano dalla città***

- **lungo**

  *Mi piace passeggiare **lungo la riva** del mare*

- **malgrado**

  ***Malgrado la pioggia**, uscimmo di casa*

! *malgrado* in unione con gli aggettivi possessivi dà luogo alle espressioni **mio malgrado**, **tuo malgrado**, **suo malgrado** e così via

  *Ho dovuto ascoltarlo **mio malgrado***

- **nonostante**

  ***Nonostante tutto**, mi sei simpatico*

- **presso** (*di* con il pronome)

  *Abitiamo **presso una sorella di mio padre***

- **prima di**

  ***Prima della fine** del secondo atto, il tenore perse la voce*

- **rasente** (*a*)

  *Il cane camminava **rasente il (al) muro***

- **secondo**

  ***Secondo me** non è il caso di arrabbiarsi*

- **senza** (*di* con i pronomi personali)

  *È una faccenda **senza (via di) scampo***
  *Continueremo **senza di te**, se non vuoi restare*

- **sopra** (*di* con i pronomi personali)

  *Metti la borsa **sopra il tavolo***
  ***Sopra di me** abita un celebre attore*

- **verso** (*di* con i pronomi personali)

  *Cerca di essere gentile **verso i miei amici***
  *Camminava **verso di me** sorridendo*

- **vicino a**

  *Vorrei una casa **vicino al mare***
  *Siediti **vicino a me***

LOCUZIONI PREPOSITIVE

Sono costituite da due o più parole, formate perlopiù da:

- **preposizione improprie** seguite da **preposizioni proprie** (vedi pag. 174):

  *Siediti **accanto al letto***
  ***Davanti a te**, ci sono io*
  Lontano dagli occhi, lontano dal cuore

- **modi avverbiali** uniti a **preposizioni**: *in base a, per mezzo di, a dispetto di, a proposito di, in quanto a, in compagnia di, al di fuori di, al di là di, in virtù di, a favore di, al cospetto di, a fianco di, a causa di, di fronte a* e altre:

  ***In virtù della sua autorità**, dichiarò sciolta l'assemblea*
  ***Di fronte alla mia casa** c'è un grande supermercato*
  *Bisogna informarsi **prima di tutto** se l'indirizzo è giusto*
  *Ci vediamo questa sera alle otto **davanti al cinema Odeon***

! Meno comuni sono le locuzioni formate da **preposizioni** unite a **verbi**, come *a prescindere da* e altre:

***A prescindere dal fatto** che non sono stato informato, parteciperò alla riunione*

CONGIUNZIONE

È quella parte invariabile del discorso che serve a unire tra di loro due proposizioni o due elementi di una stessa proposizione. Può essere di due specie: **coordinante** e **subordinante**.
Secondo la forma le congiunzioni si distinguono in:

- **semplici**, formate cioè da un solo elemento, come *e*, *o*, *anche*, *che*, *ma*, *né*
- **composte**, formate cioè dalla fusione di due elementi, come *eppure* (*e pure*), *oppure* (*o pure*), *perché* (*per che*), *perciò* (*per ciò*), *poiché* (*poi che*)
- **locuzioni congiuntive**, costituite cioè da più elementi separati, come *anche se*, *dal momento che*, *ogni volta che*

CONGIUNZIONI COORDINANTI

Uniscono due elementi di uno stesso periodo o due proposizioni indipendenti tra loro. Secondo la funzione che svolgono si distinguono in:

- **copulative**, quando uniscono semplicemente due elementi o due proposizioni. Possono essere:
  - **affermative** *e*, *ed*

    *Carlo **e** Gianni seguono un corso di tedesco*
    *Martedì mi alzai presto **e** uscii di casa subito*

    ! la forma *ed*, con la *d* eufonica, si usa oggi solo davanti a parola che inizi con la vocale *e*

    *Da quel negozio la gente esce **ed e**ntra in continuazione*
  - **negative** *né*, *neanche*, *nemmeno*, *neppure*

    *Non voglio parlare **né** ascoltare spiegazioni inutili*
- **aggiuntive**, quando uniscono due elementi di una frase o due proposizioni, aggiungendo un nuovo concetto che ne chiarisce il significato. Sono *altresì*,

anche, *inoltre*, *nonché*, *peraltro*, *pure* e simili:

Il lavoro è stato terminato, ***anche*** *quello arretrato*
Sei arrivato in ritardo, ***inoltre*** *hai dimenticato il quaderno*

- **disgiuntive**, quando, pur congiungendo due elementi di una frase o due proposizioni, propongono una scelta alternativa. Sono *altrimenti*, *o*, *oppure*, *ossia*, *ovvero* e simili:

Dovete smetterla, ***altrimenti*** *ci arrabbiamo*
Resti a casa ***o*** *esci stasera?*
Non so se Gianni è laureato ***oppure*** *diplomato*

- **avversative**, quando uniscono due elementi di una frase o due proposizioni e modificano, limitano o pongono in contrasto il loro significato. Sono *anzi*, *invece*, *ma*, *mentre*, *nondimeno*, *però*, *pur*, *quando*, *tuttavia* e simili:

Le tue parole non mi tranquillizzano, ***anzi*** *mi rendono nervoso*
È un ragazzo intelligente ***ma*** *troppo vivace*

! è un errore usare assieme, nella medesima frase, congiunzioni della stessa categoria come *ma* e *però*, *invece* e *mentre*, perché hanno lo stesso valore

- **conclusive**, quando uniscono due proposizioni o due concetti dei quali il secondo è la conclusione o la conseguenza del primo. Sono *allora*, *dunque*, *in conclusione*, *perciò*, *pertanto*, *quindi* e simili:

Abbiamo discusso a lungo ma, ***in conclusione****, cosa facciamo?*
Non ho più nulla da fare, ***quindi*** *me ne vado*

- **dichiarative**, quando uniscono due proposizioni o due concetti, dei quali il secondo conferma o chiarisce il senso del primo. Sono *cioè*, *in effetti*, *infatti*, *in realtà*, *ossia*, *vale a dire* e simili:

Sono tornato da Parigi ieri, ***cioè*** *il giorno del tuo compleanno*
Siamo veramente stanchi oggi, ***infatti*** *torniamo a casa subito*

- **correlative**, quando mettono in correlazione due elementi di una frase o due proposizioni. Sono costituite di solito dalle categorie di congiunzioni già trattate (copulative, disgiuntive e altre) usate però in coppia, oppure da altre parti del discorso come ad esempio gli avverbi. Sono *e... e*, *o... o*, *né... né*, *sia... sia*; *non solo... ma anche*, *così... come*, *tanto... quanto* e simili:

  *Devi **o** telefonare al tuo amico **o** andare subito a casa sua*
  *Non voglio scegliere **né** questo **né** quello*
  ***Non solo** sei arrogante, **ma anche** maleducato*

CONGIUNZIONI SUBORDINANTI

Uniscono una proposizione dipendente a un'altra proposizione, detta principale o indipendente, di cui modificano, completano o chiarificano il significato. Si distinguono in:

- **causali** *perché*, *poiché*, *siccome*, (*dato*) *che*, *giacché*, *se* e simili. Introducono la ''proposizione causale'':

  *Ti consiglio di non uscire, **perché fa freddo***
  ***Siccome è malato**, non è andato a lavorare*

  ! sono **locuzioni congiuntive causali**: *dato che*, *visto che*, *dal momento che* e altre

- **concessive** *sebbene*, *benché*, *quantunque*, *nonostante* e simili. Introducono la ''proposizione concessiva'':

  ***Sebbene sia intelligente**, non riesce in nulla per la pigrizia*
  ***Benché lo rispetti**, non ne condivido le idee*

  ! sono **locuzioni congiuntive concessive**: *anche se*, *malgrado*, *per quanto* e altre

- **condizionali** *se*, *seppure*, *purché*, *qualora*, *quando* e simili. Introducono la ''proposizione condizionale'':

  ***Se ne avrò voglia**, verrò con voi*
  ***Qualora telefonasse**, avvisami*

! sono **locuzioni congiuntive condizionali**: *in caso che*, *a condizione che*, *a meno che* e altre

- **consecutive** *perché*, *cosicché*, *che*: quest'ultima, normalmente in correlazione con alcuni avverbi, genera le locuzioni congiuntive consecutive *così... che*, *tanto... che*, *in modo... che* e simili. Introducono la "proposizione consecutiva":

*Dino è **così** antipatico **che nessuno lo può sopportare***
*Avevano organizzato tutto **in modo** tale, **che nessuno si lamentò di nulla***

- **dichiarative** *che*, *come*. Introducono le proposizioni "soggettiva" e "oggettiva":

*È necessario **che tu venga subito qui*** (soggettiva)
*Sento **che siete soddisfatti dei risultati raggiunti*** (oggettiva)

- **dubitative** *se*, *che*, *perché*. Introducono le proposizioni "dubitative":

*Non so davvero **se seguirà il mio consiglio***
Dubito che abbia ricevuto il tuo messaggio

- **finali** *affinché*, *perché*, *che* e simili. Introducono le proposizioni "finali":

*Coltivo con cura questi alberi, **affinché crescano forti***
*Te l'ho riferito, **perché tu lo sappia***

- **interrogative (indirette)** *come*, *perché*, *quando*, *se* e simili. Introducono le proposizioni "interrogative":

*Dimmi **perché non mi scrivi mai***
*Voglio sapere esattamente **quando parte il treno***

- **limitative** *fuorché*, *che*, *tranne*, *nonché*:

*Avevamo previsto tutto, **fuorché il tuo ritardo***
*Voglio vedere tutti, **tranne tuo fratello***

! sono **locuzioni congiuntive limitative**: *eccetto che*, *salvo che*, *tranne che*, *a meno che* e simili

- **modali** *comunque*, *siccome*, *quasi* e simili. Introducono le proposizioni "modali":

*Mi sono comportato **come mi hai consigliato di fare***
*L'automobilista guidava male, **quasi fosse ubriaco***

! sono **locuzioni congiuntive modali**: *senza che*, *secondo che*, *come se* e simili

- **temporali** *appena*, *come*, *mentre*, *quando*, *finché*, *che*. Introducono le proposizioni "temporali":

  *Ero da poco uscito, **quando arrivò la tua lettera***
  ***Mentre il conferenziere parlava**, si levò un coro di proteste*

  ! sono **locuzioni congiuntive temporali**: *fino a che*, *prima che*, *dopo che* e simili

Occorre fare attenzione alle congiunzioni che reggono diverse proposizioni, come:

- **che**

*Mangia, **che hai fame***	causale
*Era **così** distratto, **che dimenticò gli occhiali***	consecutiva
*Sembra **che Cesare sia arrivato in orario***	dichiarativa (soggettiva)
*I tuoi genitori sostengono **che tu sia diligente***	dichiarativa (oggettiva)
*La madre li scongiurò **che tornassero a scuola***	finale
*Non ha risposto nessuno, **che io sappia***	limitativa
*Partii **che ormai erano le otto***	temporale
Che taccia subito!	imperativa

- **come**

*Vorrei sapere **come si sente l'ammalata***	modale
***Come mi ha visto**, mi ha subito riconosciuto*	temporale

- **perché**

*La signora non replicò, **perché aveva torto***	causale
*È troppo cattivo, **perché gli altri lo sopportino***	consecutiva
*Non so **perché dissi quelle parole***	dubitativa

*Gli scrissi, **perché mi aiutasse***	finale
*Chiedi a Luigi **perché non viene con noi***	interrogativa

• quando

*E hai il coraggio di rispondere, **quando dovresti tacere**!*	avversativa
*Lo farei, **quando fosse proprio necessario***	condizionale
*A me non piace parlare, **quando nessuno ascolta***	temporale

• se

***Se conosce la verità**, perché ha taciuto?*	causale
*Non lo farei, **se anche tu mi pregassi***	concessiva
***Se fossi venuto**, lo avrei visto*	condizionale
*Non so **se valga la pena** di venire*	dubitativa
*Fatemi sapere **se la signora sta bene***	interrogativa

INTERIEZIONE

È quella parte invariabile del discorso che esprime un sentimento improvviso dell'animo: allegria, desiderio, dolore, felicità, odio, sdegno, sorpresa, stupore.
Il significato dell'interiezione deriva dal tono della voce con cui si pronuncia.
L'interiezione non ha alcun rapporto grammaticale con la frase in cui si trova. Possiamo distinguerla in:

- **semplice**, formata da una sola parola: *ah! eh! ih! oh! uh! auf! bah! beh! boh! mah!*

  Oh! *Che spettacolo meraviglioso*
  Auf! *Non ne posso proprio più*
  Beh! *Che vuoi che ti dica?*
  Mah! *Cosa vuoi farci*

- **composta**, formata da due elementi: *addio! ahimè! eccome! orsù! perbacco! suvvia!*

  Ahimè! *Ho perduto tutto*
  Suvvia! *Non te la prendere*

! Spesso la consonante *h*, con puro valore grafico, è presente nel corpo o in finale di parola

- **impropria**, formata da elementi grammaticali semplici – sostantivi, aggettivi, avverbi e altri – usati però in funzione esclamativa: *accidenti! avanti! bene! bravo! ciao! ecco! grazie! ottimo! peccato! silenzio! via! zitto!*

  Accidenti! *È stato proprio un colpo di fortuna*
  Questo è il mio regalo? ***Grazie!***
  Peccato! *Peggio di così non poteva proprio andare*
  Zitto! *Non voglio più sentirti parlare*

- **locuzioni esclamative**, formate da due o più elementi: *che bellezza! Dio ci aiuti! che Dio ci protegga! povero me! quanto sei caro!*

  Sai che partiremo anche noi? ***Che bellezza!***
  Dio ci aiuti! *Tutto è perduto!*
  Non vuoi cedere, vero? ***Ma quanto sei caro!***
  Povero me! *E ora che farò?*

- L'esclamazione è seguita di regola dal punto esclamativo (!), al quale talvolta si fa seguire il punto interrogativo (!?) per dare maggior forza ed esprimere insieme meraviglia e incredulità:

  Cosa!? Dovrei venire io!?
  Chi!? Gianni ha vinto il premio!?

- Dopo il punto esclamativo non è obbligatoriamente richiesta la lettera maiuscola, ma questo dipende dall'intonazione che si vuol dare alla frase:

  Eh! la chiesa e la caserma! Il trono e l'altare! sempre la stessa storia, ve lo dico io! (G. Verga)

- Talvolta l'esclamazione si fa seguire da una virgola e il punto esclamativo si colloca alla fine della frase:

  ***Oh,** che meraviglia!*
  ***Beh,** verrò!*

ONOMATOPEA

- Assai simili alle interiezioni sono le voci che imitano versi di animali, suoni, rumori e che vengono chiamate **voci onomatopeiche** od **onomatopee**. Eccone alcuni esempi:

bau, bau	(l'abbaiare del cane)
chicchirichì	(il verso del gallo)
cra, cra	(il verso del corvo)
crac	(rumore di cosa che si spezza, rami e simili)
din, don	(suono delle campane)
eccì	(rumore dello starnuto)
miao	(miagolio del gatto)
splash	(rumore di cosa che cade in acqua e simili)
tam, tam	(suono del tamburo)

! Attenzione a non confondere le **voci onomatopeiche** con le **parole onomatopeiche**, che sono verbi o sostantivi veri e propri, che imitano versi di animali o suoni:

abbaiare	(*bai* > ***bau***, verso del cane)
miagolare	(*mia* > ***miao***, verso del gatto)
muggire	(*mu* > ***muuu***, verso dei bovini)
ululare	(*ulu* > ***uuu***, verso del lupo)

LA FRASE O PROPOSIZIONE

Si dice proposizione un pensiero di senso compiuto espresso con parole. La proposizione può essere

- **semplice**, quando è formata dagli elementi essenziali della frase, ossia: il soggetto e il verbo o predicato:

  Paolo corre
  Marta è partita

- **complessa**, quando al soggetto e al verbo si aggiungono altri elementi, detti complementari (attributi, apposizioni e complementi), che ne integrano e precisano il significato:

  *Luigi s'interessa **di arte***
  *Il medico visitò **l'ammalato molto accuratamente***

- **composta**, quando è formata da più proposizioni assieme, semplici e/o complesse:

  *Maria gioca **e** Alberto legge*
  *Il vigile urbano scrive **la multa e** discute **con l'automobilista***

Si ricorda che:

- L'**attributo** è un *aggettivo* che accompagna il nome per determinarlo o qualificarlo meglio.
- L'**apposizione** è un *nome* che si accompagna ad un altro nome per meglio determinarlo.
- Il **predicato** è un *aggettivo* o un *nome* che si accompagna al verbo per completarne il senso, ma che logicamente si riferisce al soggetto (predicativo del soggetto) o al complemento oggetto (predicativo dell'oggetto).

ANALISI LOGICA E STRUTTURA DELLA FRASE

- L'operazione di analizzare la struttura di una frase, evidenziandone gli elementi e le loro funzioni, si dice **analisi logica**. Considerando la frase che segue:
Mia cugina Ada ha preparato una buona torta di mele
si otterrà:

Mia		attributo dell'apposizione del soggetto
cugina	soggetto	apposizione del soggetto
Ada		soggetto
ha preparato	predicato verbale	
una torta	complemento diretto	complemento oggetto
buona		attributo del complemento oggetto
di mele	complemento indiretto	complemento di specificazione

! Nel procedere nell'analisi logica occorre tener presente che:

- articoli e preposizioni si uniscono al nome a cui si riferiscono

  Il sole *sorge*
  Divieto ***di sosta***

- le negazioni, che precedono il verbo, si uniscono ad esso

  Mio figlio ***non studia***

- i verbi servili (*dovere*, *potere*, *volere*) e quelli fraseologici (*sentirsi*, *vedersi* e altri, vedi pag. 138) formano un unico predicato verbale con l'infinito che reggono

  Non ***posso tornare***
  Mi ***sento svenire***

- nei tempi composti del verbo, l'ausiliare si deve unire al participio passato, anche se questo è separato da altri elementi

  Ho *sempre* ***creduto*** *in te* (= ho creduto sempre in te)

- le locuzioni avverbiali si considerano un unico elemento

  Gli avversari fuggirono ***a gambe levate***

- Anche se in italiano l'ordine della frase non è rigorosamente prestabilito, come in altre lingue, il soggetto tende ad occupare generalmente la prima posizione. Ma ciò non avviene sempre, per cui, quando questo si verifica, per rendere più agevole l'analisi logica, si ricorre alla costruzione diretta, una teorica ed esemplificata disposizione degli elementi nella frase, di cui diamo il prospetto.

(VA) predicato verbale in forma attiva
(VP) predicato verbale in forma passiva
(N) predicato nominale

	VA	VP	N
1	**soggetto**	**soggetto**	**soggetto**
2	elementi esplicativi del soggetto come attributi, apposizioni, complemento di specificazione, proposizione relativa		
3	**predicato verbale** (forma attiva)	**predicato verbale** (forma passiva)	**predicato nominale** ed elementi esplicativi del predicato nominale (se ci sono)
4	**complemento oggetto o indiretto**	**complemento d'agente**	
5	elementi esplicativi del complemento oggetto o indiretto (con verbo intransitivo)	elementi esplicativi del complemento d'agente	
6	**complementi indiretti**, il cui ordine dipende dalla logica espositiva del parlante		

VA *La partita*, *a cui ho assistito*, *ha entusiasmato*
1 2 3

la folla, *enorme per partecipazione*, *dei tifosi ospiti*
4 5 6

VP *La festa* *del compleanno* *è stata organizzata*
1 2 3

dal fratello *di Luca*, *a Mantova*
4 5 6

N *L'automobile*, *di mio padre*, *era nuova di zecca*
1 2 3

prima dell'incidente
4

! I complementi di luogo e di tempo possono precedere il soggetto

- Anche nelle proposizioni interrogative il soggetto, se espresso, può seguire il verbo. Di fatto, essendo il tono della voce o il punto interrogativo a indicare la presenza di una domanda, esso può trovarsi anche al primo posto, o, quando possibile, restare sottinteso:

Viene al cinema con noi, ***Carlo****?*
Carlo *viene al cinema con noi?*
È libero ***questo posto****?*
Vogliamo andare?
Mi hai telefonato?

- I pronomi interrogativi occupano di solito la prima posizione:

Chi *sei?*
Che cosa *fai?*
Di chi *sta parlando?*
Come *ti chiami?*
Di dov'*è Maria?* oppure *Maria* ***di dov'****è?*

ELEMENTI DELLA PROPOSIZIONE

Gli elementi essenziali della proposizione sono il **soggetto** e il **predicato**, che compongono la cosiddetta frase semplice (*Paolo corre*).

SOGGETTO

- Il soggetto rappresenta la persona, l'animale o la cosa che compie o subisce l'azione, o a cui si attribuisce uno stato o una qualità, o su cui si esprime un giudizio:

  Il contadino *ara il campo*
  Il bambino *è sgridato dai genitori*
  Il treno *è fermo*
  Luisa *è una ragazza bellissima*
  Tu *sei veramente maleducato*

- Per riconoscere il soggetto di una frase, ci si deve riferire al predicato (verbo), che contiene il senso dell'azione. Ponendosi la domanda **chi è che? che cosa è che?** si potrà identificare il soggetto:

  Leonardo da Vinci ha dipinto La Gioconda
  Chi è che *ha dipinto La Gioconda?* ***Leonardo da Vinci*** (soggetto della frase)

- Le parti del discorso che possono fungere da soggetto sono:
  - il sostantivo

    Il cane *abbaia*
  - il pronome

    Noi *partiremo domani*
  - l'articolo

    Un, uno *e* ***una*** *mancano delle corrispondenti forme plurali*
  - l'aggettivo

    Cerco un libro ma ***il bello*** *è che non lo trovo*
  - la congiunzione

    Il come *non ha importanza, è il perché che conta*

- l'avverbio

  Il meglio *deve ancora arrivare*

- l'interiezione

  Un ohimé *disperato uscì dalle sue labbra*

- l'infinito

  Il bere *troppo nuoce alla salute*

- una proposizione intera, detta perciò soggettiva

  Mi ha fatto piacere ***che sia venuto tuo padre a trovarmi***

! Aggettivi, congiunzioni, avverbi, interiezioni e verbi sono preceduti dall'articolo.

- Il soggetto, che può essere accompagnato da articoli, attributi e apposizioni, non è mai preceduto dalla preposizione, tranne nel caso delle preposizioni articolate (*di + articoli determinativi*) con senso partitivo:

Il *cavallo corre*
Un *amico* ***vero*** *è difficile da trovare*
Questo *tavolo è antico*
Michelangelo, ***artista immortale,*** *dipinse il Giudizio universale*
Telefonarono ***degli*** *(alcuni) amici di mio fratello*

- Il soggetto può essere sottinteso nel caso dei pronomi soggetto *io*, *tu*, *noi*, *voi*, che sono ben determinati nella persona, e nell'imperativo; può essere omesso invece quando è già stato citato nella frase. In questo caso la proposizione si dice ellittica del soggetto:

(Io) berrei volentieri del caffè
(Voi) volete venire al cinema?
Mangiate in silenzio!
Gli esploratori partirono all'alba; quando tornarono era già buio

- Il soggetto può anche mancare del tutto, come accade nel caso dei verbi impersonali:

Piove *spesso in questa stagione*
Si comincia *da domani*

Si dice che verrà
Ti vogliono al telefono

- Il soggetto può precedere o seguire il predicato:

I due amici camminavano fianco a fianco in silenzio
S'udiva di lontano il rumore dei tuoni

! tuttavia, nella cosiddetta costruzione diretta, il soggetto si trova nella frase al primo posto (vedi pag. 198).

PREDICATO

È l'elemento più importante della proposizione, con cui si esprime un'azione (compiuta o subita), una condizione o una qualità del soggetto. Il predicato può essere: **verbale** o **nominale**.

Predicato verbale

- Il predicato è verbale quando il verbo ha di per sé senso compiuto ed esprime l'azione:

Il tenore canta (verbo attivo)
Giorgio è stato sgridato (verbo passivo)
Il giovane si pettina (verbo riflessivo)

- Formano un unico predicato verbale anche:
  - i **verbi servili + l'infinito** a cui si accompagnano e di cui modificano (non radicalmente) il significato

    Dovete partecipare assolutamente
    Possiamo partire giovedì
    Voglio andare via

  - i **verbi fraseologici + l'infinito**

    I Rossi non cessano di stupirmi
    Cominciamo ad andare
    Paolo continua a scriverle
    Affrettati, che stiamo per partire

Concordanza del predicato verbale

- Il soggetto e il predicato verbale si accordano sempre in persona e numero:

  ***(Io) chiudo** la porta*
  ***Mario mangiava** molto*
  ***(Noi) giocammo** a calcetto*

  - due soggetti correlati da **né...né** si accordano con il verbo al plurale

    ***Né tu né io siamo** in grado di risolvere il dilemma*

  ! non mancano però eccezioni, come nei casi in cui:

  - i soggetti, preceduti da **né... né**, sono posposti al verbo, preceduto dalla negazione **non**

    Non venne né Gianni, né Marco

  - i due soggetti sono correlati da **non solo... ma anche/neanche**; l'accordo avviene in questo caso tra il soggetto, introdotto da *ma anche/neanche*, e il verbo

    ***Non solo** Giovanni **ma anche** Elena si è ammalata*
    ***Non solo** noi, **ma neanche Carlo sapeva** dell'invito*

  - il soggetto è costituito da un nome collettivo, seguito da un complemento di specificazione; il verbo può essere allora concordato al singolare o al plurale

    *Una **folla di curiosi formò/formarono** un circolo*
    *La maggior parte dei presenti **era annoiata/erano annoiati***

  ! ma formalmente più corretto è l'accordo al singolare

- Nei tempi composti con l'ausiliare essere e nella forma passiva, il participio passato concorda in persona, genere e numero con il soggetto. A questo proposito si ricordi che:

  - se ci sono due o più soggetti dello stesso genere, uniti dalla congiunzione **e**, il participio passato concorda al maschile o al femminile plurale

Il cane e il gatto sono scappati di casa
Cinzia e Michela sono uscite insieme

- se ci sono due o più soggetti di genere diverso, uniti dalla congiunzione **e**, il participio passato concorda al maschile plurale

Mia sorella e Carlo sono andati a casa di Giulio
Il divano, la poltrona e il tavolino sono stati acquistati oggi

- due o più soggetti di genere diverso, uniti dalla congiunzione **o**, concordano di solito al singolare con il verbo, anche se spesso nella lingua colloquiale il soggetto, costituito da due o più elementi, è sentito come un plurale

Paolo o Carlo è venuto (sono venuti) a cercarti

Predicato nominale

- È costituito da una voce del verbo essere unita a un sostantivo o a un aggettivo, definito **nome del predicato**. Indica una qualità, uno stato, una condizione del soggetto, o esprime un giudizio su di esso. Il verbo essere, in questa funzione, è detto **copula**:

Il delfino è un mammifero (sost.)
Il cielo è sereno (agg.)

! il predicato nominale può essere costituito anche da altre parti del discorso

Questo libro è mio (pron.)
Carlo è amante dello sport (part. pres.)
Volere è potere (inf.)
La cosa è così (avv.)

- il verbo **essere**, quando ha il significato di *esistere*, *stare*, *vivere*, *trovarsi*, *appartenere* e simili, non è copula ma un vero e proprio predicato verbale

Dio è (esiste)
Mio cugino è a Roma (si trova)
L'auto è di mio fratello (appartiene)

- Alcuni verbi non avrebbero senso compiuto se non fossero seguiti da un sostantivo o un aggettivo, che ne completa il significato e con cui formano un predicato nominale. Di tali verbi esistono diverse categorie:
  - **copulativi**, come *apparire*, *parere*, *sembrare*, *diventare*, *divenire*

    Quel bambino ***pare un genio***
    Il vincitore non ***sembrava contento***
    Sono ***diventato padre***

  - **verbi intransitivi** di senso compiuto come *rimanere*, *risultare*, *riuscire*, *nascere*, *crescere*, *vivere*, *morire* e pochi altri, che possono essere anche copulativi e dar luogo quindi a un predicato nominale

    Il pubblico ***rimase attonito***
    Il pronostico ***risultò sbagliato***
    A Milano ***vivo solo***
    Molti artisti famosi ***morirono poveri***

  - **appellativi**, nella forma passiva: *esser chiamato*, *essere detto*, *essere soprannominato*, *essere ritenuto* e simili

    La bambina ***è stata chiamata Lucia***
    Catone ***fu soprannominato il Censore***
    Fellini ***è ritenuto un grande regista***

  - **elettivi**, nella forma passiva: *essere eletto*, *essere dichiarato*, *essere designato*, *essere nominato* e simili

    Il candidato ***fu eletto deputato***
    Il ragionier Bianchi ***fu nominato amministratore unico***

  - **estimativi**, nella forma passiva: *essere stimato*, *essere creduto*, *essere considerato* e simili

    L'avvocato Savinio ***è stimato un grande penalista***
    Luca ***è considerato il più bravo allievo della scuola***

  - **effettivi**, nella forma passiva: *essere fatto*, *essere reso*, *essere creato* e simili

    Mio cognato ***è stato reso*** *infelice dalla sfortuna*

- Il nome del predicato formato dal sostantivo, dall'aggettivo o dal pronome, unito a queste particolari categorie di verbi, si dice **complemento predicativo del soggetto**:

Mio cognato (sogg.)
è stato reso (pred. nominale)
infelice (compl. predicativo del soggetto)
dalla sfortuna (compl. di causa)

! I **verbi servili** e i **verbi fraseologici**, seguiti dal verbo essere, in funzione di copula, e da un nome del predicato, formano con essi un vero e proprio predicato nominale

Voi ***potreste essere colpevoli***
Non ***sono riuscito a essere calmo***

Concordanza del predicato nominale

- La copula concorda con il soggetto nella persona e nel numero, come il predicato verbale (vedi pag. 203).

- Il nome del predicato concorda con il soggetto come segue:
  - se si tratta di aggettivi, in genere e numero

    Il cappello *è* ***largo***
    I piatti *sono* ***rotti***
    La minestra *è* ***buona***
    Le ginestre *sono* ***gialle***

  - se si tratta di sostantivi, quando è possibile in genere e numero

    I felini *sono* ***animali carnivori***
    L'orca *è* ***un mammifero***
    Le balene *sono* ***mammiferi***
    I dispersi *erano* ***una folla***

  - se si tratta di sostantivi con un solo genere e un solo numero, resta invariabile

Mario *e* ***Paolo*** *sono* ***il vanto*** *della squadra*
Cinzia *e* ***Rita*** *sono* ***il vanto*** *dei genitori*

- se vi sono più soggetti di diverso genere, il nome del predicato concorda nel maschile plurale

  Mio ***cugino*** *e la sua* ***amica*** *sono* ***contenti*** *di partecipare alla gara*

ELEMENTI COMPLEMENTARI DELLA PROPOSIZIONE

Oltre al soggetto e al predicato, parti essenziali della frase, la proposizione necessita di altri elementi per esprimere il pensiero in modo più compiuto. Sono parti della proposizione complementari:

- gli **attributi** (aggettivi)
- le **apposizioni** (sostantivi, non preceduti da preposizione)
- il **(complemento) predicativo del soggetto**
- i **complementi** (sostantivi e altre parti del discorso, preceduti in genere da preposizione, che abbiano valore di sostantivo o che lo possano sostituire)

ATTRIBUTO

- È un aggettivo che qualifica, in modo necessario o accessorio, il nome a cui si riferisce e a cui è direttamente unito:

  *Il cane è un animale **fedele***
  *Il **buon** uomo sorrideva contento*
  *La **tua gentile** amica mi ha accompagnato a casa*

  ! fra l'attributo e il nome a volte può frapporsi un avverbio, che è però considerato parte dell'attributo stesso

  *La madre **troppo affettuosa** vizia spesso i figli*

- L'attributo concorda in genere e numero con il sostantivo a cui si riferisce. Può accompagnarsi:
  - al soggetto (attributo del soggetto)

    *Gli **occhi azzurri** sono belli*

  - al complemento oggetto (attributo del complemento oggetto)

    *Vorrei guidare la **tua nuova auto***

  - ai complementi indiretti (attributo del complemento di compagnia, di specificazione e simili)

La Scala è il tempio ***del bel canto***
Oggi vado allo stadio ***con mio fratello***

- all'apposizione (attributo dell'apposizione)

  Francesco Petrarca, ***sommo poeta****, scrisse il Canzoniere*

- al predicato nominale (attributo del nome del predicato)

  Tua moglie ***è molto intelligente***

! l'attributo non si riferisce mai a un predicato verbale

Il posto dell'attributo

Quando l'attributo è un aggettivo, vale quanto già detto in generale per gli aggettivi. Si ricorda quindi che

- precedono di solito il nome a cui si riferiscono:
  - gli aggettivi dimostrativi (questo, codesto, quello)
  - gli aggettivi possessivi (mio, tuo, suo...)
- ma possono anche seguire il nome:
  - gli aggettivi qualificativi (buono, bello, rosso, alto)
  - gli aggettivi numerali (quattro, terzo, quintuplo)

! L'aggettivo interrogativo-esclamativo (che...?/che...!) precede sempre il sostantivo a cui si riferisce

APPOSIZIONE

- È rappresentata di solito da un sostantivo, che si pone accanto a un altro sostantivo per meglio determinarlo e con il quale concorda in numero e in genere, quando è possibile:

Il ***professor*** *Bernard terrà una conferenza a Milano*
Marco, ***mio fratello****, studia pianoforte*
Carolina, ***insegnante di diritto****, è assente*

- L'apposizione si dice:
  - semplice, se è rappresentata da un solo nome

    *Catone **il Censore** fu uomo integerrimo*
  - composta, se rappresentata anche da altri elementi come attributi o complementi

    *Newton, **insigne studioso e presidente della Royal Society**, morì nel 1727*

- Sono da considerarsi apposizioni i soprannomi, i patronimici e gli aggettivi indicanti origine:

*Tarquinio **il Superbo** fu l'ultimo re di Roma*
*Aiace **Telamonio*** (figlio di Telamone) *fu un grande guerriero*
*Giulio **Romano** fu discepolo e aiuto di Raffaello*

! L'apposizione può essere preceduta dalla preposizione **da** e dalle espressioni **come**, **in qualità di**, **in funzione di** e simili:

*Il signor Buonarroti **come scultore** è abilissimo*

Il posto dell'apposizione

- L'apposizione può precedere o seguire il nome a cui si riferisce.

- Quando l'apposizione è semplice ed è rappresentata da nomi di parentela, da titoli professionali, accademici, nobiliari o da nomi geografici, di solito precede il nome:

*Il **cugino** Alfredo è venuto a trovarmi*
*L'**avvocato** Giusti ha telefonato nel pomeriggio*
*Il **professor** Martini insegna all'Università di Pisa*
*Il **poeta** Dante Alighieri scrisse la Divina Commedia*
*Il **conte** di Cavour è un personaggio storico molto noto*
*Il **mar** Mediterraneo non è molto profondo*

! tra i nomi geografici fanno eccezione i nomi di città, che non danno luogo a un'apposizione, ma al complemento (indiretto) di denominazione

La città di Venezia (e non la città Venezia)

- Se l'apposizione segue il nome ed è composta di più elementi, è racchiusa tra due virgole:

*Giovanni, **in qualità di ospite**, è veramente perfetto*

IL PREDICATIVO DEL SOGGETTO

- È un aggettivo o un sostantivo che qualifica e determina più precisamente il soggetto, e che completa allo stesso tempo il significato del predicato a cui si accompagna. Si forma con particolari verbi, che abbiamo già trattato (vedi pag. 206) parlando della copula. Per riassumerli brevemente:
  - **copulativi**, come *apparire*, *parere*, *sembrare*, *diventare*, *divenire*
  - **verbi intransitivi** di senso compiuto come *rimanere*, *risultare*, *riuscire*, *nascere*, *crescere*, *vivere*, *morire* e pochi altri
  - **appellativi**, nella forma passiva: *esser chiamato*, *essere detto*, *essere soprannominato*, *essere ritenuto* e simili
  - **elettivi**, nella forma passiva: *essere eletto*, *essere dichiarato*, *essere designato*, *essere nominato* e simili
  - **estimativi**, nella forma passiva: *essere stimato*, *essere creduto*, *essere considerato* e simili
  - **effettivi**, nella forma passiva: *essere fatto*, *essere reso*, *essere creato* e simili

! Questi verbi danno luogo quindi a un predicato nominale (copula + nome del predicato); il nome del predicato in questo caso è detto (**complemento**) **predicativo del soggetto**:

*Sono diventato **padre***
*Molti artisti famosi morirono **poveri***
*La bambina è stata chiamata **Lucia***
*Il ragionier Bianchi fu nominato **amministratore unico***
*L'avvocato Savinio è stimato un **grande penalista***
*Mio cognato è stato reso **infelice** dalla sfortuna*

- Il complemento predicativo del soggetto può essere originato da qualunque altro verbo, che sia però intransitivo, passivo o riflessivo:

  La notizia arrivò ***gradita*** *e* ***inattesa***
  Dopo aver parlato con me, Claudio se ne andò a casa ***deluso***

- Il predicativo può essere preceduto da preposizioni come **per**, **da** o dalla congiunzione **come**:

  Arrivò ***per ultimo*** *alla corsa campestre*
  Lo studente ha agito ***da immaturo***
  Il professor Manara interverrà ***come sostituto*** *del collega ammalato*
  Il tuo amico si è proprio comportato ***da principiante***

- Molto simile al predicativo del soggetto è il (**complemento**) **predicativo dell'oggetto**, formato dagli stessi verbi appellativi, elettivi, estimativi ed effettivi, usati però alla forma attiva (vedi pag. 211).

Concordanza del predicativo

Sia per il predicativo del soggetto che dell'oggetto bisogna considerare che:

- se rappresentati da aggettivi, concordano in genere e numero

  Dopo lo spettacolo, Carlo e Gianni tornarono a casa ***delusi*** (predicativo del soggetto)
  Ritengo Giorgio molto ***diligente*** (predicativo dell'oggetto)
  Anna è considerata ***gentilissima*** (predicativo del soggetto)

- se rappresentati da sostantivi, concordano in genere e numero quando è possibile

  La concorrente italiana *è stata proclamata* ***vincitrice*** (predicativo del soggetto)

  La giuria ha proclamato ***i concorrenti italiani*** ***vincitori*** (predicativo dell'oggetto)

COMPLEMENTI

Sono quegli elementi che completano il senso della frase, definendo e precisando in tutte le sue parti un pensiero di senso compiuto. Si distinguono in *diretti*, *indiretti* e *avverbiali*.

- **I complementi diretti** sono così detti perché non sono preceduti da alcuna preposizione e dipendono direttamente dal verbo, solitamente transitivo attivo. Di fatto il complemento oggetto è l'unico vero complemento diretto; ci sono però in italiano anche altri complementi che, a volte, sono da considerare diretti, almeno formalmente, poiché non sono introdotti da alcuna preposizione:

  *Hai veduto **tuo fratello**?* (compl. oggetto)
  ***Tre volte l'anno** mi piaceva andare a pescare* (compl. diretto)
  *La figlia di Carlo ha **tre anni*** (compl. diretto)
  *Le pere costano **due euro al chilo*** (compl. diretto)

  ! il complemento oggetto può anche essere preceduto dalla preposizione **di**, semplice o articolata, quando si tratta di un complemento oggetto partitivo

  *Regalai a mia madre **dei bellissimi fiori** per il suo compleanno*

- I **complementi indiretti** sono preceduti per lo più da una preposizione e servono a determinare, a specificare con più esattezza le persone, i modi e le circostanze in cui l'azione avviene. Per loro natura sono numerosissimi; tratteremo alle pagg. 216-227 quelli di maggior importanza e frequenza.

- I **complementi avverbiali** sono formati da avverbi o locuzioni avverbiali:

*Verrò da voi **domani***
*Camminava verso di noi **lentamente***
*Non interrompermi **di continuo**, per favore!*

COMPLEMENTI DIRETTI

- Il **complemento oggetto** è quell'elemento della frase su cui cade l'azione espressa dal verbo, solitamente transitivo, e che ne completa il senso. Di regola non è preceduto da alcuna preposizione. Risponde alla domanda: **chi? che cosa?**

*Ieri ho scritto **una lunga lettera***
*L'atleta lanciò **il giavellotto** con forza*
*Il cane morse **il postino** sprovveduto*

- il **complemento oggetto interno** si ha con alcuni verbi intransitivi che possono reggere un complemento oggetto, purché questo sostantivo sia derivato dalla stessa radice del verbo o abbia un significato analogo

  *Ha **vissuto una vita** movimentata*
  ***Piangeva lacrime** amare*

IL PREDICATIVO DELL'OGGETTO

- È un aggettivo o un sostantivo che qualifica e determina più precisamente il complemento oggetto, e che completa allo stesso tempo il significato del predicato. Si forma con alcune categorie di verbi usati alla forma attiva:

  - **appellativi** come *chiamare*, *dire*, *dichiarare*, *soprannominare*, *ritenere*
  - **elettivi** come *eleggere*, *dichiarare*, *designare*, *nominare*
  - **estimativi** come *stimare*, *credere*, *considerare*
  - **effettivi** come *fare*, *rendere*, *creare*

! Questi verbi danno luogo quindi a un predicato nominale (copula + nome del predicato); il nome del predicato in questo caso è detto (**complemento**) **predicativo dell'oggetto**:

  *Ha chiamato **sua figlia** Lucia*

Il consiglio ha nominato il ragionier Bianchi ***amministratore unico***
L'avvocato Satini stima il suo collega ***un grande penalista***
Il consiglio del Club ha fatto socio ***mio cognato Alberto***
Il pubblico ha eletto van Basten ***giocatore dell'anno***

- Il predicativo dell'oggetto può essere preceduto da preposizioni, congiunzioni, locuzioni come **a**, **da**, **in**, **per**, **come**, **in qualità di** e simili:

Trovai ***in Maria*** *un'amica fidata*
L'assemblea mi elesse ***come rappresentante di zona***
Gli affiancarono Umberto ***in qualità di sorvegliante***

I complementi che seguono non sono elencati per importanza ma in ordine alfabetico, per facilitarne la consultazione.

Complemento di abbondanza o privazione

Indica ciò di cui esseri o cose abbondano o difettano. È espresso da un sostantivo introdotto dalla preposizione **di**. Dipende da verbi, aggettivi e sostantivi che hanno in sé il significato di **abbondare**, **arricchire**, **eccedere** e simili, o **mancare**, **difettare**, **abbisognare**, **necessitare**.
Risponde alla domanda: **di che cosa**?

È un compito pieno ***di errori ortografici***
Quei poveretti avevano bisogno ***di tutto***

! il complemento di abbondanza o privazione può essere espresso anche dalla particella **ne**

Possedeva molti beni e ora non ***ne*** *ha più*

Complemento di agente

Indica la persona, l'animale o la cosa personificata che compie l'azione; se l'azione espressa dal verbo è compiuta da una cosa inanimata allora il complemento prende il nome di **causa efficiente**. È retto da un verbo di forma passiva e introdotto dalla preposizione **da**, semplice o articolata.
Risponde alla domanda: **da chi?** (agente) **da che cosa?** (causa efficiente)

Carlo e Gianni sono stati invitati ***dai cugini***
Fui colpito ***da uno schiaffo***

Complemento di allontanamento o separazione

Indica esseri o cose da cui ci si allontana, ci si separa. È espresso da un sostantivo introdotto dalla preposizione **da**. Dipende da verbi, aggettivi e sostantivi che

hanno un sé il significato di **allontanare**, **cacciare**, **dividere**, **liberare** e simili.
Risponde alla domanda: **da chi? da che cosa?**

Stai lontano ***dalle cattive compagnie***
Il tifoso fu colpito ***da un petardo***

Complemento di argomento

Serve a indicare esseri o cose di cui si parla o si scrive. È introdotto dalle preposizioni **su** o **di**, semplici o articolate, o dalle locuzioni **intorno a**, **riguardo a**.
Risponde alla domanda: **intorno a chi? a che cosa? su chi? su che cosa?**

Non ho deciso nulla ***sulle vacanze estive***
Cicerone scrisse un libro ***sulla vecchiaia***

Complemento di causa

Indica il motivo per cui si fa o si subisce l'azione. È introdotto dalle preposizioni **per**, **a**, **di**, **da**, **con** o dalle locuzioni **a causa di**, **per motivo di**.
Risponde alla domanda: **perché? per quale causa?**

Il bambino scoppiò a piangere ***per il dolore***
Sono debole ***a causa dell'incidente***

Complemento di colpa

Indica la colpa di cui una persona viene accusata. È espresso da un sostantivo introdotto dalle preposizioni **di**, **per**, **da**. Dipende da verbi, aggettivi e sostantivi che hanno in sé il significato di **accusarre**, **imputare**, **incolpare**, **processare**, **assolvere**.
Risponde alla domanda: **di quale colpa? per quale colpa?**

Mi accusi ***di egoismo*** *ingiustamente*
Fu condannato ***per furto***
Fu assolta ***da ogni accusa***

Complemento di compagnia (e unione)

Indica la persona o l'animale insieme al quale si compie o si subisce l'azione espressa dal verbo. È introdot-

to dalla preposizione **con** o dalle locuzioni **insieme a**, **in compagnia di**.
Risponde alla domanda: **con chi? con che cosa?**

Maria va in vacanza ***con il nonno***
Faccio passeggiate ***con il cane***

! nel caso in cui indichi la cosa con la quale si fa o si subisce l'azione, il **complemento** si chiama **di unione**

Fa freddo, esco ***con il cappello***
Il soldato marcia ***con lo zaino***

Complemento concessivo

Indica la circostanza nonostante la quale l'azione si conclude. È espresso dalle preposizioni **con**, **nonostante**, **malgrado**, seguite da un sostantivo o dalle locuzioni **a dispetto di** e altre.
Risponde alla domanda: **nonostante che? malgrado che cosa?**

Nonostante la stanchezza *è andato a lavorare*
Malgrado la pioggia*, siamo usciti ugualmente*
Con tutti i debiti *che ha, continua a gettar via il denaro*

Complemento distributivo

Indica la partizione, la distribuzione di esseri o cose in quantità numeriche. È introdotto dalla preposizione **a** o **per**

Noi mangiamo due volte ***al giorno***
Le mele costano due euro ***al chilo***
Le nostre azioni fruttano il dieci ***per cento***

Complemento di esclamazione

Indica esseri o cose per i quali si nutre un sentimento di pietà, dolore, sdegno o meraviglia. Può essere preceduto dalle interiezioni **ahi**, **oh**, ed è generalmente seguito da un punto esclamativo

Ahi, ***com'è difficile****!*
Oh, ***povero me****!*

Complemento di esclusione

Indica esseri o cose senza le quali si compie un'azione. È espresso da un sostantivo o un pronome e viene introdotto dalle preposizioni **senza**, **fuorché**, **tranne**, **eccetto** o dalle locuzioni **a eccezione di**, **all'infuori di**

*Inviterò tutti **tranne Claudio***
*Tutto è perduto **fuorché l'onore***
***All'infuori di me**, nessuno conosce l'accaduto*

Complemento di età

Indica l'età di esseri o cose. È espresso da un numero cardinale, di solito unito ai sostantivi **anno**, **mese**, **giorno**, e può essere introdotto dalle preposizioni **a**, **di** o dall'espressione **all'età di**, **in età di** e simili.
Risponde alla domanda: **a che età? di che età?**

*Quella donna **a quarant'anni** sembra una ragazza*
***All'età di novant'anni** ha ancora molte energie*

! quando l'età è indicata in modo approssimativo si usa la preposizione *su*
*un uomo **sulla trentina***

Complemento di fine o scopo

Indica il fine o lo scopo per cui viene fatta un'azione. È introdotto dalle preposizioni **per**, **a**, **in**, **da**, **di** o dalle locuzioni **al fine di**, **allo scopo di** e simili.
Risponde alla domanda: **per quale fine? a quale scopo? perché?**

*La festa fu data **per beneficienza***
*Studio **per laurearmi***

! il complemento di fine frequentemente indica anche la funzione o la destinazione di qualcosa; in questo caso è di solito introdotto dalla preposizione **da**

*Carte **da gioco***
*Nave **da guerra***
*Vestito **da cerimonia***

Complemento di limitazione

Restringe entro certi limiti il concetto indicato dal verbo, dal sostantivo o dall'aggettivo. È espresso da un sostantivo introdotto dalle preposizioni **in**, **per**, **di**, **a**, **da** o dalle locuzioni **riguardo a**, **rispetto a**, **in quanto a** e simili. È retto talvolta da aggettivi come **abile**, **adatto**, **idoneo**, **desideroso**, **non abile**, **non adatto**.
Risponde alla domanda: **in che? in che cosa?**

Tra gli alunni, Marco è il più bravo ***in matematica***
Non è adatto ***al lavoro di ricerca***

! espressioni come **a mio avviso**, **a mio giudizio**, **secondo me**, **a parere di** e simili sono da considerare complementi di limitazione

A mio parere, *tu sbagli*

Complementi di luogo

- Il **complemento di stato in luogo** indica il luogo (reale o figurato) entro cui esseri o cose si trovano, compiono o subiscono l'azione. È espresso da un sostantivo preceduto dalle preposizioni **in**, **a**, **su**, **sopra**, **tra**, **dentro**. Dipende da verbi che esprimono uno stato di quiete come **stare**, **essere**, **vivere**, **abitare**, o sostantivi come **sede**, **domicilio**, **soggiorno** e simili o dalle locuzioni **accanto a**, **nei paraggi di**, **nei dintorni di** e simili.
  Risponde alla domanda: **dove? in che luogo?**

  Gli anziani passano molto tempo ***nei giardini pubblici***
  Era immerso ***nei suoi pensieri*** (luogo figurato)

- Il **complemento di moto a luogo** indica il luogo (reale o figurato) verso cui si va o ci si dirige. È espresso da un sostantivo preceduto dalle preposizioni **a**, **in**, **per**, **da**, **verso**. Dipende da verbi che indicano avvicinamento, movimento verso un luogo come **andare a**, **arrivare a**, **partire per**, da sostantivi come **arrivo**, **andata**, **partenza** o locuzioni come in **direzione di** e simili.
  Risponde alla domanda: **per dove? verso quale luogo?**

Andiamo tutti ***alle giostre***
Ti vengono ***in testa*** *idee curiose*

- Il **complemento di moto da luogo** indica il luogo (reale o figurato) da cui si proviene. È espresso da un sostantivo preceduto dalle preposizioni **da**, **di**. Dipende da verbi che indicano movimento, partenza da un luogo, come **partire**, **uscire**, **fuggire**, o sostantivi come **fuga**, **partenza**, **ritorno**.
  Risponde alla domanda: **da dove? verso quale luogo?**

  Un animale sbucò ***dalla tana***
  Molti raggiungono la città ogni mattina ***dai paesi limitrofi***

- Il **complemento di moto per luogo** indica il luogo (reale o figurato) attraverso il quale si transita o avviene il movimento. È espresso da un sostantivo preceduto dalle preposizioni **per**, **attraverso**, **da**. Dipende da verbi che indicano transito, passaggio come **passare**, **attraversare**, **correre**, o sostantivi come **passaggio**, **corsa**, **marcia**.
  Risponde alla domanda: **per dove? attraverso quale luogo?**

  L'Arno passa ***per Firenze***
  Annibale scese in Italia ***attraverso le Alpi***

  ! si ricorda che avverbi di luogo come **qui**, **qua**, **lì**, **là**, **su** (stato in luogo) **da qui**, **da qua** (moto da luogo e moto per luogo) sono complementi avverbiali (vedi pag. 228) di luogo.

Complemento di materia

Indica di quale materia è composto un determinato oggetto. È introdotto dalle preposizioni **di** e **in**.
Risponde alla domanda: **di quale materia? con che cosa è fatto?**

Il vaso di fiori è ***di ceramica***
Ho comprato una valigia ***in similpelle***

Complemento di mezzo o strumento

Indica esseri o cose mediante le quali si compie una

determinata azione. È introdotto dalle preposizioni **con**, **per**, **di**, **in**, **a**, o dalle locuzioni **tramite**, **per mezzo di** e simili.
Risponde alla domanda: **per mezzo di chi? con che cosa?**

È arrivato ***in motocicletta*** *all'appuntamento*
Questo maglione è fatto ***a macchina***

Complemento di modo o maniera

Indica il modo o la maniera in cui viene compiuta l'azione espressa dal verbo. È introdotto dalle preposizioni **con**, **a**, **in**, **da**, **di**, **per**.
Risponde alle domande: **in che modo? in che maniera? come?**

Lo studente rispose ***con arguzia***
Ho comprato l'automobile ***a rate***
Sono felice che tu ti sia comportato ***da amico***
Ha bevuto tutto ***d'un fiato***
Per favore non mi chiami ***per nome***

! Si rammenta che il complemento di modo o maniera, può, generalmente, essere trasformato in un avverbio (con arguzia = *argutamente*; a rate = *ratealmente*; da amico = *amichevolmente*), e prende il nome di ***complemento avverbiale di modo o maniera*** (v. pag. 228).

Complemento di origine

Indica l'origine da cui provengono esseri o cose. È espresso da un sostantivo introdotto dalla preposizione **da** (raramente **di**). Dipende da verbi, aggettivi e sostantivi che hanno in sé il significato di **nascere**, **derivare**, **provenire** e simili.
Risponde alla domanda: **da chi? da che cosa?**

Nacque ***da nobile e ricca famiglia***
Il Tevere nasce ***dal monte Fumaiolo***

! il complemento di origine può essere espresso anche dalla particella **ne**

S'impegna molto nel lavoro e ***ne*** *trae buoni vantaggi economici*

Complemento di pena

Indica la punizione a cui una persona viene condannata. È espresso da un sostantivo introdotto dalle preposizioni **a**, **con**, **di**, **in**, **per**, rette da verbi che hanno in sé il significato di **condannare**, **punire**, **multare** e simili.
Risponde alla domanda: **a quale pena? a che cosa?**

L'automobilista fu punito ***con una grossa multa***
È stato condannato ***al massimo della pena***

Complemento di qualità

Indica caratteristiche, qualità fisiche o morali di esseri o cose. È introdotto dalla preposizione **di**, semplice o articolata, e talvolta anche da **con** e **da**

Avevo un gatto ***dal mantello nero***
È uno studioso ***di grande intelligenza***

Complementi di quantità

- Il **complemento di estensione** indica per quanto una cosa si estende nello spazio. È retto dalla preposizione **per**, a cui si accompagnano i verbi come **estendersi**, **elevarsi**, **innalzarsi**, **prolungarsi** e simili; se dipende da aggettivi che indicano le quattro dimensioni è sempre senza preposizione.
  Risponde a domande come: **quanto lungo? quanto largo? quanto alto? quanto profondo? di che lunghezza/larghezza?**

  Quel campo si estende ***per diversi ettari***
  Il mare in questo punto è profondo solo ***sette metri***
  Quel palazzo è alto ***venti metri***

- Il **complemento di distanza** indica quanto un luogo, un essere o una cosa distano da un altro luogo, essere o cosa. Dipende da verbi, sostantivi o aggettivi indicanti distanza ed è retto generalmente dalla preposizione **a**.
  Risponde alla domanda: **quanto dista? quanto è lontano?**

  A venti metri *da casa c'è un famoso teatro*
  L'aeroporto dista dalla città ***tre chilometri***

- Il **complemento di differenza o misura** indica di quanto un essere o una cosa è inferiore o superiore a un altro, rispetto a estensione, grandezza, distanza, età e simili. È retto da aggettivi comparativi, avverbi, verbi o locuzioni che hanno in sé l'idea del paragone come: **molto**, **poco**, **tanto**, **del doppio**, **del triplo** e simili. Può essere preceduto dalla preposizione **di**.
Risponde alla domanda: **di quanto? in che misura?**

Il vincitore ha preceduto il secondo concorrente ***di quasi mezz'ora***
Quella cassa è più grande dell'altra ***del doppio***
Sono più alto di mio fratello ***di dieci centimetri***

- Il **complemento di stima** indica quanto è stimato o apprezzato un essere o una cosa. È retto da verbi che indicano considerazione o stima come **reputare**, **stimare** e simili. La stima morale è espressa in modo indeterminato con gli avverbi **niente**, **poco**, **molto**, **tanto** o con le locuzioni **in gran considerazione/stima**, **in nessun conto** e simili, la stima commerciale con espressioni numeriche.

Apprezzo ***molto*** *le persone umili*
Hanno valutato la mia auto ***tremila euro***
Teniamo ***in grande considerazione*** *gli uomini onesti*

- Il **complemento di prezzo** indica il prezzo, il costo materiale di un animale o di una cosa. Può essere introdotto dalle preposizioni **a** e **per**.
Risponde alla domanda: **a quanto? a quale prezzo? per quanto?**

Ho acquistato un abito ***per cinquecento euro***
Ho venduto la mia bicicletta ***per (a) cento euro***

Complemento di relazione

Indica il rapporto, la relazione che esiste tra esseri o cose. È retto dalle preposizioni **tra**, **fra** e **con**

Fra le parti *regna un completo accordo*
Ieri ho discusso animatamente ***con mio fratello***

Complemento di sostituzione o scambio

Indica esseri o cose che vengono scambiate con altri esseri o cose. È rappresentato da un sostantivo preceduto dalla preposizione **per** o dalle locuzioni **invece di, al cambio di** e simili.
Risponde alla domanda: **invece di chi/di che cosa?, in luogo di chi/di che cosa?**

*Ha preso lucciole **per lanterne***
***Invece di mio fratello** andai io alla festa*

Complemento di specificazione

È un sostantivo che precisa o specifica il concetto generico del sostantivo da cui dipende e al quale è legato dalla preposizione **di**, semplice o articolata.
Risponde alla domanda: **di chi? di che cosa?**

*Quel malato ha bisogno **del medico***
*Il colore azzurro **del cielo***

! Esistono altri complementi, che sono forme particolari del complemento di specificazione:

- il **complemento partitivo** indica una quantità di cui si prende in considerazione solo una parte.
  Risponde alla domanda: **fra chi? fra che cosa?**
  Esso può dipendere da
- **sostantivi**

  *Una parte **dei convenuti** decise di non votare*
- **aggettivi numerali**

  *Uno **di noi** non ha certamente ragione*
- **pronomi indefiniti o interrogativi**

  *Qualcuno **dei vicini** ha protestato per il rumore*
- **aggettivi di grado superlativo relativo**

  *Il più grande **dei miei fratelli** è Giorgio*

! il partitivo può essere espresso anche dalla particella **ne**

  *Dei tre libri ricevuti, **ne** trattenni solo uno*
- il **complemento di denominazione** è rappresentato da un nome proprio che specifica i nomi di

città, isole, penisole, monti, fiumi, oppure nomi di giorni, mesi, o di persone. È introdotto dalla preposizione **di**, semplice o articolata.

*La città **di Roma** è la sede del papato*
*Il mese **di febbraio** è il più breve dell'anno*

! attenzione a non confondere il complemento di denominazione con il *complemento di specificazione* vero e proprio

Complementi di tempo

- Il **complemento di tempo determinato** indica l'epoca o il momento preciso in cui si svolge l'azione. È rappresentato da un sostantivo preceduto generalmente dalle preposizioni **in**, **di**, **a**, **durante** o da locuzioni come **al tempo di**.
Risponde alle domande: **quando? in che tempo?** e molte altre

*La mattina mi alzo **alle sette***
*La vendemmia avviene **in autunno***

! può anche non essere preceduto da preposizione. È obbligatoriamente senza preposizione con le date (giorno, mese e anno)

La (meglio ***alla***) ***mattina*** *mi alzo presto*
Il 15 maggio 1821

- Il **complemento di tempo continuato** indica la durata dell'azione espressa dal verbo. È costituito da un sostantivo che può essere preceduto dalla preposizione **per**.
Risponde alla domanda: **per quanto tempo? in quanto tempo? da quando?** e simili

*Lo spettacolo durò **due ore***
*Camminammo **per tre ore** sotto la pioggia*

! sono complementi avverbiali di tempo **adesso**, **ora**, **ieri**, **oggi**, **domani**, **presto**, **tardi** o **una volta**, **un tempo** e simili.

Complemento di termine

Indica esseri o cose a cui è indirizzata l'azione espressa dal verbo. È introdotto dalla preposizione **a**, semplice o articolata.
Risponde alla domanda: **a chi? a che cosa?**

*Il primo premio sarà dato **a Giulio***
*Il ragazzo tira un calcio **al pallone***

! si ricorda che il complemento di termine può essere rappresentato anche da pronomi personali complemento di forma tonica (preceduti da preposizione) o atona (usati senza preposizione)

*Lo dici **a me**?*
*Il film non **mi** piace*

Complemento di vantaggio o svantaggio

Indica esseri o cose a vantaggio o a sfavore delle quali viene compiuta un'azione. È rappresentato da un sostantivo retto dalle preposizioni **per, verso, contro** o dalle locuzioni **a favore di, a svantaggio di** e simili.
Risponde alla domanda: **a favore (sfavore) di chi? di che cosa?**

*Ho versato una piccola somma **per gli orfani***
*Venne alzata la media dei voti a tutti, **a sfavore dei migliori***

Complemento di vocazione

Indica esseri o cose personificate a cui viene rivolto il discorso direttamente. Può essere preceduto dall'interiezione **o**, e può essere compreso tra due virgole:

__O Signore__, ascolta la mia preghiera
*Vi invito, **amici**, tutti a cena*

COMPLEMENTI AVVERBIALI

- Sono considerati alla stregua di complementi quegli avverbi o locuzioni avverbiali che completano o rettificano il senso del verbo, di aggettivi o altri avverbi:

I nostri amici ci salutarono ***affettuosamente***
Gli sto telefonando ***ora***
Non rimarremo ***a lungo qui***
È un quadro ***molto*** *interessante*
Ci vedremo ***molto*** *spesso*

- Quando il complemento avverbiale si riferisce a un verbo è solitamente possibile trasformarlo in un vero e proprio complemento indiretto:

I nostri amici ci salutarono ***con affetto*** (complemento di modo)
Gli sto telefonando ***in questo momento*** (complemento di tempo determinato)
Non rimarremo ***per lungo tempo*** (complemento di tempo continuato) *in questo luogo* (complemento di stato in luogo)

! A seconda del complemento che sostituiscono si dicono: *complemento avverbiale di tempo*, *di luogo* e simili (si veda sotto i singoli complementi).

IL PERIODO

- Due o più proposizioni assieme, unite tra loro da un legame logico, formano il **periodo**:

  Il rasoio elettrico, che mi hai prestato, è difettoso.
  Ieri ho incontrato un amico, mentre mi recavo al lavoro.
  Se lo avessi saputo, non sarei venuto da te.

! Come evidenziato dagli esempi suddetti, le proposizioni non hanno una collocazione precisa nel periodo. Nell'analizzare un periodo si tenga presente che:

  - nel periodo ci sono tante proposizioni quanti sono i verbi, espressi o sottintesi, di modo finito (*indicativo*, *congiuntivo*, *condizionale*, *imperativo*) o indefinito (*infinito*, *participio*, *gerundio*), questi ultimi purché mantengano la loro funzione verbale
  - il periodo si conclude sempre con un *punto fermo*, mentre le singole proposizioni possono essere delimitate da altri segni d'interpunzione come *virgola*, *punto e virgola*, *due punti*

- Nel periodo, secondo la funzione, distinguiamo due tipi di proposizione:

  - **principale** o **indipendente**, grammaticalmente e logicamente in grado di reggersi da sola, senza l'aiuto di altre proposizioni

    Questo romanzo è molto avvincente
    Ieri ho conosciuto una persona interessante

  - **secondaria** o **dipendente** o **subordinata**, non in grado di reggersi da sola, ma dipendente da un'altra proposizione principale, detta in questo caso **reggente**

    La lettera, che mi hai spedito, non è ancora arrivata
    Quando rientrai a casa, trovai i miei amici, che mi aspettavano

La **proposizione incidentale**, che esprime un'osservazione o aggiunge un chiarimento a quanto espresso nel periodo – con il quale non ha sintatticamente alcun legame – ha la particolarità di essere sia *indipendente* sia *dipendente*:

*Il primo maggio, **tutti lo sanno**, è la festa del lavoro*
*Mi telefonò, **ma questo resti tra di noi**, per chiedermi un favore*
*Vorrei rivelarvi, **per amore di onestà**, come si svolsero i fatti*
*«Non verrò», **disse decisa la donna**, «neppure con la forza»*

COORDINAZIONE E SUBORDINAZIONE

COORDINAZIONE

È il legame che unisce, anche grammaticalmente, due o più proposizioni dello stesso valore, principale con principale e secondaria con secondaria, che appartengano però alla stessa specie. La coordinazione avviene

- per **asindeto**, cioè senza l'ausilio di congiunzioni coordinanti, ma per mezzo di *virgole*, *punti e virgola* o *due punti*:

  Lo sconosciuto arrivò; si fermò un istante, scrutò il cielo; s'incamminò di nuovo verso la collina: era sicuro di aver udito un fruscio...

- attraverso **congiunzioni coordinanti**:
  - **copulative**, come *e*, *anche*, *pure*, *inoltre*, *ancora*, *né*, *neppure*, *nemmeno*, *neanche*

    *Ci venne a trovare **e** ci parlò delle sue vacanze*
    *Non farò nulla per te, **né** cambierò idea*

  - **disgiuntive**, come *o*, *oppure*, *ossia*, *ovvero*

    *Andiamo via **o** restiamo ancora un po'?*
    *Possiamo uscire da soli **oppure** telefonare ai nostri amici*

  - **avversative**, come *ma*, *però*, *invece*, *anzi*, *mentre*, *pure*, *tuttavia*

    *Sei antipatico, **ma** accetterò lo stesso il tuo invito*
    *Non mi piace, **tuttavia** lo mangerò ugualmente*

  - **conclusive**, come *quindi*, *dunque*, *però*, *perciò*, *pertanto*, *ebbene*

    *Non ti credo, **quindi** non ti perdonerò*
    *Non c'è più nulla da fare, **perciò** me ne vado*

  - **dichiarative o dimostrative**, come *cioè*, *infatti*, *difatti*, *ossia* e simili

    *Era proprio stanca, **infatti** è andata a dormire*

- **correlative**, come *e... e...*, *o... o...*, *sia... sia...*, *né... né...*, *come... così*, *sia... che...* e simili

  *Ho deciso di studiare **sia** perché mi piace, **sia** perché desidero un titolo di studio importante*

- per mezzo di **pronomi correlativi**, come *gli uni... gli altri*, *questo... quello*, *chi... chi*, *tale... quale*, *alcuni... altri* e simili

  ***Gli uni** partirono all'alba, **gli altri** rimasero al villaggio*
  ***Alcuni** applaudivano, **altri** fischiavano*

- per mezzo di **avverbi correlativi**, come *ora... ora*, *non solo... ma anche*, *prima... poi/dopo*, *oggi... domani*

  ***Prima** finirò il lavoro, **poi** uscirò*
  *Quell'uomo **non solo** è ricco, **ma anche** fortunato*

- per mezzo di **numeri ordinali**, come *primo*, *secondo* e così via

  ***Primo**: non fumare; **secondo**: non bere*

SUBORDINAZIONE

È il rapporto che lega la proposizione dipendente o subordinata alla reggente. Nelle frasi che contengono un verbo di modo finito (*esplicite*) la subordinazione si ottiene

- per mezzo delle **congiunzioni subordinanti**:
  - **causali**, come *ché*, *perché*, *poiché*, *giacché*, *siccome* e simili

    *Non posso scriverle **perché** non ho il suo indirizzo*
    ***Giacché** lo desideri, faremo un lungo viaggio*

  - **comparative**, quando le proposizioni si collegano per mezzo della congiunzione *che*

    *Preferisco parlargli **che** scrivergli*

  - **concessive**, come *benché*, *sebbene* e simili

    ***Benché** sia benvoluto da tutti, non è mai cortese con nessuno*
    *Non spende mai nulla, **sebbene** sia molto ricco*

- **condizionali**, quando le proposizioni si collegano per mezzo di congiunzioni come *se*, *quando*, *ove*, *purché qualora*, *seppure*

  Sarei molto soddisfatto, ***se*** *mi offrissero quell'impiego*

- **consecutive**, come (*così...*) *che*, *cosicché*, *sicché*

  Gridò tanto ***che*** *ottenne quello che voleva*

- **dichiarative**, come *che*, *come*

  Vi garantisco ***che*** *manterrò la promessa*

- **dubitative**, come *se*, *che*

  Non sappiamo ***se*** *telefonerà prima di partire*

- **eccettuative**, come *nonché*, *fuorché*, *tranne*, *senonché*

  Puoi chiedermi tutto, ***tranne*** *di prestarti l'auto nuova*

- **finali**, come *affinché*, *perché*, *ché*, *onde*

  Li avvertì perché spedissero al più presto gli inviti

- **interrogative (indirette)** come *se*, *come*, *perché*

  Non capisco ***perché*** *tu insista in questo atteggiamento*

- **modali**, come *così*, *quale*, *siccome*, *comunque*

  Si comportavano ***come*** *fossero colpevoli*

- **temporali**, come *dopo*, *mentre*, *come*, *quando*, *appena*, *allorché*, *allorquando* e simili

  Ho incontrato Paolo ***mentre*** *uscivo dal cinema*

- per mezzo di **aggettivi**, **pronomi** o **avverbi relativi** come *qualsiasi*, *qualunque*; *chi*, *che*, *il quale*; *dovunque*, *dove*

  Esaudirebbe ***qualsiasi*** *desiderio avessi*
  Sul tavolo c'è la posta, ***che*** *è arrivata oggi*
  Dovunque *volgiamo lo sguardo, vediamo il mare*

- per mezzo di **aggettivi**, **pronomi** o **avverbi interrogativi** come *quale*, *quanto*, *chi*, *che cosa*, *dove*, *quando*

  Non capisco ***quale*** *compenso pretenderesti da me*
  Vorrei sapere ***dove*** *si trova il centro della città*

Forma esplicita e implicita

Rispetto al modo del verbo, finito o indefinito, le proposizioni subordinate si distinguono in

- **esplicite**, quanto contengono un verbo di modo finito (*indicativo*, *congiuntivo*, *condizionale*):

  Il regalo, ***che mi hai mandato****, mi è molto piaciuto*
  Se cominciasse a piovere*, porta la bicicletta al riparo*

  ! l'*imperativo*, che è modo finito, non è mai impiegato nelle proposizioni subordinate

- **implicite**, quando contengono un verbo di modo indefinito (*infinito*, *participio*, *gerundio*). Sono di solito introdotte dalle preposizioni **di**, **a**, **da**, **per**, **senza**, dalla congiunzione temporale **dopo**, o possono anche collegarsi direttamente alla proposizione da cui dipendono:

  Mi convinse ***a continuare*** (affinché io continuassi)
  Dopo aver mangiato (che ebbe mangiato)*, schiacciò un pisolino*
  Studiando (se si studia) *si impara*

  ! tutte le proposizioni implicite possono essere trasformate in esplicite

I gradi della subordinazione

Come si è visto, la proposizione secondaria si collega alla principale per subordinazione; a sua volta la secondaria può essere collegata a un'altra secondaria dello stesso tipo per coordinazione, oppure per subordinazione se di altro tipo. Esistono perciò gradi diversi di subordinazione:

- la secondaria che dipende da una principale si dirà **subordinata di primo grado**
- la secondaria che dipende da una subordinata di primo grado si dirà **subordinata di secondo grado**
- la secondaria dipendente da una subordinata di secondo grado si dirà **subordinata di terzo grado** e così di seguito

Sono convinto (proposizione principale) *che tu avrai successo nella vita* (subordinata di primo grado)

se ti impegnerai con costanza negli studi (subordinata di secondo grado)

PROPOSIZIONI INDIPENDENTI

Si suddividono, secondo il contenuto, in

- **enunciative**, quando esprimono un pensiero, un giudizio, in forma positiva o negativa, o descrivono un fatto. Sono rette di solito da un tempo di modo indicativo:

  *Domani **è** domenica*
  ***Era** un artista di grande talento*
  *Quest'anno non **andrò** in vacanza*

  ! oltre al modo indicativo, non è infrequente l'uso del condizionale, come nei seguenti casi

  - quando si esprime un parere personale

    *Onestamente, **sceglierei** un'altra soluzione*

  - quando si vuole attenuare un rifiuto

    ***Preferirei** non parlare di questa faccenda*

  - quando si esprime una richiesta espressa con modestia e cortesia

    ***Prenderei** volentieri ancora un po' di tè*

- quando vi è sorpresa e imbarazzo

  *Da te non me lo **sarei** mai **aspettato***

- quando ci si riferisce ad argomenti o affermazioni non accertate

  *Il direttore **avrebbe confermato** la sua adesione al progetto*

! talvolta viene impiegato anche l'infinito, preceduto da **ecco** o dalla preposizione **a**

__Ecco avvicinarsi__ il momento dell'addio
Abbiamo trascorso un pomeriggio movimentato: i bambini sempre __a correre__ e noi __a inseguirli__

- **concessive**, quando esprimono una concessione, l'ammissione di un fatto. Hanno il verbo al congiuntivo e, più raramente, all'indicativo futuro preceduti da locuzioni come *ammettiamo pure che*, *sia pure che* e simili:

  __Ammettiamo pure che__ tu __abbia__ ragione
  __Sia pure che__ non l'__hai fatto__ apposta, ma il tuo comportamento è offensivo

- **desiderative** e **ottative**, quando esprimono un desiderio, un rimpianto, un augurio. Hanno il verbo al congiuntivo, preceduto spesso da interiezioni ottative come *oh! magari! Dio volesse che...!* e simili:

  __Possa__ quell'uomo vivere a lungo!
  __Magari si avverasse__ il mio sogno!
  __Dio volesse che ritorni__ sano e salvo!

  ! a volte il verbo può essere al condizionale o all'indicativo futuro

  Come __avrei voluto__ prendere un po' di ferie!
  __Dovrà__ pure tornare da me!

- **dubitative**, quando esprimono un dubbio, un'incertezza, in forma di interrogativa diretta. Richiedono per lo più il modo indicativo (futuro) o infinito, e, con i verbi servili *dovere* e *potere*, il condizionale:

  Che __farò__ senza di loro?
  Che __dire__ dell'accaduto?
  Cosa __avrei potuto__ regalarle?
  Che cosa __dovrei__ replicare?

- **interrogative dirette**, quando esprimono una domanda in forma diretta. Hanno il verbo al modo indicativo:

  A che cosa ***pensate****?*
  Quando ***verranno*** *a trovarci?*
  Come ti ***presentasti****?*

  ! quando indicano una supposizione, richiedono il verbo al condizionale

  Verresti *con me al cinema?*

- **potenziali**, quando esprimono la possibilità o l'eventualità che un qualcosa si verifichi. Sono introdotte dal verbo *potere* al condizionale:

  Potremmo *anche vincere il premio in palio*
  Potrebbero *anche dichiarare il falso*

- **volitive**, quando esprimono un comando, una proibizione, una esortazione o un desiderio. Si distinguono in:

  - *imperative*, quando esprimono un ordine, un comando. Hanno generalmente il verbo all'imperativo, talvolta al congiuntivo presente alla terza persona singolare o plurale

    State *zitti!*
    Non ***parlare*** *con il boccone in bocca!*
    Gli avversari non ***credano*** *di aver ancora vinto!*

  - *proibitive*, quando esprimono una proibizione. Hanno il verbo all'imperativo o al congiuntivo presente alla terza persona singolare o plurale

    Non ***fate*** *baccano!*
    Non ***interrompermi*** *sempre*
    Non ***si ami*** *la pigrizia!*

  - *esortative*, quando esprimono un'esortazione, un invito, un consiglio. Hanno il verbo per lo più al congiuntivo presente alla terza persona singolare o plurale

    Si rivolga *pure a chi vuole*
    Faccia *silenzio, per cortesia*

  ! il congiuntivo presente si dice anche *esortativo* quando è usato in questo tipo di frasi principali

PROPOSIZIONI SUBORDINATE

SOGGETTIVE

Svolgono la funzione di soggetto della proposizione principale quando essa è retta da:

- **verbi impersonali**, come *bisogna*, *occorre*, *basta*, *sembra*, *avviene*, *accade*, *succede* e simili

  *Occorre **che tu vada all'ospedale***
  *Succede **che tutti se ne sono andati***

- **verbi passivi usati in modo impersonale**, come *si dice*, *si pensa*, *si crede* e simili

  *Si dice **che ci sarà presto un nuovo presidente***

- **verbo essere** + **aggettivo** o **sostantivo** in espressioni impersonali, come *è bello*, *è giusto*, *è necessario*, *è noto*, *è uso*

  *È giusto **che tu paghi per ciò che hai fatto***

- Nella **forma esplicita** la proposizione soggettiva è retta dalla congiunzione *che* e dai modi del verbo:
  - **indicativo**, se essa indica un fatto reale e certo

    *È provato **che tu hai** torto e Giulia ragione*

  - **congiuntivo**, se essa indica un fatto incerto, un desiderio o un'opinione, oppure se la proposizione soggettiva precede la principale

    *Si dice **che sia** un bravo insegnante*
    ***Che sia** sorpreso è naturale*

- Nella **forma implicita** la proposizione soggettiva può essere retta dalla preposizione *di* e dall'*infinito* del verbo, oppure dal *solo infinito*

*Mi pareva **di essere seguito***
*Bisogna **rinunciare** a ogni velleità*

OGGETTIVE

Svolgono la funzione di complemento oggetto della proposizione principale.

- Nella **forma esplicita**, sono rette da verbi transitivi attivi. Sono introdotte dalla congiunzione *che*, a cui s'accompagna generalmente il modo *indicativo*, ma spesso anche il *congiuntivo*, impiegato in particolare:
  - quando la proposizione oggettiva dipende da verbi di asserzione o percezione, come *dire*, *narrare*, *affermare*, *negare*, *vedere*, *sentire* e simili

    Non dico ***che voi abbiate*** *torto, ma certo non ragione*
    Nego ***che ciò sia*** *possibile*
    Non vedo ***chi possa*** *affermare il contrario*

    ! alla forma negativa si usa più spesso il congiuntivo
  - quando la proposizione oggettiva dipende da verbi come *credere*, *pensare*, *supporre*, *ritenere*, *sperare* e simili

    Suppongo ***che sia*** *inutile ogni ulteriore commento*
  - quando il verbo esprime un comando o un'esortazione come *desiderare*, *volere*, *proibire* e simili

    Voglio ***che tu vada via*** *immediatamente*
  - quando la proposizione oggettiva precede la proposizione principale

    Che tu sia bravissima*, ne sono certo*
- Nella **forma implicita** sono rette dalle preposizioni *a* e *di* seguite dall'*infinito*, quando il soggetto della proposizione oggettiva è lo stesso della principale

  Mio figlio ha finalmente imparato ***a camminare***

AVVERSATIVE

Indicano un concetto o un'azione che si contrappone a quanto espresso nella reggente.

- Nella **forma esplicita** sono rette da *mentre*, *mentre che*, *laddove* che precedono il verbo:
  - solitamente all'**indicativo**

    Pensavo che tu fossi al cinema, ***mentre eri*** *a casa a dormire*

  - al **condizionale**, quando esprimono una supposizione

    È diventato avvocato, ***mentre sarebbe stato*** *un buon architetto*

- Nella **forma implicita** sono rette da locuzioni come *invece di*, *lungi da*, seguite dall'infinito:

  Si recò a un concerto rock, ***invece di andare*** *a scuola*

CAUSALI

Indicano la causa, il motivo per cui si verifica il fatto espresso dalla reggente.

- Nella **forma esplicita** sono rette da *perché*, *poiché*, *giacché*, *siccome* seguite
  - dal modo **indicativo** del verbo, quando indicano una causa reale

    Ti accompagnerò, ***perché me lo hai chiesto gentilmente***

  - dal **congiuntivo**, quando la proposizione è introdotta dall'avverbio negativo *non* o retta da una proposizione che indichi uno stato d'animo

    Alla fine tacqui, ***non perché Carlo avesse ragione,*** *ma per rabbia*
    Siamo felicissimi ***che tu sia venuto a trovarci***

  - dal **condizionale**, quando la causa è ritenuta possibile

    Dovrò chiedere un giorno di permesso, ***perché vorrei partire***

- Nella **forma implicita** ricorrono i modi
  - **infinito**, introdotto dalla preposizione *per*

    Per aver condotto una buona gara, *l'atleta fu premiato*

- **gerundio presente o passato**

  Intuendo (poiché aveva intuito) *che non avrebbe vinto, abbandonò l'incontro*
  Avendo saputo (poiché aveva saputo) *del concorso, cominciò a studiare*

- **participio passato**

  Perduta (poiché aveva perduto) *ogni speranza, s'inginocchiò a pregare*

COMPARATIVE

Indicano un concetto o un'azione che viene paragonata a quella espressa nella reggente. Tale paragone può essere di *maggioranza*, *minoranza* o *uguaglianza.*

- Le **comparative di maggioranza** e **di minoranza** sono introdotte da *che non*, *di quello che*, *di quanto*, *di come*, in correlazione con aggettivi e avverbi di grado comparativo di maggioranza (*più*, *meglio*) o minoranza (*meno*, *peggio*). Il verbo è al modo:
  - **indicativo**, quando la proposizione comparativa esprime un fatto reale

    Il film è più interessante di quanto mi avevano detto
    L'incidente era meno grave di quanto avevo sentito

  - **congiuntivo**, quando si vuole dare un senso ipotetico alla proposizione comparativa

    Erano più contenti di quanto potessi immaginare
    Era un risultato meno positivo di quello che mi aspettassi

  ! la forma implicita delle comparative di maggioranza si esprime con l'*infinito* preceduto da *anziché*, *piuttosto* e simili

    Preferisco andarmene, anziché starti a sentire

- Le **comparative di uguaglianza** sono introdotte da (*tanto...*) *quanto*, (*così...*) *come*, (*tale...*) *quale*, seguiti dal verbo al modo:
  - solitamente **indicativo**

    Quest'auto è tanto bella quanto è costosa

- **condizionale**, quando indicano un confronto, una comparazione ipotetica espressa o sottintesa

  Questa casa è bella ***quanto lo sarebbe la mia,*** *se non fosse stata danneggiata da un incendio*

CONCESSIVE

Indicano una circostanza, un fatto, vero o probabile, in contrasto con ciò che viene espresso nella reggente.

- Nella **forma esplicita** sono sempre espresse dal verbo al modo **congiuntivo**, che può essere:
  - preceduto dalle congiunzioni concessive *sebbene*, *quantunque*, *benché*, *nonostante*, o dalle locuzioni *ammesso che*, *concesso che* e simili

    Sebbene guadagnasse molto, *non aveva mai una lira in tasca*
  - seguito da *anche* o *pure*

    Vengano pure a lamentarsi, *ma io sarò irremovibile*
- Nella **forma implicita** sono rette dalle stesse congiunzioni concessive o locuzioni della forma esplicita, ma hanno il verbo al modo:
  - **gerundio**, retto da *pure*

    Pur ascoltando (sebbene ascoltasse) ***con attenzione,*** *non capì quasi nulla*
  - **infinito**, retto da *per*

    Per piangere che facesse, *non fu compatita da nessuno*
  - **participio**, che può essere retto da *sebbene*, *benché*, *per quanto*, *anche se*

    Per quanto contrariato (benché fosse contrariato), ***ubbidì***
    Incontrato*lo* (sebbene lo avesse incontrato), ***fece finta di non vederlo***

CONDIZIONALI O IPOTETICHE

Indicano le condizioni da cui dipende il verificarsi di ciò che è detto nella proposizione reggente.

La proposizione condizionale e la reggente sono unite da un legame sintattico molto stretto e formano assieme un'unità logica, che viene detta **periodo ipotetico**. Nel periodo ipotetico, la proposizione reggente è detta **apodosi** (spiegazione), la *condizionale* **protasi** (premessa). Esso si distingue in **ipotetico della realtà**, **della possibilità**, **dell'irrealtà**.

Ipotetico della realtà

- Ciò che è detto nella protasi è considerato un dato di fatto obiettivo; ciò che è contenuto nell'apodosi ne è la sicura conseguenza:

  ***Se chiudi gli occhi**, non vedi nulla*

- Riguardo ai modi e ai tempi del verbo, nelle **proposizioni esplicite** abbiamo:
  - nella *protasi*, introdotta dalla congiunzione *se*, sempre l'**indicativo presente** o **futuro**
  - nell'*apodosi*, l'**indicativo presente** o **futuro**, l'**imperativo** o il **congiuntivo esortativo**

    ***Se sei stanco**, riposati*
    ***Se seguiranno i suoi consigli**, non sbaglieranno*
    ***Se vuoi uscire con me**, sbrigati*
    ***Se desidera parlarmi**, mi telefoni o venga*

- Riguardo ai modi e ai tempi del verbo, nelle **proposizioni implicite** abbiamo:
  - nella *protasi* il **gerundio**, l'**infinito** o il **participio passato**
  - nell'*apodosi*, l'**indicativo presente** o **futuro**, l'**imperativo** o il **congiuntivo esortativo**

    Parlando (se parli) *non puoi ascoltare*
    Potendolo (se puoi farlo) *fallo!*
    Senza lavorare (se non lavori) *non guadagnerai nulla*
    Curato (se sarai curato) *guarirai*

Ipotetico della possibilità

- La condizione espressa nella protasi è ritenuta come possibile, cioè si può o meno realizzare:

***Se tu fossi al corrente del risultato**, spediscimi un fax*

- Riguardo ai modi e ai tempi del verbo, nelle **proposizioni esplicite**, abbiamo:
  - nella *protasi*
    - se introdotta dalla congiunzione *se*, il **congiuntivo imperfetto**
    - se introdotta da *purché*, *qualora*, *posto che*, il **congiuntivo presente** o **imperfetto**
  - nell'*apodosi*, il **condizionale presente** (meno frequentemente l'**indicativo presente** o **imperfetto**)

    ***Se potessi vederla**, sarei veramente felice*
    ***Qualora non possiate intervenire alla seduta**, avvertiteci*

- Riguardo ai modi e ai tempi del verbo, nelle **proposizioni implicite**, abbiamo:
  - nella *protasi* il **gerundio**, l'**infinito** o il **participio passato**
  - nell'*apodosi*, il **condizionale presente** (ma anche l'**indicativo futuro** o l'**imperativo presente**)

    ***Potendolo**, lo farebbe*
    ***Curato**, guarirebbe*
    ***Senza lavorare**, non guadagnerai nulla*
    ***Partendo**, avvertili*

Ipotetico dell'irrealtà

- La condizione espressa nella protasi è ritenuta come impossibile da verificarsi o è irreale:

  ***Se avessi un'automobile**, partirei immediatamente per Genova*

- Riguardo ai modi e ai tempi del verbo, nelle **proposizioni esplicite** si consideri che:
  - se l'ipotesi è **irreale nel presente**, abbiamo:
    - nella *protasi*, il **congiuntivo imperfetto**
    - nell'*apodosi*, il **condizionale presente**

    *Se **mangiassi** di meno, mi **sentirei** meglio*

- se l'ipotesi è **irreale nel passato**, abbiamo:
  - nella *protasi*, il **congiuntivo trapassato**
  - nell'*apodosi*, il **condizionale passato** o **presente** (se l'azione è ancora valida al presente)

    *Se **avesse risposto** subito, **avrebbe superato** il test*
    *Se **fosse stato curato** subito, **non starebbe** così male*

- Riguardo ai modi e ai tempi del verbo, nelle **proposizioni implicite**, abbiamo:
  - nella *protasi* il **gerundio**, l'**infinito** o il **participio passato**
  - nell'*apodosi*, il **condizionale passato** o **presente**

    Potendo**, lo **avrei interrogato
    ***Ben curato**, **saresti guarito** subito*

CONSECUTIVE

Indicano la conseguenza di quanto è detto nella proposizione reggente.

- La **forma esplicita**, introdotta dalla congiunzione *che*, spesso in correlazione con gli avverbi *così*, *tanto*, *talmente*; con le locuzioni *in modo*, *al punto* e simili; con gli aggettivi *tanto*, *tale*, *simile*, richiede il modo:
  - **indicativo**, quando la conseguenza è certa

    *Fu un giocatore tanto grande, **che nessuno lo eguagliò***
  - **congiuntivo**, quando la conseguenza è possibile

    *Faremo di tutto, **in modo che si risolvano i problemi più urgenti***
  - **condizionale**, quando la conseguenza dipende da una condizione

    *È talmente ambizioso, **che venderebbe l'anima al diavolo***

- Nella **forma implicita** le consecutive sono rette dalla preposizione *da*, in correlazione con gli stessi avverbi, locuzioni e aggettivi della forma esplicita, e dal modo *infinito*:

Era così agitato ***da riuscire a malapena a respirare***

ECCETTUATIVE

Indicano una eccezione rispetto a ciò che si esprime nella reggente.

- La **forma esplicita** è introdotta dalle locuzioni *eccetto che*, *tranne che*, *fuorché*, *a meno che* e simili e dal modo verbale:
  - **indicativo**

    Verrà domani, ***a meno che gli affari non glielo impediscano***
  - **congiuntivo**

    A meno che non cambi idea*, domani si licenzierà*
- La **forma implicita** è introdotta dalle locuzioni *tranne che*, *fuorché* seguite dal modo *infinito*:

  Fuorché mangiare*, non pensa ad altro*

ESCLUSIVE

Indicano un'esclusione rispetto a ciò che è espresso nella reggente.

- Nella **forma esplicita** sono introdotte da *senza che* seguito dal **congiuntivo**:

  Ha trascorso tutto il trimestre, ***senza che aprisse libro***
- Nella **forma implicita** sono introdotte da *senza* seguito dell'**infinito**:

  Parli, ***senza sapere***

FINALI

Indicano il fine per il quale viene fatta l'azione espressa dalla proposizione reggente.

- Nella **forma esplicita** sono introdotte dalle congiunzioni finali (*affinché*, *perché* e simili) seguite dal verbo al modo **congiuntivo**:

Te lo dico ***perché tu sappia come comportarti***

- Nella **forma implicita** sono introdotte dalle preposizioni *per*, *a*, *di*, dalle locuzioni *al fine di*, *allo scopo di* e simili, e sono seguite dal verbo al modo **infinito**:

Leggo il giornale, ***per apprendere le notizie***
Lavoro molto ***allo scopo di migliorare la mia situazione***

INTERROGATIVE INDIRETTE

Esprimono una domanda formulata indirettamente. Sono rette da verbi e da sostantivi che indichino richiesta, domanda, dubbio e simili.

- Quando nella **forma esplicita** hanno il verbo al modo **indicativo**, **congiuntivo** o **condizionale**, esse sono introdotte dai pronomi (*chi*, *che*, *che cosa*), aggettivi (*quali*, *quanti* e altri) o avverbi interrogativi (*dove*, *quando*, *quanto*, *come* e simili); oppure da congiunzioni (*se*, *come*, *quando* e simili):

Mi chiedo ***chi ci manderanno come sostituto***
Dimmi ***quante persone sono arrivate***
Non le domandai ***se fosse partito***

- Nella **forma implicita** hanno il verbo al modo *infinito*:

Non sapevo ***cosa chiedere***

! Nella proposizione reggente possono esserci verbi come *domandare*, *chiedere*, *interrogare*, *considerare*, *indagare*, *ignorare*, *dubitare*, *provare*, *essere incerto*, *essere in dubbio* e altri:

- Le proposizioni interrogative indirette possono essere anche **doppie** (o **disgiuntive**), quando sono composte da due o più termini uniti dalla congiunzione disgiuntiva **o**:

Vorrei sapere ***se vieni con noi*** *o* ***resti a casa***

LIMITATIVE O RESTRITTIVE

Sono così dette perché restringono in un certo ambito ciò che è espresso nella proposizione reggente.

- Hanno **forma esplicita** e sono introdotte da *in quanto*, *per quanto*, *per quello che*, *secondo che* e simili. Il modo del verbo è:
  - **indicativo**, se la limitazione o la restrizione è un fatto certo e reale

    Per quanto ne so, *abbiamo vinto*
  - **congiuntivo**, se la limitazione è da considerare possibile

    Per quanto ti riguarda, *non dovrebbero esserci problemi*

LOCATIVE

Indicano il luogo in cui si realizza l'azione espressa dalla proposizione reggente.

- Sono introdotte da *dove*, *dovunque* e hanno solo la **forma esplicita** e i modi:
  - **indicativo**, quando il luogo è certo, reale

    Solo alla fine scoprimmo ***dove era andato***
  - **congiuntivo**, quando esprimono possibilità, eventualità di un fatto

    Dovunque andiate, *vi seguirò*

MODALI

Indicano il modo in cui un'azione è compiuta o un concetto è espresso.

- La **forma esplicita** è introdotta dalle congiunzioni *quasi*, *come*, *siccome*, *comunque* e simili o dalle locuzioni *alla maniera che*, *come se*, *nel modo che*. Il verbo può essere al modo:

- **indicativo**, di solito preceduto da *come*, *alla maniera che*, *nel modo che*

  Mi comporterò ***come mi dirai***

- **congiuntivo**, dopo le congiunzioni e locuzioni *comunque*, *come se*, *in qualsiasi modo* (o *maniera*) *che*

  Agì ***come se fosse ubriaco***

- La **forma implicita** si esprime con i modi:
  - **infinito**, preceduto da *come* e *senza*

    Dialogare con te è ***come parlare a un sordo***
    Senza imporsi una disciplina, *è difficile riuscire in qualcosa*

  - **gerundio presente**

    Urlando, *si gettò nella mischia*

  - **participio passato**, preceduto da *come*

    Come impazziti, *i cavalli cominciarono a fuggire*

RELATIVE

Sono così chiamate quelle proposizioni subordinate che si collegano alla principale (o reggente) per mezzo di un pronome relativo (*chi*, *che*, *il quale*, *cui* e altri) o un avverbio relativo (*ove*, *dove*, *onde*, *dovunque* e simili).

- Nella **forma esplicita**, la relativa utilizza tutti i modi e i tempi del verbo delle proposizioni che sostituisce:

  Desideravo una bevanda, ***che lenisse la mia sete*** (proposizione relativa finale)

- La **forma implicita** è espressa con il **participio**:

  Il ragazzo, ***accusato*** (che fu accusato) ***di furto,*** *si mise a piangere*

- Le proposizioni relative si dividono in:
  - **attributive**, quando svolgono la funzione di attributo; spesso possono essere trasformate in un aggettivo

*Gli ascoltatori, **che non hanno interesse*** (disinteressati ***all'***) ***per l'argomento**, escano per favore*

- **appositive**, quando svolgono la funzione di apposizione

  Giulio, che è l'amico di mio fratello (o: l'amico di mio fratello) *è partito per il servizio di leva*

- **apparenti**, quando indicano circostanze diverse dell'azione, assumendo così il valore e i modi e i tempi del verbo delle proposizioni:

temporali

*Ho incontrato Carlo, **che** (mentre) **tornava dal lavoro***

finali

*Vi manderò una cassa di vino, **che** (affinché) **allieti la vosta mensa***

causali

*Mi congratulo con voi, **che** (poiché) **siete i primi***

condizionali

***Chi** (se qualcuno) **vuole partecipare**, alzi la mano*

concessive

*I tuoi amici, **che** (sebbene) **avrebbero anche potuto avvertirci**, non si sono fatti vivi*

consecutive

*Non è una persona **che si tiri** (tale da tirarsi) **indietro davanti alle difficoltà***

STRUMENTALI

Indicano il mezzo o lo strumento attraverso cui si realizza l'azione espressa dalla proposizione reggente. Richiedono il verbo all'**infinito** o al **gerundio**:

***Col dormire poco**, ti stancherai presto*
***Mangiando così tanto**, ingrasserai sicuramente*

TEMPORALI

Indicano il tempo in cui viene compiuta l'azione espressa nella principale (o reggente). L'azione può essere **contemporanea**, **anteriore** o **posteriore** rispetto a quella della reggente.

Azione contemporanea

- Nella **forma esplicita** è introdotta dalle congiunzioni *mentre*, *quando*, *allorché*, *appena* e altre, oppure dalle locuzioni *nel momento che*, *al tempo in cui*. Il verbo può trovarsi al modo:
  - **indicativo**

    Mentre correva, *il bambino cadde*
    Appena sarò a casa, *ti chiamerò*
  - **congiuntivo**, ma non di frequente, se la temporale è introdotta da *quando*

    Quando l'ammettano, *saranno perdonati*
- Nella **forma implicita** richiede i modi:
  - **infinito**, ma non frequentemente, introdotto dalla preposizione *in* (semplice o articolata)

    Nel vederlo, *si commosse*
  - **gerundio presente**

    Ascoltando la radio, *ho appreso una notizia interessante*

Azione anteriore

- Nella **forma esplicita**, è introdotta dalla locuzione *prima che* seguita dal modo **congiuntivo**

  Prima che inizi il film, *vorrei comprare un gelato*
- Nella **forma implicita**, è introdotta dalla locuzione *prima di* seguita dal modo **infinito**

  Prima di coricarti, *lavati i denti*

! il soggetto della reggente e della temporale debbono corrispondere

Azione posteriore

- Nella **forma esplicita**, è introdotta dalla locuzione *dopo che* seguita dal modo:
  - **indicativo**; quando si vuol evidenziare la rapidità con cui l'azione espressa nella principale segue quella della temporale, all'indicativo si fanno precedere le congiunzioni *appena*, *quando*, *come*

    *Espressi le mie idee, **dopo che Carla mi pregò di farlo***
    ***Appena gridò**, tutti accorsero*
    ***Quando cominciò a piovere**, tutti abbandonarono il giardino*
    ***Come accennai al problema**, qualcuno tossicchiò*

- Nella **forma implicita**, si esprime con il verbo al modo:
  - **infinito passato**, preceduto dalla congiunzione *dopo*

    ***Dopo aver tanto atteso**, decise di andarsene*
  - **participio passato**, talvolta preceduto da *una volta* o (*non*) *appena*

    ***Scritta la lettera**, la impostò*
    ***Una volta raggiunta la vetta**, si femarono a riposare*

LA CORRELAZIONE DEI TEMPI E DEI MODI

Le proposizioni princiali sono strettamennte legate alle secondarie sia dal punto di vista logico che da quello grammaticale, ed è evidente che i diversi predicati siano correlati tra di loro, non solo nel modo del verbo, ma anche nel tempo. I modi finiti, presenti nelle subordinate, sono:

- **indicativo**, modo della concretezza, della realtà, che esprime un fatto che accade o accadrà. Serve a indicare anche un pensiero reale e certo:

  Mi ***dicono*** *che* ***fu arruolato*** *nell'aviazione*
  Guardo *l'incontro che* ***trasmettono*** *in televisione*
  Sono *sicuro che te la* ***caverai*** *benissimo*

- **congiuntivo**, modo che esprime un'azione, la cui realizzazione è possibile o incerta, oppure desiderata o temuta:

  Suppongo che tu ***sia*** *molto stanco*
  Temo che mia sorella non ***vada*** *a scuola*

- **condizionale**, il modo che esprime generalmente uno stato o un'azione strettamente vincolata al verificarsi di una condizione:

  Sono convinto che ***curerebbe*** *di più il suo giardino, se avesse più tempo*

REGGENTI E SUBORDINATE

Come per i modi, reggenti e subordinate richiedono anche la correlazione dei tempi del verbo, che avviene nel modo seguente:

- all'**indicativo presente** nella *proposizione reggente*, può corrispondere nella *subordinata*:
  - l'**indicativo** presente, imperfetto, futuro semplice, passato prossimo, passato remoto o trapassato prossimo

Io so che tu { *mi* ***ascolti*** / *mi* ***ascoltavi*** / *mi* ***ascolterai*** / *mi* ***hai ascoltato*** / *mi* ***ascoltasti*** / *mi* ***avevi ascoltato*** }

- il **congiuntivo** presente o passato

  *Credo che i nostri amici **vengano** a cena*
  *Ritengo che **abbiano saputo** dell'equivoco*

- il **condizionale** presente o passato

  *Penso che **faresti** bene a tacere*
  *Dico che **avrebbe fatto** un buon affare, se avesse venduto l'auto*

- all'**indicativo imperfetto** nella *proposizione reggente*, può corrispondere nella *subordinata*:

  - l'**indicativo** imperfetto o trapassato prossimo

    *Paolo e Luisa sapevano che mi **cercavi***
    *Tutti affermavano che **eri partito** per Parigi*

  - il **congiuntivo** imperfetto o trapassato

    *Pensavo che **fossero** amici*
    *Credevo che **avessi fatto** la spesa*

  - il **condizionale** passato

    *Sospettavo che mi **avrebbe imbrogliato***

- all'**indicativo passato prossimo** nella *proposizione reggente*, può corrispondere nella *subordinata*:

  - l'**indicativo** imperfetto o trapassato prossimo

    *Mi hanno riferito che **stavate** bene*
    *Cesare mi ha detto che **avevi avuto** un problema*

  - il **congiuntivo** imperfetto o trapassato

    *Ho pensato che tu **fossi** malato*
    *Hanno creduto che io **fossi** già **stato avvertito***

  - il **condizionale** passato

    *Avete davvero creduto che lo **avrei sgridato**?*

- all'**indicativo passato remoto** nella *proposizione reggente*, può corrispondere nella *subordinata*:

- l'**indicativo** imperfetto o trapassato prossimo

  Mi dissero che ***abitava*** *a Milano*
  Mi confidò che ***aveva litigato*** *con la moglie*

- il **congiuntivo** imperfetto o trapassato

  Ritenni che ***avesse*** *ragione di lamentarsi*
  Pensai che ***avessero dimenticato*** *l'appuntamento*

- il **condizionale** passato

  Credetti che vi ***avrebbero multato*** *per eccesso di velocità*

- all'**indicativo trapassato prossimo** nella *proposizione reggente*, può corrispondere nella *subordinata*:

  - l'**indicativo** imperfetto o trapassato prossimo

    Mi avevano detto che ***eri*** *assente*
    Chi ti aveva detto che ***ero andato*** *in vacanza per due mesi?*

  - il **congiuntivo** imperfetto o trapassato

    Aveva creduto che io ***avessi*** *torto*
    Carlo aveva sospettato che io ***avessi scambiato*** *i libri*

  - il **condizionale** passato

    Avevo pensato che ***avresti acquistato*** *quei biglietti, se tu avessi avuto i soldi*

- all'**indicativo trapassato remoto** nella *proposizione reggente*, può corrispondere nella *subordinata*:

  - l'**indicativo** imperfetto o trapassato prossimo

    Dopo che ebbe detto che tu ***sapevi*** *tutto...*
    Dopo che fui informato che tu ***avevi studiato****...*

  - il **congiuntivo** imperfetto o trapassato

    Fu dato per scontato che ***avesse*** *ragione...*
    Dopo che ebbe pensato che Carla ***avesse risolto*** *il problema...*

  - il **condizionale** passato

    Quando ebbi assicurato ai miei genitori che ***sarei tornato*** *a casa...*

- all'**indicativo futuro semplice** nella *proposizione reggente*, può corrispondere nella *subordinata*:

- l'**indicativo** presente, imperfetto, futuro semplice, futuro anteriore, passato prossimo o passato remoto

  *Chiederò se **abita** ancora lì*
  *Giulio confermerà che **ero** con lui*
  *Ti promuoveranno, se **studierai** di più*
  *Se dirai la verità, non l'**avrai fatto** per me*
  *Tutti confermeranno che **ho pagato** il debito ieri*
  *Se mi convincerà che non **ricevettero** la lettera...*

- il **congiuntivo** presente o imperfetto

  *Penserà che **dormiate***
  *Crederà che **abbiate mangiato** troppo*

- all'**indicativo futuro anteriore** nella *proposizione reggente*, può corrispondere nella *subordinata*:

  - l'**indicativo** presente, imperfetto, futuro semplice, futuro anteriore, passato prossimo o passato remoto

    *Quando mi avrà confermato che ti **trovi** veramente in difficoltà...*
    *Se mi avranno convinto che quel giorno **stavi** in ospedale...*
    *Quando mi avrà comunicato che **avrete lavorato** sodo...*
    *Quando che **ho parlato** male di te...*
    *Quando mi avranno provato che **furono** loro a salvarmi...*

  - il **congiuntivo** presente o passato

    *Quando avrò saputo cosa **faccia** Roberto qui...*
    *Appena avrai saputo cosa **abbia ordinato**...*

- al **congiuntivo presente** nella *proposizione reggente*, può corrispondere nella *subordinata*:

  - l'**indicativo** presente, imperfetto, futuro semplice, futuro anteriore, passato prossimo o passato remoto

    *È meglio che io non riveli dove **sei***
    *Vuoi davvero che ti ripeta che tuo figlio **studiava** poco?*
    *Pretende che io ammetta che domani **partirò***
    *È necessario che tu sappia che cosa **hanno detto***
    *Pretendi che io ricordi a chi **telefonasti**?*
    *È importante che tu mi dica dove **eri stato** giovedì*

- il **congiuntivo** presente o passato

  *È meglio che si sappia che cosa **facciamo***
  *Non è lecito che io sappia che cosa **hai fatto** ieri?*

- il **condizionale** presente o passato

  *È bene che si sappia come ti **comporteresti** in simili situazioni*
  *È opportuno che io spieghi come **avrei organizzato** il progetto*

● al **congiuntivo imperfetto** nella *proposizione reggente*, può corrispondere nella *subordinata*:

- l'**indicativo** imperfetto o trapassato prossimo

  *Era meglio che ammettessi che ti **trovavi** laggiù*
  *Era necessario che rivelasse cosa **aveva scritto** nel documento*

- il **congiuntivo** imperfetto o trapassato

  *Era importante che pensasse che tu **fossi** fuori città*
  *Se tu immaginassi che **io fossi stato accusato** ingiustamente...*

- il **condizionale** passato

  *Era meglio che spiegassi cosa **avrei fatto** in simili circostanze*

● al **congiuntivo passato** nella *proposizione reggente*, può corrispondere nella *subordinata*:

- l'**indicativo** imperfetto o trapassato prossimo

  *Ritengo che gli abbiano detto che cosa **facevo***
  *Pensiamo che lo abbiano informato che **avevi telefonato***

- il **congiuntivo** imperfetto o trapassato

  *Ritengo che abbia saputo chi **fosse***
  *È sicuro che lo abbiano informato che **avevi telefonato***

- il **condizionale** passato

  *Credo che abbia scritto cosa **avrebbero fatto***

● al **congiuntivo trapassato** nella *proposizione reggente*, può corrispondere nella *subordinata*:

- l'**indicativo** imperfetto o trapassato prossimo

  *Se avessero saputo che **lavoravi**...*
  *Se avessimo ammesso che **avevano rubato**...*

- il **congiuntivo** imperfetto o trapassato

  Pensava che mi avessero chiesto dove ***andasse***
  Credeva che avessi domandato cosa ***avesse fatto***

- il **condizionale** passato

  Se solo avesse avvertito che ***avrebbero venduto*** *la casa!*

- al **condizionale presente** nella *proposizione reggente*, può corrispondere nella *subordinata*:
  - il **congiuntivo** imperfetto o trapassato

    Mi piacerebbe che tu mi ***facessi*** *un favore*
    Come vorrei che non me lo ***avesse detto****!*

- al **condizionale passato** nella *proposizione reggente*, può corrispondere nella *subordinata*:
  - il **congiuntivo** imperfetto o trapassato

    Avremmo preteso che ***pagassero****...*
    Avrei voluto che ***avesse invitato*** *anche me*

  - il **condizionale** passato

    Sei sicuro che Mario avrebbe detto che io ***sarei andato*** *da solo al cinema?*

DISCORSO DIRETTO E DISCORSO INDIRETTO

Ciò che una persona dice, può essere riferito:

- in **forma diretta**, riportando fedelmente le parole così come si sono dette:
  Un amico mi disse: «Sono felice di vederti»
- in **forma indiretta**, riportandone fedelmente il significato, ma mutandone la struttura:
  Un amico mi disse che era felice di vedermi

Appare chiaro quanto sia necessaria la trasformazione del verbo, nei tempi (ma anche nei modi), perché un qualunque discorso diretto possa essere mutato in indiretto. Si tenga presente, inoltre, che i verbi della proposizione dipendente debbono essere correlati, nel modo e nel tempo, con quelli della proposizione principale, secondo le indicazioni seguenti.

DISCORSO DIRETTO	DISCORSO INDIRETTO
• **indicativo presente**	**indicativo presente**
*Marta dice: **«Sono stanca»***	*Marta dice **che è stanca***
• **indicativo presente** retto da un *tempo passato*	**indicativo imperfetto**
*Dissi: **«Voglio dormire»***	*Dissi **che volevo dormire***
• **indicativo passato** nella principale e nella secondaria	**indicativo trapassato prossimo**
*Dissero: **«Volemmo bere»***	*Dissero **che avevano voluto bere***
• **indicativo futuro** retto da un *tempo passato*	**condizionale**
*Mi promise: **«Verrò»***	*Mi promise **che sarebbe venuto***
• **imperativo** retto da un *tempo passato*	**congiuntivo**
*Il mago gli ordinò: **«Sparisci»***	*Il mago gli ordinò **che sparisse***
• **interrogativa diretta** dipendente da un *tempo passato*	**interrogativa indiretta** con *indicativo* o *congiuntivo*

*Un povero mi chiese: «**Hai soldi?**»*	*Un povero mi chiese **se avevo** (*o *avessi) soldi**

- Oltre ai modi e ai tempi dei verbi, sono soggetti a variazioni:
  - i **pronomi personali**

io, tu / **noi, voi** } si trasformano in { **egli** / **loro, essi**

*Carlo disse: «Domani **io** parto»*	*Carlo disse che l'indomani **egli** sarebbe partito*
*Maria aggiunse: «Anche **noi** partiamo»*	*Maria aggiunse che anche **loro** sarebbero partiti*

  - gli **aggettivi possessivi** e **dimostrativi**

mio, tuo / **nostro, vostro** / **questo** / **costui** } si trasformano in { **suo** / **loro** / **quello** / **quegli**

*Marco disse: «**Questo** è mio»*	*Marco disse che **quello** era suo*
«È nostro invece»	*Gli risposero che invece era **il loro***

  - gli **avverbi di tempo**

ieri / **oggi** / **domani** / **ora** } si trasformano in { **il giorno precedente** / **quel giorno** / **il giorno seguente** / **allora** e altri

*Le chiese: «Partiamo **oggi** o **domani**?»*

*Le chiese se partivano **quel giorno** o **il giorno seguente***

! Quando si deve trasformare un discorso diretto in discorso indiretto, per completare il senso della frase si ricorre all'uso di verbi come **chiedere**, **domandare**, **rispondere** e ad altri elementi. Le frasi:

*«**Vuoi venire con me?**» chiese Andrea all'amico.*
*«**No grazie**»*

diventano

*Andrea chiese all'amico **se voleva** (*o *volesse) andare con lui. Questi gli rispose di no, ringraziandolo***

ELENCO DEI PRINCIPALI VERBI IRREGOLARI*

INFINITO		AUSILIARI
accadere	(come *cadere*)	essere
accendere		avere
accludere		avere
accogliere	(come *cogliere*)	avere
accorgersi		essere
accorrere	(come *correre*)	essere
accrescere	(come *crescere*)	avere
addire	(come *dire*)	avere
addivenire	(come *venire*)	essere
addurre		avere
affiggere	(come *figgere*)	avere
affliggere		avere
aggiungere	(come *giungere*)	avere
alludere		avere
ammettere	(come *mettere*)	avere
andare		essere
annettere		avere
anteporre	(come *porre*)	avere
apparire		essere
appartenere	(come *tenere*)	avere/essere
appendere		avere
applaudire		avere
apporre	(come *porre*)	avere
apprendere	(come *prendere*)	avere
aprire		avere
ardere		avere/essere
arrendersi	(come *rendere*)	essere
arridere	(come *ridere*)	avere
ascendere	(come *scendere*)	essere
aspergere		avere
ascrivere	(come *scrivere*)	avere
assalire	(come *salire*)	avere
assistere		avere
assolvere		avere

* Le forme irregolari o le tavole di coniugazione dei verbi qui citati si trovano nella sezione dedicata ai verbi irregolari, da pag. 145 a pag. 162.

assorbire		avere
assuefare	(come *fare*)	avere
assumere		avere
astringere	(come *stringere*)	avere
attendere	(come *tendere*)	avere
attenere	(come *tenere*)	essere
attingere	(come *tingere*)	avere
attrarre	(come *trarre*)	avere
avvalersi	(come *valere*)	essere
avvedersi	(come *vedere*)	essere
avvenire	(come *venire*)	essere
avvincere	(come *vincere*)	avere
avvolgere	(come *volgere*)	avere
benedire	(come *dire*)	avere
bere		avere
bollire		avere
cadere		essere
cedere		avere
chiedere		avere
chiudere		avere
cingere		avere
circoncidere	(come *decidere*)	avere
circonflettere		avere
circoscrivere	(come *scrivere*)	avere
cogliere		avere
coincidere		avere
commettere	(come *mettere*)	avere
commuovere	(come *muovere*)	avere
comparire	(come *apparire*)	essere
compiacere	(come *piacere*)	avere
compiangere	(come *piangere*)	avere
compiere		avere
comporre	(come *porre*)	avere
comprendere	(come *prendere*)	avere
comprimere		avere
compungere	(come *pungere*)	avere
concedere		avere
concepire		avere
concludere	(come *accludere*)	avere
concorrere	(come *correre*)	avere
condividere	(come *dividere*)	avere
condurre		avere
configgere	(come *figgere*)	avere
confondere	(come *fondere*)	avere

congiungere	(come *giungere*)	avere
connettere	(come *annettere*)	avere
conoscere		avere
consistere		essere
consumare		avere
contendere	(come *tendere*)	avere
contenere	(come *tenere*)	avere
contorcere	(come *torcere*)	avere
contraddire	(come *dire*)	avere
contrarre	(come *trarre*)	avere
contundere		avere
convenire	(come *venire*)	essere/avere
convergere		essere
convincere	(come *vincere*)	avere
convivere	(come *vivere*)	essere (raro)/avere
coprire	(come *aprire*)	avere
correggere	(come *reggere*)	avere
correre		essere/avere
corrispondere	(come *rispondere*)	avere
corrodere	(come *rodere*)	avere
corrompere	(come *rompere*)	avere
cospargere	(come *spargere*)	avere
costringere	(come *stringere*)	avere
costruire		avere
crescere		essere/avere
cuocere		avere
dare		avere
decadere	(come *cadere*)	essere
decidere		avere
decrescere	(come *crescere*)	essere
decorrere	(come *correre*)	essere
dedurre	(come *condurre*)	avere
deflettere	(come *flettere*)	avere
deludere	(come *alludere*)	avere
desistere	(come *esistere*)	avere
deporre	(come *porre*)	avere
deprimere	(come *comprimere*)	avere
descrivere	(come *scrivere*)	avere
detergere	(come *tergere*)	avere
difendere		avere
diffondere	(come *fondere*)	avere
dipendere	(come *pendere*)	essere
dipingere		avere
dire		avere
dirigere		avere

discendere	(come *scendere*)	essere/avere
discernere	(come *scernere*)	—
dischiudere	(come *chiudere*)	avere
disciogliere	(come *sciogliere*)	avere
discorrere	(come *correre*)	avere
discutere		avere
disdire	(come *dire*)	avere
disfare	(come *fare*)	avere
disilludere	(come *alludere*)	avere
disperdere	(come *perdere*)	avere
dispiacere	(come *piacere*)	essere
dissolvere	(come *assolvere*)	avere
dissuadere	(come *persuadere*)	avere
distinguere		avere
distogliere	(come *togliere*)	avere
distruggere	(come *struggere*)	avere
divellere	(come *svellere*)	avere
divenire	(come *venire*)	essere
divergere	(come *convergere*)	—
dividere		avere
dolere		essere
dovere		avere
eccellere		avere
eleggere	(come *leggere*)	avere
elidere		avere
eludere	(come *alludere*)	avere
emergere		essere
equivalere	(come *valere*)	essere/avere
ergere		avere
erigere	(come *dirigere*)	avere
erompere	(come *rompere*)	—
escludere	(come *accludere*)	avere
escutere		avere
esigere		avere
esistere		essere
espandere	(come *spandere*)	avere
espellere		avere
esporre	(come *porre*)	avere
esprimere	(come *comprimere*)	avere
estendere	(come *tendere*)	avere
estrarre	(come *trarre*)	avere
evadere		essere/avere
fare		avere
fendere		avere

figgere	(usato soprattutto nei composti che sono divisi in due gruppi: con part. pass. in *fitto* o *fisso*)	avere
fingere		avere
flettere		avere
fondere		avere
frangere		avere
friggere		avere
fungere		avere
genuflettersi	(come *flettere*)	essere
giacere		essere/avere
giungere		essere
godere		avere
illudere	(come *alludere*)	avere
immergere	(come *emergere*)	avere
imporre	(come *porre*)	avere
imprimere	(come *comprimere*)	avere
incidere	(come *decidere*)	avere
includere	(come *accludere*)	avere
incutere	(come *discutere*)	avere
indisporre	(come *porre*)	avere
indulgere		avere
indurre	(come *condurre*)	avere
inferire		avere
infingere	(come *fingere*)	avere
infliggere	(come *affliggere*)	avere
infrangere	(come *frangere*)	avere
infondere	(come *fondere*)	avere
insistere	(come *assistere*)	avere
insorgere	(come *sorgere*)	essere
intendere	(come *tendere*)	avere
interrompere	(come *rompere*)	avere
intingere	(come *tingere*)	avere
intridere		avere
introdurre	(come *addurre*)	avere
invadere		avere
invalere	(come *valere*)	essere
involgere	(come *volgere*)	avere
irrompere	(come *rompere*)	—
istruire	(come *costruire*)	avere
ledere		avere

leggere		avere
maledire	(come *dire*)	avere
mantenere	(come *tenere*)	avere
mentire		avere
mescere		avere
mettere		avere
mordere		avere
morire		essere
mungere		avere
muovere		avere
nascere		essere
nascondere		avere
nuocere		avere
nutrire		avere
occorrere	(come *correre*)	essere
offendere	(come *fendere*)	avere
offrire		avere
omettere	(come *mettere*)	avere
opporre	(come *porre*)	avere
opprimere	(come *comprimere*)	avere
ottenere	(come *tenere*)	avere
ottundere	(come *contundere*)	avere
parere		essere
pendere		—
percorrere	(come *correre*)	avere
perdere		avere
permanere	(come *rimanere*)	essere
permettere	(come *mettere*)	avere
persuadere		avere
pervadere	(come *evadere*)	avere
piacere		essere
piangere		avere
piovere		essere/avere
porgere		avere
porre		avere
posporre	(come *porre*)	avere
possedere	(come *sedere*)	avere
potere		avere
precludere	(come *accludere*)	avere
prediligere		avere
predire	(come *dire*)	avere
prefiggere	(come *figgere*)	avere

preludere	(come *alludere*)	avere
premettere	(come *mettere*)	avere
premorire	(come *morire*)	essere
prendere		avere
preporre	(come *porre*)	avere
prescegliere	(come *scegliere*)	avere
prescindere	(non usato al part. pass.)	—
prescrivere	(come *scrivere*)	avere
presiedere		avere
presumere		avere
pretendere	(come *tendere*)	avere
prevalere	(come *valere*)	essere/avere
prevedere	(come *vedere*)	avere
prevenire	(come *venire*)	avere
produrre	(come *condurre*)	avere
promettere	(come *mettere*)	avere
prorompere	(come *rompere*)	avere
prosciogliere	(come *sciogliere*)	avere
proteggere		avere
protendere	(come *tendere*)	avere
protrarre	(come *trarre*)	avere
provenire	(come *venire*)	essere
provvedere	(come *vedere*)	avere
pungere		avere
racchiudere	(come *chiudere*)	avere
radere		avere
raggiungere	(come *giungere*)	avere
recidere	(come *decidere*)	avere
recingere	(come *cingere*)	avere
redigere		avere
redimere		avere
reggere		avere
rendere		avere
reprimere	(come *comprimere*)	avere
rescindere	(come *scindere*)	avere
resistere	(come *assistere*)	avere
respingere		avere
restringere	(come *stringere*)	avere
retrocedere		essere/avere (raro)
riaccendere	(come *accendere*)	avere
riaccorgersi	(come *accorgersi*)	essere
riannettere	(come *annettere*)	avere
riapparire	(come *apparire*)	essere
riaprire	(come *aprire*)	avere

riardere	(come *ardere*)	avere/essere
ricadere	(come *cadere*)	essere
richiedere	(come *chiedere*)	avere
richiudere	(come *chiudere*)	avere
ricogliere	(come *cogliere*)	avere
riconoscere	(come *conoscere*)	avere
ricoprire	(come *coprire*)	avere
ricrescere	(come *crescere*)	essere
ridere		avere
ridire	(come *dire*)	avere
ridividere	(come *dividere*)	avere
ridurre	(come *condurre*)	avere
rifare	(come *fare*)	avere
riflettere		avere
rifrangere	(come *frangere*)	avere
rifriggere	(come *friggere*)	avere
rifulgere		avere
rileggere	(come *leggere*)	avere
rilucere	(non ha il part. pass.)	—
rimanere		essere
rimettere	(come *mettere*)	avere
rimuovere	(come *muovere*)	avere
rinascere	(come *nascere*)	essere
rincrescere	(come *crescere*)	essere
riporre	(come *porre*)	avere
riprendere	(come *prendere*)	avere
risalire	(come *salire*)	essere/avere
risapere	(come *sapere*)	avere
riscegliere	(come *scegliere*)	avere
riscoprire	(come *scoprire*)	avere
riscuotere	(come *scuotere*)	avere
risiedere	(come *sedere*)	avere
risolvere	(come *assolvere*)	avere
risorgere	(come *sorgere*)	essere
rispondere		avere
restringere	(come *stringere*)	avere
ritingere	(come *tingere*)	avere
ritrarre	(come *trarre*)	avere
riuscire	(come *uscire*)	essere
rivalersi	(come *valere*)	essere
rivincere	(come *vincere*)	avere
rivivere	(come *vivere*)	essere/avere (meno com.)
rivolgere	(come *volgere*)	avere
rodere		avere
rompere		avere

salire		essere/avere
sapere		avere
scadere	(come *cadere*)	essere
scegliere		avere
scendere		essere/avere
scernere	(usato nei derivati; manca del part. pass.)	—
scindere		avere
sciogliere		avere
scolpire		avere
scommettere	(come *mettere*)	avere
scomparire	(come *apparire*)	essere
sconnettere	(come *annettere*)	avere
sconvolgere	(come *volgere*)	avere
scoprire	(come *aprire*)	avere
scorgere		avere
scrivere		avere
scuotere		avere
sdrucire		avere
sedere/sedersi		avere/essere
sedurre	(come *condurre*)	avere
socchiudere	(come *chiudere*)	avere
soccorrere	(come *correre*)	avere
soddisfare	(come *fare*)	avere
soffrire	(come *offrire*)	avere
soggiacere	(come *giacere*)	essere/avere
soggiungere	(come *giungere*)	avere
sommergere	(come *emergere*)	avere
sopravvivere	(come *vivere*)	essere
sopprimere		avere
sorgere		essere
sorprendere	(come *prendere*)	avere
sorreggere	(come *reggere*)	avere
sospendere	(come *appendere*)	avere
sospingere	(come *spingere*)	avere
sovvenire	(come *venire*)	essere/avere
spandere		avere
spargere		avere
spegnere		avere
spendere		avere
sperdere	(come *perdere*)	avere
spingere	(come *respingere*)	avere
sporgere	(come *porgere*)	avere
stare		essere
stendere	(come *tendere*)	avere

stringere		avere
struggere		avere
succedere	(come *concedere*)	essere
suddividere	(come *dividere*)	avere
supporre	(come *porre*)	avere
svellere		avere
svenire	(come *venire*)	essere
svolgere	(come *volgere*)	avere
tacere		avere
tendere		avere
tenere		avere
tergere		avere
tingere		avere
togliere		avere
torcere		avere
tradurre	(come *condurre*)	avere
transigere		avere
trapungere	(come *pungere*)	avere
trarre		avere
trascendere	(come *scendere*)	avere/essere
trasmettere	(come *mettere*)	avere
travolgere	(come *volgere*)	avere
uccidere	(come *decidere*)	avere
udire		avere
ungere		avere
uscire		essere
valere		essere
vedere		avere
venire		essere
vilipendere	(come *appendere*)	avere
vincere		avere
vivere		essere/avere
volere		avere
volgere		avere

ESPRESSIONI IDIOMATICHE

A

gettare ***acqua*** *sul fuoco*	**placare una situazione**
*tirare l'****acqua*** *al proprio mulino*	**fare solo i propri interessi**
*avere l'****acquolina*** *in bocca*	**provare desiderio intenso per un cibo**
*dormire all'****addiaccio***	**dormire all'aperto**
cercare un ***ago*** *nel pagliaio*	**tentare un'azione difficoltosa**
tarpare le ***ali***	**inibire**
mietere ***allori***	**avere successo**
scoprire gli ***altarini***	**smascherare**
avere ***alti*** *e bassi*	**avere alterna fortuna**
essere in ***alto*** *mare*	**essere lontano dall'obiettivo**
*guardare dall'****alto*** *in basso*	**guardare altezzosamente e con disprezzo**
*scoprire l'****America***	**dire cose scontate, ovvie**
amici *per la pelle*	**amicissimi**
*cementare un'****amicizia***	**consolidare un'amicizia**
*abboccare all'****amo***	**cadere in trappola**
*essere l'****ancora*** *di salvezza*	**essere l'unico sostegno e aiuto per qualcuno che si trova in difficoltà**
dormire come un ***angioletto***	**dormire beatamente, come un bimbo**
*rendere l'****anima*** *a Dio*	**morire**
*rompere l'****anima***	**infastidire, scocciare**
darsi ***anima*** *e corpo a qualcuno*	**dedicarsi completamente a qualcuno**

*non passare per l'****anticamera*** *del cervello*	**non pensarci per niente, ignorare completamente**
*capire l'****antifona***	**capire l'allusione**
salvare le ***apparenze***	**conformare esteriormente il proprio comportamento alle esigenze sociali**
*non essere un'****aquila***	**non essere dotato di grande acume**
parlare ***arabo***	**non farsi capire**
*avere l'****argento*** *vivo addosso*	**essere molto vivace e irrequieto**
cambiare ***aria***	**lasciare un luogo, un ambiente poco favorevole, trasferirsi**
*mandare all'****aria***	**far fallire, non concludere**
*qualcosa è nell'****aria***	**qualche novità, mutamento è in arrivo**
darsi le ***arie***	**darsi importanza**
essere alle prime ***armi***	**essere all'inizio, senza esperienza**
prendere ***armi*** *e bagagli*	**fare le valigie e andarsene**
essere male in ***arnese***	**essere malridotto**
non avere né ***arte*** *né parte*	**non possedere nulla, né cultura né preparazione né beni**
*legare l'****asino*** *dove vuole il padrone*	**eseguire gli ordini di chi ha potere e autorità**
*qui casca l'****asino***	**la situazione evidenzia l'impreparazione di qualcuno**
*avere l'****asso*** *nella manica*	**essere in possesso di un elemento che garantisce un'ottima possibilità di riuscita**
piantare in ***asso***	**abbandonare senza preavviso**
tirare ***avanti***	**vivere stentatamente, con fatica**
avercela *con qualcuno*	**essere adirato con qualcuno**

B

ridere sotto i ***baffi***	**ridere di nascosto, sogghignare**
fare in un ***baleno***	**fare velocemente**

*che **barba**!*	**che noia!**
*mettere i **bastoni** fra le ruote*	**creare impedimenti alle azioni altrui**
*senza **batter** ciglia*	**senza scomporsi, senza perdere la calma**
*mettere il **becco***	**impicciarsi, intromettersi**
*non avere il **becco** di un quattrino*	**essere senza soldi**
*perdere il **bene** dell'intelletto*	**impazzire, sragionare**
*dar da **bere** a qualcuno*	**raggirare, imbrogliare qualcuno**
*andare in **bestia***	**arrabbiarsi**
*passare la notte in **bianco***	**non dormire per insonnia o per cause di forza maggiore**
*essere sulla **bocca** di tutti*	**essere oggetto di critica o argomento di pettegolezzi**
*pendere dalla **bocca** di qualcuno*	**ascoltare con molto interesse**
*tenere la **bocca** chiusa*	**restar muto, tenersi per sé ciò che si sa**
*mangiare un **boccone***	**fare un piccolo e veloce pasto**
*che **bolgia**!*	**che confusione!**
*attaccare **bottone***	**discorrere a lungo e in modo noioso**
*essere nella stanza dei **bottoni***	**avere il potere, il controllo di qualcosa**
*fare un **buco** nell'acqua*	**fallire, non ottenere un buon esito**
*non cavare un ragno dal **buco***	**non riuscire a concludere nulla**
*vivere nel proprio **buco***	**vivere solitario e isolato**
*fare un salto nel **buio***	**intraprendere un'azione senza saperne prevedere le conseguenze**
*perdere la **bussola***	**perdere il controllo di sé**

C

*stare alle **calcagna***	**seguire per interesse, spiare, pedinare**
*rimandare qualcosa alle **calende greche***	**rimandare a tempi che non verranno mai**
*fare il **callo***	**fare l'abitudine**

nato con la ***camicia***	**fortunato**
sudare sette ***camicie***	**compiere un'azione molto faticosa**
ascoltare le due ***campane***	**ascoltare la versione delle due parti in contrasto**
menare il ***can*** *per l'aia*	**non riuscire o non voler concludere**
far ***cantare*** *qualcuno*	**far parlare o confessare qualcuno**
fare una ***capatina***	**fare una breve visita**
non torcere un ***capello***	**non fare alcun male**
far rizzare i ***capelli***	**impressionare, spaventare**
tornare alla ***carica***	**ripresentarsi insistendo nella richiesta**
battere ***cassa***	**chiedere denaro**
essere a ***cavallo***	**essere sicuri di aver raggiunto il proprio scopo o aver superato le difficoltà maggiori**
essere al settimo ***cielo***	**sentirsi veramente felice**
sparire dalla ***circolazione***	**non farsi più vedere in giro, scomparire**
avere il ***coltello*** *dalla parte del manico*	**essere padrone della situazione**
mettere alle ***corde***	**non lasciare via d'uscita**
tagliare ***corto***	**concludere in modo sbrigativo**
abbassare la ***cresta***	**sottomettersi**
mettersi il ***cuore*** *in pace*	**rassegnarsi**

D

il ***dado*** *è tratto*	**la decisione è presa**
avere il ***dente*** *avvelenato*	**nutrire rancore**
avere il ***diavolo*** *in corpo*	**essere in uno stato di grande agitazione**
legarsela al ***dito***	**ricordarsi di un torto subito**
tenere ***duro***	**resistere**

E

avere il tatto di un ***elefante***	**essere rude e indiscreto**
fare di ogni ***erba*** *un fascio*	**generalizzare senza alcun criterio**
stare all' ***erta***	**essere vigile e sulla difensiva**

F

*salvare la **faccia***	**evitare una figuraccia**
*avere la **faccia** di bronzo*	**essere sfacciato e impudente**
*capitare a **fagiolo***	**arrivare al momento giusto**
*essere fuori **fase***	**sentirsi strano e in condizioni non normali**
*far **faville***	**avere un brillante successo o eccellere per qualità personali**
*avere **fegato***	**essere coraggioso e sprezzante del pericolo**
*battere il **ferro** finché è caldo*	**insistere nel momento più opportuno e favorevole**
*battere la **fiacca***	**agire con svogliatezza**
*fare **fiasco***	**fallire**
*tenere le **fila***	**controllare la situazione**
*dare **filo** da torcere*	**rendere la vita difficile a qualcuno**
*scavarsi la **fossa***	**mettersi nella condizione di perdere**
*mordere il **freno***	**essere impaziente**
*essere al **fresco***	**essere in carcere**
*dare **fumo** negli occhi*	**ingannare con una falsa apparenza**
*scherzare col **fuoco***	**agire sconsideratamente in una situazione pericolosa**
*andare su tutte le **furie***	**adirarsi violentemente**

G

*essere in **gamba***	**essere persona valida e capace**
*darsela a **gambe***	**scappare velocemente**
*uscire dai **gangheri***	**perdere la pazienza e il controllo**
*fare la **gavetta***	**iniziare la carriera dal livello più basso**
*avere un buon **gioco***	**essere in una situazione favorevole**
*essere su di **giri***	**essere euforico**
*alzare il **gomito***	**bere eccessivamente**
*piantare una **grana***	**creare un problema**
*prendere un **granchio***	**sbagliare nel giudicare**
*non fare una **grinza***	**essere perfetto**

L

spezzare una ***lancia*** *a favore*	**difendere qualcuno**
essere sul ***lastrico***	**essere in miseria**
piangere sul ***latte*** *versato*	**recriminare, rammaricarsi**
fare la parte del ***leone***	**avvantaggiarsi a discapito degli altri**
essere un ***libro*** *aperto*	**essere un carattere schietto e comprensibile**
avere la ***lingua*** *lunga*	**essere chiacchierone e pettegolo**
entrare in ***lizza***	**entrare in competizione**
avere la ***luna*** *storta*	**essere di malumore**
sbarcare il ***lunario***	**vivere in ristrettezze**

M

darsi alla ***macchia***	**nascondersi**
rimboccarsi le ***maniche***	**darsi da fare**
lavarsene le ***mani***	**disinteressarsi**
avere le ***mani*** *bucate*	**sperperare denaro**
avere le ***mani*** *legate*	**non avere possibilità di intervenire**
essere alla ***mano***	**essere cordiale**
godersela un ***mondo***	**divertirsi molto**

N

vedere ***nero***	**essere pessimista**
dare i ***numeri***	**fare o dire stranezze**
cadere dalle ***nuvole***	**sorprendersi, meravigliarsi**

O

chiudere un ***occhio***	**far finta di non vedere o sapere**
*dare nell'****occhio***	**farsi notare**
fare ***orecchie*** *da mercante*	**far finta di non capire**

P

cogliere la ***palla*** *al balzo*	**afferrare l'occasione**
rendere ***pan*** *per focaccia*	**ricambiare la scortesia**

rimangiarsi la ***parola***	**non rispettare la promessa fatta**
avere la ***pelle*** *dura*	**sopportare bene fatiche e difficoltà**
usare due ***pesi*** *e due misure*	**non essere imparziali**
far ***piazza*** *pulita*	**liberare, sgomberare**
mettersi in ***pompa*** *magna*	**vestirsi con ostentazione**
dare dei ***punti*** *a qualcuno*	**superare qualcuno**
mettere i ***puntini*** *sulle i*	**puntualizzare**

Q

bussare a ***quattrini***	**chiedere denaro con insistenza**
partire in ***quarta***	**agire d'impulso, con precipitazione**
farsi in ***quattro***	**darsi da fare con ogni mezzo**

R

salire alla ***ribalta***	**diventare famoso, conosciuto**
leggere tra le ***righe***	**interpretare il significato recondito**
rispondere per le ***rime***	**controbattere con tono polemico**
cercare ***rogna***	**cercare guai**
fare alla ***romana***	**pagare ciascuno per sé**
ingoiare il ***rospo***	**accettare qualcosa di controvoglia**
andare a ***rotta*** *di collo*	**correre in modo spericolato**
il ***rovescio*** *della medaglia*	**lato negativo di una situazione positiva**
fare la ***ruota***	**comportarsi in modo da farsi notare**
ungere le ***ruote***	**corrompere**

S

mettere qualcuno nel ***sacco***	**imbrogliare, ingannare**
vuotare il ***sacco***	**confessare tutto**
sentirsi il ***sale*** *della terra*	**credersi il più sapiente in assoluto**

avere ***sale*** *in zucca*	**essere responsabile, avere del buon senso**
sudare ***sangue***	**lavorare faticosamente**
dormire come un ***sasso***	**dormire pesantemente**
vivere a ***sbafo***	**vivere sfruttando gli altri**
fare le ***scarpe*** *a qualcuno*	**soppiantare qualcuno in modo sleale**
essere a ***secco***	**non avere denaro o carburante**
essere ***sibillino***	**essere poco chiaro, ambiguo**
arrampicarsi sugli ***specchi***	**tentare di uscire da una situazione difficile senza riuscirvi**
gettare la ***spugna***	**rinunciare a un'impresa**
perdere le ***staffe***	**perdere il controllo di sé**
vedere le ***stelle***	**provare un dolore lancinante**
rimanere di ***stucco***	**restare allibiti, sbalorditi**

T / U / V / Z

bruciare le ***tappe***	**fare una rapida carriera**
avere la ***testa*** *tra le nuvole*	**essere un sognatore**
tirare fuori le ***unghie***	**prepararsi alla lotta**
andare a gonfie ***vele***	**avere una situazione ottima**
essere al ***verde***	**non possedere denaro**
darsi la ***zappa*** *sui piedi*	**procurarsi un danno da sé**

LESSICO FAMILIARE E DEI GIOVANI

abbozzare	**subire passivamente, senza reagire**
ammollare	**affibbiare**
andato	**rovinato, finito**
annoluce	**moltissimo tempo**
antenati	**persone anziane**
appiccicarsi	**litigare; essere insistenti, importunare**
appuntato	**assottigliato, con la punta aguzza**
arrivato	**sfinito, esausto**
assatanato	**pervaso da un desiderio, anche erotico, parossistico, incontenibile; meno com. indemoniato**
babilonia	**confusione**
baiocchi	**soldi**
balla	**fandonia, grossa bugia**
balordo	**malavitoso, delinquente; tonto, tardo di mente**
barbozzo	**mento**
beccarsi	**punzecchiarsi a parole**
becco	**bocca; marito tradito dalla moglie**
bestiale	**eccezionale**
bidone	**imbroglio**
bomba	**notizia sbalorditiva**
buttarsi	**provarci**
caciara	**chiasso**
cani e porci	**gente di ogni specie**
cantare	**fare la spia, riferire**
capa	**testa**

capoccia	**chi comanda**
casino	**confusione, baccano; situazione ingarbugliata; pasticcio, problema**
caspita	**esclamazione di meraviglia**
castigare	**punire**
cencio	**straccio anche in senso figurato, è riferito pure a persona**
cesso	**gabinetto; persona o cosa particolarmente brutta, malfatta o sgradevole**
ciabatta	**pantofola**
coma	**sfinimento**
crepare	**morire**
criniera	**capigliatura**
cuccare	**prendere, portar via, sgraffignare; imbroccare; rimorchiare; sopportare, subire**
cucuzza	**testa, soldi**
dare alla testa	**stordire**
dindarolo	**salvadanaio**
duro	**ottuso, testardo, cocciuto**
era glaciale	**passato lontano**
erba	**marijuana**
esistere, non	**non essere possibile**
fanfarone	**millantatore, spaccone, sbruffone**
fantoccio	**senza carattere**
fatto	**distrutto dalla fatica; sotto l'effetto dell'alcol o di una droga**
favola	**fandonia**
filare	**amoreggiare**
fiondarsi	**precipitarsi**
fogna	**ambiente sudicio e sordido; persona ingorda, sboccata o spregevole**
forte	**in gamba**
fossili	**anziani**
frana	**incapace**
fusto	**uomo attraente**
gasato	**euforico, sovreccitato, presuntuoso, pieno di sé**

gattabuia	prigione
gozzo	gola
granitico	forte robusto
grano	denaro
grezzo	ignorante
groppa	schiena
grugno	faccia, espressione crucciata e insofferente
imbranato	impacciato, maldestro
imbucarsi	intrufolarsi
imbufalito	adirato
impapocchiare	pasticciare
impostato	artefatto
in	alla moda
incasinato	ingarbugliato
inghippo	imbroglio, inganno
inguattare	nascondere
lenza	persona astuta
lisciare	adulare
loffio	floscio, cascante, insulso, sbiadito, inconcludente, fasullo, equivoco
lumaca	persona pigra
macho	uomo virile
magra	brutta figura
malloppo	refurtiva
megera	donna litigiosa, violenta, brutta e vecchia
menare	infastidire, seccare, picchiare, avere un atteggiamento d'ostentazione
mitico	eccezionale
mollare	abbandonare, lasciare, smetterla
montarsi la testa	ritenersi speciale
muso	viso
naia	periodo di leva obbligatorio
nasca	grosso naso
oca	sciocca
occhio!	attenzione
orso	solitario
pacca	colpo amichevole dato con la mano aperta
pappare	mangiare

pazzesco	**incredibile**
pertiche	**gambe lunghe e magre**
pestare	**picchiare**
pezzo da novanta	**importante**
pezzo di pane	**buono**
piedipiatti	**poliziotto**
pivello	**inesperto**
pompato	**borioso**
poppante	**giovane inesperto**
prenderle	**essere picchiato**
pulito	**onesto**
quattrocchi	**persona con occhiali**
racchia	**brutta**
rimorchiare	**approccio galante andato a buon fine**
rintronato	**intontito**
ripassata	**rimprovero**
rompere	**infastidire**
rompersi	**annoiarsi**
rottura	**seccatura**
salame	**persona tonta**
salasso	**grossa spesa**
sbafo	**gratis**
sballo	**cosa sensazionale, strabiliante**
sbandata	**innamoramento**
sbarellare	**vacillare**
sberla	**schiaffo**
sbirro	**poliziotto**
sbobba	**brodaglia**
sbolognare	**mandar via**
sbracarsi	**lasciarsi andare**
sbrindellato	**lacerato, fatto a pezzi**
scaciato	**trasandato**
scafato	**smaliziato**
scannato	**senza soldi**
scaricare	**abbandonare**
scarrozzare	**portare in giro con l'automobile**
scassare	**scocciare**
schianto	**persona eccezionale**
sciolto	**libero, senza impacci, disinvolto**
sciroccato	**tonto**
sciropparsi	**sopportare**
scordarsi	**dimenticarsi**

scorfano	molto brutto
scucchia	mento in fuori
sfangarla	superare difficoltà
sfruculiare	stuzzicare, provocare
sgamare	intuire, scoprire
sganasciarsi	ridere a crepapelle
sloggiare	andarsene
smucinare	rovistare
spaparanzarsi	sedersi o distendersi liberamente
strafogarsi	ingozzarsi
suonato	scemo
sviolinare	adulare
tacchi (alzare i tacchi)	andarsene
tampinare	incalzare
tappo	persona di bassa statura
terzo grado	pressante interrogatorio
tirata	boccata di fumo
tirato	tirchio, elegante
tócco	squilibrato
tòcco	pezzo
toppare	sbagliare
torso	sciocco
tosto	grintoso, risoluto, deciso
trippa	ventre
ungere	adulare, corrompere
uomo	amante, compagno
vegetale	apatico, inattivo, senza interessi
verdoni	denaro
vita(una)	molto tempo
zattere	scarpe
zombi	persona apatica

PROVERBI

A buon intenditor poche parole

Per intendersi con una persona intelligente non è necessario fare lunghi discorsi. Spesso l'allusione è rivolta a chi ha coscienza di aver fatto qualcosa che non doveva

A caval donato non si guarda in bocca

Ciò che ci viene regalato si accetta senza fare commenti o critiche (si guarda la bocca del cavallo, quando lo si acquista, per controllarne l'età e la salute)

Accade in un'ora, quel che non avviene in mill'anni

Si pone l'accento sull'imprevedibilità degli eventi: può succedere in un momento ciò che non si è verificato per secoli

Acqua cheta rovina i ponti

Nuoce maggiormente chi opera in silenzio, di nascosto

Acqua passata non macina più

Ci si riferisce all'acqua che muove la ruota del mulino, alludendo al fatto che è inutile rinvangare il passato

Aiutati che Dio t'aiuta

Non bisogna attendere inoperosi che qualcuno ci aiuti: essendo attivi e impegnandoci in qualcosa abbiamo maggiori possibilità di incontrare qualcuno che ci dia una mano

Al bisogno si conosce l'amico

Solo nei momenti difficili, in cui è necessario l'aiuto degli altri, si ha la possibilità di riconoscere una vera amicizia

Al contadino non far sapere quanto è buono il formaggio con le pere

Far conoscere a tutti il valore di certe cose può essere rischioso, perchè in questo caso non potremmo più approfittare della loro ignoranza a nostro beneficio

Al cuore non si comanda

I sentimenti non ascoltano la voce della ragione

A mali estremi, estremi rimedi

In situazioni particolarmente gravi, le misure da adottare devono essere altrettanto drastiche e dure

Ambasciator non porta pena

Colui che è latore di un messaggio o di una notizia sgradita, non ha alcuna responsabilità

Anno nuovo vita nuova

È l'augurio che si inizi una nuova e migliore vita, con il nuovo anno

A ogni uccello il suo nido è bello

Ognuno ha i suoi propri gusti e ama ciò che gli è congeniale

A pagare e morire c'è sempre tempo

Perché affrettarsi a fare una cosa sgradita se si può rimandare?

A rubar poco si va in galera, a rubar tanto si fa carriera

Chi ruba poco, e magari per bisogno, viene sempre punito; chi invece si appropria, illecitamente, di grandi somme accresce impunemente il suo potere

Attacca l'asino dove vuole il padrone

Non discutere un ordine ricevuto, anche se è sbagliato, ma eseguilo

A tutto c'è rimedio, fuorchè alla morte

Non bisogna prendersela, perché si può riparare a tutto: siamo impotenti solo davanti alla morte

Bacco, tabacco e Venere riducono l'uomo in cenere

Vino, fumo e donne sono vizi che distruggono l'uomo

Batti il ferro quando è caldo

Agisci con tempismo e sfrutta la situazione finché è favorevole

Bello in fasce brutto in piazza

Chi da bambino è bello, da adulto diventa (spesso) brutto

Bisogna far buon viso a cattivo gioco

Davanti a situazioni spiacevoli, non bisogna esternare il nostro disappunto; ma assumere un atteggiamento compiaciuto anche se ipocrita

Campa cavallo che l'erba cresce

È un invito (ironico) ad aspettare con pazienza che le attuali avversità passino, nella speranza (vana) che l'avvenire ci possa riservare qualcosa di meglio

Can che abbaia non morde

Chi strepita tanto di solito non passa alle vie di fatto

Chi ben comincia è a metà dell'opera

Chi ha ben impostato un'opera, è già a buon punto nella realizzazione

Chi cerca trova

Solo se t'impegni in qualcosa potrai trovare e raggiungere ciò che desideri

Chi dice donna dice danno

È espressione popolare di sfiducia nei confronti della donna, in questo caso vista come artefice di disastri di ogni genere

Chi di spada ferisce di spada perisce

Se si danneggiano gli altri, ci si deve aspettare dal prossimo un comportamento analogo

Chi disprezza compra

Chi vuole ottenere qualcosa a un prezzo più favorevole, cerca sempre di sminuirne il valore

Chi dorme non piglia pesci

Chi è pigro e inattivo non combinerà nulla nella vita

Chi è causa del suo mal pianga se stesso

Quando la causa delle nostre disgrazie siamo noi stessi, è inutile gettare la responsabilità sugli altri

Chi fa da sé fa per tre

Chi cura le proprie cose da sé, senza ricorrere all'aiuto di altre persone, ottiene risultati migliori

Chi la dura la vince

Chi insiste nel suo intento, alla fine otterrà il risultato desiderato

Chi lascia la via vecchia per la nuova, sa quel che lascia ma non sa quel che trova

È un invito alla prudenza: lasciare il certo per l'incerto non sempre è conveniente

Chi non beve in compagnia o è un ladro o è una spia

Chi evita la compagnia e vive appartato, ha qualcosa da nascondere

Chi non mangia, ha già mangiato

Chi rifiuta qualcosa, lo fa solo perché è già sazio

Chi non risica, non rosica

Solo osando e rischiando si può ottenere qualcosa

Chi non semina, non raccoglie

Chi non fa nulla, non otterrà mai nulla

Chi rompe paga

Chi provoca un danno deve risponderne personalmente

Chi tace acconsente

Se non si è d'accordo su qualcosa, si deve manifestare il proprio dissenso: il silenzio infatti equivarrebbe a un'accettazione tacita

Chi tardi arriva male alloggia

Ai primi arrivati sono riservati i posti e le situazioni migliori, gli altri dovranno accontentarsi di quello che rimane

Chi troppo vuole nulla stringe

Chi vuole troppo e non si accontenta mai di ciò che ha, molto spesso rischia di perdere tutto

Chi trova un amico trova un tesoro

Un vero amico vale più di ogni ricchezza

Chi va con lo zoppo impara a zoppicare

Frequentando cattive compagnie, si rischia di assumerne le abitudini

Chi va piano va sano e va lontano

Chi procede con cautela e ponderazione nelle sue occupazioni può raggiungere obiettivi importanti, senza correre troppi rischi

Chi vuole vada, chi non vuole mandi

Se vuoi ottenere qualcosa, devi impegnarti di persona e non incaricare altri

Dagli amici mi guardi Iddio, che dai nemici mi guardo io

È meglio un nemico dichiarato, dal quale sappiamo cosa aspettarci, che un falso amico, che rappresenta un'insidia nascosta

Fatta la legge trovato l'inganno

Una volta emanata una legge, c'è sempre chi trova il modo per eluderla

Fortunato in amor non giochi a carte

Se la fortuna ci assiste in amore, sarà avversa al gioco. Magra consolazione per chi ha perduto al gioco!

Gallina vecchia fa buon brodo

Non tutto ciò che è vecchio deve per forza essere inutile o privo di valore, al contrario con l'età molte cose (o persone) raggiungono una migliore qualità

Gioco di mano gioco di villano

È un comportamento da persona rozza e incivile usare le mani per compiere scherzi pesanti ai danni degli altri

Il lupo perde il pelo ma non il vizio

Il lupo, pur invecchiando, non muta il suo modo di agire (considerato popolarmente negativo), così succede anche all'uomo dedito ad attività riprovevoli

Il riso fa buon sangue

L'allegria giova alla salute: si evitano così anche le malattie psicosomatiche!

Il silenzio è d'oro e la parola è d'argento

Il silenzio spesso si rivela più prezioso del parlare

Il troppo stroppia

Qualunque eccesso è nocivo

Impara l'arte e mettila da parte

È un invito a imparare il più possibile: un giorno tali abilità acquisite potranno forse tornarci utili

L'abito non fa il monaco

Non sempre le persone sono quelle che appaiono

La gatta frettolosa fece i gattini ciechi

La fretta è molto spesso causa di cattivi risultati, come nel caso della povera gatta

L'appetito vien mangiando

Spesso il piacere di fare qualcosa non nasce subito, ma successivamente, mentre si è impegnati a farla

Le bugie hanno le gambe corte

Le bugie hanno vita assai breve, perché vengono scoperte subito e non hanno la possibilità di *andare lontano*

L'occasione fa l'uomo ladro

Qui si afferma pessimisticamente che si è onesti solo perché non ci si è presentata l'opportunità di essere disonesti

L'occhio del padrone ingrassa il cavallo

Curando personalmente i propri interessi si ottengono risultati sicuramente positivi

Lontano dagli occhi, lontano dal cuore

È la leggerezza dell'essere: se la persona cara non è presente fisicamente, il legame affettivo, che ci unisce a lei, tende ad affievolirsi. Per lo più è usato in tono scherzoso

Mal comune mezzo gaudio

Quando si è nei guai in buona compagnia, si ha l'impressione che la cattiva sorte sia più sopportabile

Meglio l'uovo oggi, che la gallina domani

È meglio tenere il piede ben saldo sul certo seppure modesto, piuttosto che fidare o sperare in qualcosa di importante ma incerto

Meglio soli, che male accompagnati

Ci si trova meglio da soli, che assieme a una sgradevole o noiosa compagnia

Meglio tardi, che mai

Un evento positivo che arriva tardi è meglio di niente. È detto spesso in tono consolatorio o di rammarico

Mogli e buoi dei paesi tuoi

È bene fidare in persone o cose che conosciamo, piuttosto che in cose di cui non abbiamo alcuna esperienza

Morto un papa se ne fa un altro

Venuto a mancare il rappresentante più insigne di una istituzione, si procede alla sua sostituzione, garantendone così la continuità. Anche nel senso che: non è accaduto nulla di irreparabile

Nessuna nuova, buona nuova

La mancanza di notizie, su fatti o persone che ci stanno a cuore, rivela che tutto procede regolarmente e che nulla di male è accaduto

Non c'è peggior sordo di chi non vuol sentire

Chi si rifiuta volontariamente di ascoltare, soffre di un tipo di sordità che non può essere vinta; mentre dalla vera sordità, talvolta, si può guarire

Non c'è rosa senza spine

Ogni cosa ha il suo lato positivo e quello negativo

Non si può avere la botte piena e la moglie ubriaca

Non si può avere tutto nella vita: spesso, infatti, è necessario scegliere tra due cose che ugualmente desideriamo

Non tutte le ciambelle riescono col buco

Non tutto ciò che facciamo si realizza proprio come vorremmo

Non tutto il male vien per nuocere

Non tutto quello che sembra, a prima vista, negativo, poi alla fine lo è davvero

Occhio non vede cuore non duole

Ciò che ignoriamo, o di cui non siamo informati, non può recarci alcun dolore o preoccupazione

Ogni promessa è debito

La parola data è un obbligo che ci siamo assunti verso gli altri, perciò deve essere sempre mantenuta

Ognuno tira l'acqua al suo mulino

Ognuno cerca di fare i propri interessi, a prescindere dalle intenzioni (in genere buone) che manifesta

Paese che vai, usanze che trovi

Non tutti gli usi, i costumi o i gusti sono uguali: ogni paese (e ogni persona) ha i suoi

Patti chiari, amicizia lunga

Quando si prendono accordi chiari, non ci saranno in seguito motivi di contrasto

Ride bene chi ride ultimo

Rallegrarsi (e deridere chi sta perdendo) della vittoria o del successo, prima di averlo effettivamente conseguito, è da stolti

Sbagliando s'impara

Non bisogna perdersi d'animo se si commettono errori: questo infatti è il percorso naturale di chi impara

Tale il padre tale il figlio

Si riferisce al fatto che i figli ereditano dal padre le doti positive e, ancor più, i loro difetti

Tanti galli a cantar non fa mai giorno

Quando le persone che pretendono di dare ordini sono troppe, si rischia di non realizzare mai nulla

Tanto va la gatta al lardo che ci lascia lo zampino

A ripetere troppe volte azioni rischiose o pericolose (spesso deprecabili) si rischia di essere scoperti; proprio come una gatta, attratta dal lardo, che resti impigliata con la zampa in una trappola

Tentar non nuoce

Conviene sempre fare un tentativo, anche quando l'esito è incerto: in fondo, senza nulla rischiare, non si possono pretendere risultati brillanti

Tra il dire e il fare c'è di mezzo il mare

È molto facile parlare, difficile è spesso realizzare o mantenere ciò che si è detto o promesso

Tra moglie e marito non mettere il dito

Non bisogna mai intromettersi nei rapporti tra persone legate da rapporti molto saldi

Tutti i nodi vengono al pettine

Si allude alla tessitura: il pettine rivela la presenza di nodi da sbrogliare. Metaforicamente significa che presto o tardi tutti dovranno rendere conto degli errori commessi, per cui è meglio risolverli subito

Tutto il mondo è paese

L'uomo si comporta sempre allo stesso modo (inteso in senso moderatamente negativo) in qualunque parte del mondo sia o viva

Una rondine non fa primavera

Non basta una rondine a garantire che la primavera sia arrivata, come non è sufficiente un evento positivo per decretare la fine di un periodo sventurato

Un padre campa cento figli e cento figli non campano un padre

I sacrifici che fa un genitore per i propri figli sono assai maggiori di quelli che i figli sarebbero disposti ad affrontare per i genitori

Uomo avvisato mezzo salvato

Chi è avvertito in anticipo di un pericolo può, almeno in parte, evitarlo

Vivi e lascia vivere

Bisogna essere tolleranti verso gli altri

LOCUZIONI LATINE

Molte sono le espressioni e le abbreviazioni latine ancora d'uso corrente in italiano. Eccone alcune tra le più frequenti nei diversi contesti:

a.C.n. *ante Christum natum*
significa **prima della nascita di Cristo**

A.D. *Anno Domini*
significa **nell'anno del Signore,** cioè secondo il calendario cristiano; seguita dall'anno è un'espressione commemorativa di costruzioni, restauri di monumenti o avvenimenti importanti

ad abundantiam
significa **in abbondanza**, più del necessario, in gran copia

ad futuram (o ***perpetuam) rei memoriam***
significa **a futuro** (o **perenne**) **ricordo** per i posteri; è una frase commemorativa diffusa di solito su monumenti antichi o lapidi

ad hoc
significa **adatto**, preciso, idoneo, a proposito, appropriato alla situazione

ad honorem
significa **all'onore**; è espressione usata in segno di riconoscimento per meriti eccezionali. La laurea *ad honorem* viene conferita a titolo onorifico, senza alcun compenso

ad intĕrim

significa **nel frattempo**, per il momento, per un periodo limitato; si dice di incarico assunto temporaneamente da un sostituto nell'attesa che giunga o venga eletto il titolare di diritto

ad lib. ad libĭtum

significa **a piacere**, come meglio aggrada, a volontà

ad litteram

significa **alla lettera**, letteralmente. Interpretare *ad litteram* è interpretare in modo precisamente conforme alle parole; una traduzione "alla lettera" è una taduzione parola per parola

ad maiora

significa **a cose di maggior prestigio e importanza**; è l'augurio, rivolto a chi ha già avuto un successo, di raggiungere mete sempre più prestigiose

ad memoriam

significa **alla memoria**, in perpetuo ricordo; è un'espressione di solito usata nel conferire un'onorificenza a chi ha dato la vita per difendere i principi che reggono la nostra società, o a chi si è distinto in vita per motivi umanitari

ad persōnam

significa **alla persona**, strettamente personale, che non può essere in nessun modo esteso ad altri; si dice di un diritto o simili

ad quid?

significa **perché?** a quale scopo?

agenda

(letteralmente: **cose da farsi**); indica un **libro con rubrica** su cui si annotano gli impegni giornalieri, oppure una **lista degli argomenti** del giorno da discutere durante una riunione o simili

a latĕre

significa **a fianco**; è usato di solito per indicare i magistrati che in un collegio giudicante si trovano accanto al presidente, di cui sono i più stretti collaboratori. Durante alcune manifestazioni religiose, si dice dei cardinali che sono accanto al papa

alĭas
significa **altrimenti**, in altre parole, altrimenti detto (Pietro Trapassi *alias* Metastasio)

alĭbi
(letteralmente: **in altro luogo**), indica, nel linguaggio giuridico, la prova che l'imputato del reato si trovava altrove quando esso fu commesso. Nel linguaggio comune è sinonimo di **giustificazione**

alter ego
(letteralmente: **un altro io**); indica un **sostituto** che rappresenta a pieno titolo la persona che sostituisce

a.m. *ante meridiem*
significa **prima di mezzogiorno**; segue l'indicazione dell'ora

angina pectŏris
è termine medico che indica **spasmo al petto**

ante factum
significa **prima del fatto**, antefatto; la locuzione si riferisce a ciò che si è verificato prima del fatto di cui si sta parlando

apertis verbis
significa **a chiare parole**, parlare sinceramente, senza tacere nulla

a posteriōri (letteralmente: **da ciò che viene/sta dopo**);
significa **a fatto avvenuto**; giudicare *a posteriori*, con la ragione del poi, con l'intento di ricercare le cause dell'evento; il contrario è *a priori*

a priōri (letteralmente: **da ciò che sta prima**);
significa **da prima**; giudicare *a priori* vuol dire giudicare prima che il fenomeno o la cosa si manifesti

audaces fortuna iuvat
significa **la fortuna aiuta gli audaci**

audio

(letteralmente: **odo**); indica **collegamento sonoro**, suono emesso attraverso altoparlanti o simili, sistema di riproduzione sonora

auditōrium

significa **sala di conferenze** e solitamente indica un complesso con più sale adibito ad audizioni diverse (conferenze, spettacoli musicali, teatrali e simili)

aula magna

(letteralmente: **aula grande**); indica un'**aula per riunioni importanti** di università, istituti prestigiosi pubblici, come tribunali o anche palazzi reali

auscultare

significa **ascoltare attentamente**; è usato come termine medico per indicare l'atto di ascoltare direttamente con l'orecchio, o con un apposito apparecchio, suoni provenienti dall'interno del corpo umano

aut aut

significa **o... o...**; dare l'*aut aut* a qualcuno vuol dire porlo davanti a un'alternativa, a una scelta

ave

significa **salute a te**; era un saluto in uso nell'antichità romana

bis

(letteralmente: **due volte**); indica **ripetere**; dopo uno spettacolo viene solitamente fatto o concesso il *bis*

bonus

(letteralmente: **buono**); indica un **premio**, un **incentivo**, una gratifica concessa da un'azienda ai suoi dirigenti, oppure un tagliando che dà diritto a sconti o trattamenti speciali

bonus malus

(letteralmente: **buono cattivo**); nel linguaggio delle assicurazioni indica una **polizza assicurativa auto** che prevede una riduzione o un aumento del premio in base al numero degli incidenti avuti

brevi manu
(letteralmente: **con una mano corta**); si dice di consegna effettuata personalmente

busillis
indica un **problema di difficile soluzione**, un enigma. Il significato deriva dall'oscurità del termine, distorsione dell'espressione latina *in die**bus illis*** (in quei giorni)

campus
(letteralmente: **campo piano**); indica un **collegio universitario americano**

caput mundi
significa **capitale del mondo**; è una locuzione riferita alla città di Roma, come capitale in senso civile, politico e militare dell'impero, ma anche come capitale del Cristianesimo, nonché sede papale

Carĭtas
(letteralmente: **benevolenza, amore**); indica l'**associazione cattolica internazionale** che si occupa di assistenza

carmĭna non dant panem
significa **la poesia non dà pane**, nel senso che la letteratura non dà da vivere

carpe diem
significa **cogli l'attimo**; è una citazione da Orazio che sprona a vivere intensamente il presente, senza pensare al futuro

cogĭto, ergo sum
significa **penso, quindi sono**; è una massima di Cartesio che individua l'essenza dell'essere nell'attività del pensiero

conditio sine qua non
significa **condizione indispensabile**, perché si ottenga o si verifichi un avvenimento, un accordo o simili

consecūtio tempŏrum
indica la **successione dei tempi** dei verbi all'interno di un periodo

coram populo
(letteralmente: **alla presenza del popolo**); indica qualcosa che avviene **in pubblico**, pubblicamente

corpus
(letteralmente: **insieme di**); indica una **raccolta di testi**

cum grano salis
(letteralmente: **con un granello di sale**); significa **con misura**

cumquibus
(letteralmente: **con i quali**); nel linguaggio familiare indica **denari, i mezzi finanziari**

curricŭlum vitae
(letteralmente: **corso della vita**); indica l'**elenco delle notizie e dei dati importanti**, soprattutto dal punto di vista professionale, di una persona

cursus
significa **corso**, andamento, iter, carriera, corso degli studi

de cuius
(letteralmente: **dal cui**); è un termine giuridico che indica il **defunto del quale è aperta la successione**

deficit
(letteralmente: **manca**); indica un **disavanzo**, un passivo

de gustibus non est disputandum
significa **non si discute sui gusti altrui**

Deo gratias
significa **(rendiamo) grazie a Dio**; è un'espressione di sollievo

deus ex machĭna
(letteralmente: **dio che scende dalla macchina**, di derivazione teatrale); si dice di una **persona o evento che interviene**, inaspettatamente, **per risolvere una situazione difficile**

de visu
(lat. mediev.; letteralmente **di veduta**); indica **ciò che si vede di persona** e si constata

do ut des
significa **dò affinché tu dia**; si dice di un'azione interessata; contropartita

dulcis in fundo
significa **piacevole fine**; la locuzione è anche usata ironicamente per indicare l'ultima circostanza sfortunata di una serie

duplex
(letteralmente: **duplice**); indica una **linea telefonica in comune tra due utenti**

ecce homo
significa **ecco l'uomo**; lo disse Pilato, indicando agli ebrei Gesù flagellato; viene usato appunto per indicare un uomo malridotto

ego
significa **io**; è un termine usato in psicologia e psicanalisi per indicare l'io cosciente

ergo
significa **quindi**, di conseguenza, in conclusione; si usa per completare un argomento

errare humanum est
significa **l'errore è proprio dell'uomo**, ma ***perseverare autem diabolicum*** **insistere nell'errore è diabolico**

errata corrĭge
significa **correggi gli errori**; solitamente si usa per la stampa di un testo

est
significa **è**, si usa nei telex e nei fax per distinguerlo dalla voce "e" congiunzione

est est est
(letteralmente: **è è è**); è il nome di un **rinomato vino laziale**

et

significa **e**; si usa nei telex e nei fax per distinguerlo dalla voce verbale "è"

et cetera

(da cui deriva *eccetera*) significa **e così via**

ex

significa **già stato**; unito a sostantivi, con o senza trattino, indica una determinata condizione in cui non si è più

ex aequo

significa **ugualmente**, alla pari, a pari merito; di solito indica una vittoria conseguita alla pari da due partecipanti

excursus

significa **digressione**, si dice di argomentazione sviluppata sommariamente

ex libris

(letteralmente: **dai libri**); si tratta di un **timbro** o di **un'etichetta che si pone sui libri** per indicarne la proprietà

ex novo

significa **da nuovo**, daccapo, ricominciare dall'inizio

extra

significa **fuori**, fuori del previsto; prima dell'aggettivo ha valore di superlativo

extrema ratio

significa **ultimo rimedio**, a cui si ricorre per la soluzione di un problema

ex voto (suscepto)

(letteralmente: **per un voto fatto**); significa **dono votivo di ringraziamento** per grazia ricevuta

forma mentis

significa **struttura mentale**, proprio modo di considerare le cose

gratis
significa **senza pagamento**, ottenere servizi senza alcun esborso

gutta cavat lapĭdem
significa **la goccia scava la pietra**; è una citazione da Ovidio, che indica come la perseveranza, anche se in tempi lunghi, produca sempre risultati

habemus papam
significa **abbiamo il papa**; indica che il nuovo papa è stato eletto; in senso più ampio, che finalmente c'è un capo

habĭtat
(letteralmente: **abita**); indica l'**ambiente in cui si vive** e si opera

homo sapiens
significa **uomo pensante**; l'uomo primitivo con qualche prerogativa razionale

honōris causa
significa **a titolo di onore**; si dice di onorificenza conferita per merito

horribile visu
significa **orribile a vedersi**; si dice di spettacolo sconvolgente

humanae littĕrae
(letteralmente: **lettere umane**); indica le **lettere classiche**, studi umanistici

humanĭtas
significa **civiltà**, intesa come cultura umanistica, educazione spirituale, civiltà

humus
significa **terreno** fertile, sia in senso materiale che figurato

idem
significa **lo stesso**

in alto loco

significa **in alto luogo**, cioè al vertice del potere, nelle alte sfere direzionali

in camera caritatis

(letteralmente: **nella camera della carità**, cioè con procedura segreta); significa **in segreto**: si dice di una confidenza da non divulgare o di rimproveri o giudizi dati confidenzialmente

in extremis

significa **alla fine**, si dice di un estremo tentativo risolutore di una situazione

in illo tempŏre

significa **a quel tempo** e indica un tempo remoto, un passato molto lontano

in loco

significa **sul luogo**, in quel preciso posto

in medio stat virtus

significa **la virtù sta nel mezzo**; indica che l'equilibrio, il giusto sta a metà, non negli estremismi

in pectŏre

significa **in petto**, nel senso di "in animo", non dichiarato, nelle intenzioni più segrete

inter nos

significa **tra noi**, in confidenza, senza che altri lo sappia

in toto

significa **per intero**, in tutto e per tutto, integralmente

ipso facto

(letteralmente: **per il fatto stesso**); significa fatto lì per lì, senza alcuna esitazione

ipso iure

significa **secondo il diritto in quanto tale**, ai sensi di legge

iter
significa **cammino**, percorso, trafila

junior
significa **più giovane** tra due persone

juniores
(letteralmente: **più giovani**); indica gli **atleti giovani** appartenenti a una squadra sportiva

lapis
(letteralmente: **pietra**); indica **matita da disegno**, con riferimento alla grafite che contiene

lapsus
significa **svista**, errore involontario

lavabo
(letteralmente: **laverò**); indica il **lavandino**

lectio brevis
significa **lezione breve**, in particolare universitaria, non terminata nei tempi previsti

legenda
(letteralmente: **da leggere**); indica **qualsiasi avviso** o avvertimento **esplicativo**

lento pede
significa **con passo lento**, lentamente, il procedere con avvedutezza e senza fretta

licet
significa **è permesso**, è lecito, è concesso

lupus in fabŭla
(letteralmente: **il lupo nella favola**); indica la persona che giunge proprio quando se ne parla

mala tempŏra currunt
significa **corrono brutti tempi**, nel senso che la situazione è grave e difficile

mare magnum
(letteralmente: **grande mare = oceano**); oggi in senso figurato indica **vastità**, grande quantità di cose, in cui è facile perdersi

mea culpa
significa **colpa mia**, è un'ammissione di colpevolezza o di autocritica

mea (tua, sua) sponte
significa **di mia (tua, sua) iniziativa**, espressione usata soprattutto riferita all'attuazione di un progetto

medium
significa **mezzo**; indica ciò che fa da tramite

melius est abundare quam deficĕre
letteralmente: **è meglio eccedere che scarseggiare**

memento
significa **ricordati**, è un avvertimento solenne

memorandum
significa **cose da ricordare**; indica un promemoria

mente captus
(letteralmente: **privato del raziocinio**); da questo termine deriva l'italiano **mentecatto**

mirabīlia
significa **cose meravigliose**, da dirsi o da farsi

modus operandi
significa **modo di operare**, inteso come procedimento del comportamento in determinate situazioni

modus vivendi
significa **modo di vivere**, inteso come capacità di conciliare i propri rapporti con gli altri

monĭtor
(letteralmente: **suggeritore**); indica qualsiasi tipo di **schermo**

more uxorio
significa **vivere come marito e moglie**

mutatis mutandis
significa **cambiare ciò che si deve cambiare**, per raggiungere un equilibrio

non plus ultra
significa **niente di più, di meglio**; più di così non si può trovare o raggiungere

omissis
significa **omesso**, non trascritto, tralasciato

opĕra omnia
significa **tutte le opere**; indica l'intera produzione di un autore

ora et labora
significa **prega e lavora**; è la regola benedettina

p.C.n. post Christum natum
significa **dopo la nascita di Cristo**

per aspera ad astra
(letteralmente: **attraverso le asprezze, i sacrifici [fino] alle stelle**); indica che **attraverso le difficoltà si giunge ai vertici della fama o del potere**

placet
(letteralmente: **piace**); indica **assenso**, approvazione

plenum
(letteramente: **pieno**); indica la **completezza numerica di un'assemblea** o riunione

p.m. post meridiem
significa **dopo mezzogiorno**

pro capite
significa **a testa**, per ognuno

pro forma
(letteralmente: **per la forma**); indica una **formalità** che salva l'apparenza

prosit
(letteralmente: **che giovi**); è un **augurio proferito di solito prima di un brindisi**

pro tempŏre
significa **al momento**, temporaneamente

p.s.* *post scriptum
(letteralmente: **dopo lo scritto**); indica qualcosa **scritto in calce**, dopo la firma

punctum dolens
significa **punto dolente**; indica il punto scottante di un problema

quid
significa **cosa**, inteso come entità indefinita

qui pro quo
(scambiare) qu**i** per qu**o** (una lettera per l'altra), indica un **malinteso**, un equivoco dovuto a malinteso

quorum
(letteralmente: **dei quali**); indica **numero necessario perché una votazione sia valida**

raptus
(letteralmente: **trascinato, trasportato**); indica un **impulso** che spinge ad azioni immotivate e imprevedibili

rebus
(letteralmente: **per mezzo di cose**); indica **qualcosa di complicato** da spiegare o da capire, ma anche concetti espressi o raffigurati con cose, numeri e simili

(ad) referendum
(letteramente: **per riferire**); indica **consultazione diretta del popolo** o di gruppi specifici mediante votazione

refugium peccatorum
(letteralmente: **rifugio dei peccatori**); indica una **persona** o **luogo che dà accoglienza** a persone in difficoltà

repetīta iuvant
significa **le cose ripetute giovano**; nel senso che l'esperienza insegna

repetītio est mater studiorum
significa **ripetere (quel che si studia) è la madre di ogni studio**

res
significa **la cosa**, il fatto, l'argomento di discussione

s.a. *sine anno*
(letteralmente: **senza anno**); indica una **pubblicazione che non riporta l'anno di stampa**

salve
(letteralmente: **in prosperità**, salute!); è un **saluto** augurale e di commiato

scripta manent, verba volant
significa **ciò che è scritto resta, le parole volano via**

semel in anno licet insanire
significa **una volta l'anno è permesso fare pazzie**

senior
significa **il più anziano tra due persone** che hanno lo stesso nome

sic
significa **proprio così**

sic et simplicĭter
significa **semplicemente così**

sic stantibus rebus
significa **stando così le cose**, vista la situazione

sine die
significa **a giorno non stabilito**, a tempo indeterminato

solarium
significa **terrazzo esposto al sole**

spes ultima dea
(letteralmente: **la speranza ultima dea**); significa **la speranza è l'ultima a morire**

status
significa **stato**, condizione sociale e anche emblema di un certo modo di vivere

status quo
significa **la condizione in cui** si trova una certa situazione in un determinato frangente

sub iudice
significa **soggetto al giudizio del giudice**, che non ha ancora preso una decisione

sui genĕris
(letteralmente: **del suo genere**); significa **particolare**, con caratteristiche che lo differenziano dagli altri

super partes
significa **al di sopra delle parti**, imparziale nel giudizio

sursum corda
significa **in alto i cuori**, è un'espressione intesa ad incoraggiare

thesaurus
(letteralmente: **tesoro**); indica il **vocabolario storico di una lingua**

tot
(letteralmente: **tanti**); indica una certa **quantità, non definita**

ultimatum
(dal lat. mod., letteralmente: **ultimo, estremo, finale**); indica un'**imposizione che ordina una resa senza condizioni**

una tantum
(letteralmente: **solo una volta**); indica un **pagamento con carattere di straordinarietà** e in soluzione unica

vademecum (vade mecum)
(letteralmente: **vieni con me**); indica un **manuale pratico tascabile** con notizie utili

veni, vidi, vici
significa **venni, vidi, vinsi**; si dice di azione rapida con finale positivo

Via Crucis
(letteralmente: **Via della Croce**); indica, in senso lato, una **serie di dolori e sofferenze**

virāgo
(letteralmente: **donna guerriera**); si dice di **donna forte dalle caratteristiche mascoline**

CORRISPONDENZA

La corrispondenza, in base al suo contenuto, si distingue in **lettere formali** e **lettere informali**. In linea di massima, entrambe seguono regole convenzionali prestabilite.

LETTERE FORMALI

Sono soprattutto lettere commerciali, la cui stesura deve essere chiara e corretta. Le parti principali che le compongono sono le seguenti e occupano nel corpo della lettera la posizione indicata nello schema:

Società FIDO S.p.A.
Via del Mare, 15
00100 ROMA —— **Intestazione**

Spett.Società Marelli
Via Carso, 141
20100 MILANO —— **Destinatario**

Roma, 15/10/1992 —— **Data**

OGGETTO: richiesta documenti —— **Oggetto**

Con la presente Vi informiamo che a tutt'oggi non ci è ancora pervenuta la fattura relativa al ns. ordine n. 27/92, con valuta 20 p.v.

Al fine di regolarizzare entro i termini pattuiti la ns. posizione, Vi preghiamo di inviarci con cortese sollecitudine la fattura in oggetto. —— **Testo della lettera**

In attesa di un Vs. urgente e cortese riscontro, porgiamo distinti saluti. —— **Chiusura**

Il Direttore —— **Antefirma**

Paolo Orlandi —— **Firma**

- **Intestazione**: è solitamente prestampata e posta nella parte superiore del foglio; contiene varie informazioni sulla ditta che scrive la lettera, cioè
  - la ragione sociale
  - l'attività svolta
  - l'indirizzo
  - la partita IVA
  - il numero o i numeri di telefono
  - il numero di telex
  - il numero di fax

! In mancanza di carta intestata, l'intestazione va collocata in alto a sinistra.

- **Destinatario**: si trova in alto a destra e indica
  - il nome e il cognome del destinatario preceduto da *Egr. Sig./Sig.ra* (*Egregio Signore/Signora*) se si tratta di un privato
  - la ragione sociale, preceduta da *Spett.* (*Spettabile*) se si tratta di un'azienda
  - l'indirizzo composto dalla via e dal numero civico separati da una virgola e uno spazio
  - il nome della città o località preceduta dal codice di avviamento postale e seguita dall'indicazione abbreviata della provincia

Egr. Sig.
Piero Lotto
Via Cascine, 28
84057 LAURINO (SA)

Spett.
Società Filli
Via Angelo Emo, 13
00100 ROMA

! Se il mittente e il ricevente stanno nella stessa città o località si può sostituire il nome con la parola CITTÀ.

- **Data**: è posta sul lato destro del foglio, sotto il destinatario. Prima di essa viene indicata la località o la città di provenienza, seguita dalla virgola e da uno spazio. Il giorno, il mese e l'anno devono essere scritti in cifre, ad eccezione del mese che può essere scritto anche in lettere:

Roma, 20/3/93   *Laurino, 20 marzo 1993*

- **Oggetto**: indica brevemente il motivo della lettera o fa riferimento agli estremi della precedente corrispondenza intercorsa fra le parti

  Richiesta di fatture *Riscontro Vs. del 15 c.m.*

- **Testo della lettera**: si sviluppa nel centro della lettera, può essere composto da vari paragrafi, alla fine dei quali si andrà a capo rientrando e lasciando uno spazio doppio.

! Se il testo contiene alcune cifre, esse devono essere scritte sia in numero che in lettere, queste ultime vanno poste tra parentesi:

  Lit. 100.000 (centomila)

- **Chiusura**: è costituita da
  - una frase di ringraziamento o di aspettativa

    In attesa di un Vs. urgente e cortese riscontro
    A Vs. disposizione per qualsiasi chiarimento

  - i saluti, di cui le formule più usate sono:

    Porgiamo distinti saluti
    Distinti saluti
    Ci è gradito inviarVi i più cordiali saluti

! L'espressione *cordiali saluti* può essere usata solo in caso di rapporto amichevole o di vecchia conoscenza con il destinatario.

- **Antefirma**: viene posta poco sotto i saluti, dattiloscritta o con apposito timbro; essa riporta il nome, il cognome e la carica che ricopre il firmatario

  Il Direttore Amministrativo
  Francesco Di Pietro

- **Firma**: viene posta sotto o sull'antefirma ed è sempre manoscritta.

! Se vi sono allegati, essi vanno indicati con l'abbreviazione *All.ti*, seguita dal numero degli esemplari e posta a sinistra in basso.

  All.ti 3 (3 allegati)

Tipi di lettere commerciali

- richiesta di offerta
- offerta
- conferimento dell'ordine
- avviso di spedizione
- reclami
- prenotazione (di viaggio, di albergo)
- domanda di impiego

Esiste per ognuna di queste lettere uno schema prefissato del testo, che ne facilita la stesura.

RICHIESTA DI OFFERTA

- fonte dell'indirizzo
- motivo della lettera
- richieste varie
- promessa di ordinazioni
- ringraziamenti

La Vs. Ditta ci è stata segnalata dal Dott. Rossi, Vs. abituale cliente. *La ns. società,* da tempo inserita sul mercato nazionale ed internazionale, *sarebbe interessata agli articoli della Vs. ultima produzione.*

Vi saremo grati se vorrete farci pervenire al più presto *un catalogo* dei Vs. prodotti, *con i relativi prezzi d'acquisto e condizioni contrattuali*.

Siamo certi che le Vs. proposte risulteranno interessanti, e che questo darà inizio a ottime e durature relazioni commerciali con la Vs. ditta.

Ringraziando anticipatamente, e in attesa di un Vs. urgente e cortese riscontro, porgiamo distinti saluti.

OFFERTA

- riferimento alla richiesta
- invio di cataloghi e listino prezzi
- disponibilità della merce e condizioni di vendita

Vi ringraziamo per la Vs. del 15 c.m. e per la fiducia accordata alla ns. ditta.

In allegato Vi rimettiamo il catalogo dei prodotti da Voi richiesto, unitamente ad altri cataloghi di prodotti di nostra fabbricazione, che potrebbero interessarVi.

Per quanto riguarda i prezzi, Vi informiamo che si intendono al netto delle spese di imballaggio e di spedizione.

Le condizioni di pagamento stabilite prevedono versamento sul c/c intestato alla società c/o la Banca di Roma, n. 00124/C, con valuta solitamente a 30 gg. data fattura.

A Vs. disposizione per qualsiasi chiarimento, porgiamo distinti saluti.

CONFERIMENTO DELL'ORDINE

- riferimento all'offerta
- ordinazione della merce
- indicazione dei prezzi e delle condizioni
- richiesta di conferma d'ordine

Vi informiamo di aver ricevuto la Vs. offerta del 26 c.m., della cui tempestività Vi ringraziamo.

Siamo molto interessati ai Vs. prodotti e ai Vs. prezzi e *vorremmo conferirVi un ordine alle condizioni contrattuali da Voi stabilite*, sia per i prezzi sia per le modalità di pagamento.

Confidiamo in una risposta favorevole alla ns. richiesta e *Vi preghiamo volerci dare avviso di ricevuta.*

Ci è gradito porgerVi distinti saluti.

AVVISO DI SPEDIZIONE

- riferimento all'ordine
- informazione dell'avvenuta spedizione
- data e condizioni di consegna
- richiesta di pagamento
- speranza di soddisfare le esigenze
- attesa nuovi ordini

Facendo seguito al Vs. ordine del 28 c.m., *ci pregiamo inviarVi, tramite l'agenzia di trasporti Rossi, la merce richiesta.*

Riceverete la fattura di vendita con data odierna. *Vi preghiamo di effettuare il pagamento con* bonifico bancario sul ns. c/c 20700 presso la Banca Commerciale, con valuta fissa 20/3 c.a.

Ci auguriamo di averVi soddisfatto nell'acquisto e di poterVi annoverare tra i ns. clienti anche in futuro.

In attesa di ricevere Vs. ulteriori richieste, porgiamo distinti saluti.

RECLAMI

- riferimento alla merce ricevuta
- informazione della mancanza di merce
- della qualità scadente
- delle cattive condizioni
- richiesta di sostituzione
- attesa di decisioni a riguardo

Vi informiamo che in data 12 u.s. *abbiamo ricevuto in cattive condizioni la merce* da noi richiesta il 7 u.s. tramite fax.

Un esame attento dei pezzi ha rivelato che poco meno della metà della *merce presenta notevoli imperfezioni.*

Siamo costretti a chiederVi pertanto la sostituzione sollecita dei pezzi suddetti.

In attesa di leggerVi in merito e sperando di superare al più presto lo spiacevole contrattempo, distintamente Vi salutiamo.

PRENOTAZIONE

- richiesta di prenotazione
- periodo di arrivo e di partenza
- richiesta di conferma di prenotazione

Vi preghiamo voler riservare per i ns. direttori tre camere singole con bagno, *dal giorno* 3 *al giorno* 7 del prossimo mese di giugno.

In attesa di ricevere al più presto una Vs. conferma, inviamo distinti saluti.

DOMANDA DI IMPIEGO

- riferimento a inserzione
- età, studi compiuti
- esperienze
- referenze

Con riferimento al Vs. annuncio sul Corriere della Sera di giovedì 7 c.m. *per un posto di* responsabile amministrativo, mi permetto sottoporre al Vs. esame la mia posizione.

Ho 28 *anni*, sono celibe e militesente; *ho conseguito la laurea in* Economia e Commercio presso la Bocconi di Milano.

Ho una discreta conoscenza della lingua inglese e francese, parlata e scritta, acquisita soprattutto negli ultimi anni per frequenti viaggi all'estero.

Segnalo i corsi di formazione professionale seguiti: corso di pianificazione e controllo, corso di marketing.

Ho una discreta conoscenza dell'informatica: sistema operativi più usati e vari software applicativi di videoscrittura e fogli elettronici.

Lavoro da quasi quattro anni nella società ZZ come impiegato nella contabilità generale.

Sarei interessato a migliorare la mia posizione professionale, specializzandomi nel controllo di gestione aziendale.

Per le mie referenze potete contattare il Prof. Paolo Coletti.

In attesa di un Vs. gentile riscontro, porgo distinti saluti.

CURRICULUM VITAE

È solitamente allegato alla domanda di impiego, per riassumere i dati personali. Lo schema è il seguente:

Nome	Daniele Rossi
Indirizzo	Via del Corso, 18 00100 ROMA
Telefono	06/6688667
Luogo di nascita	Roma
Data	2/3/1969
Nazionalità	Italiana
Stato civile	celibe
Lingue	inglese e francese
Studi	Maturità Scientifica Laurea in Economia e Commercio
Attuale impiego	Società XX
Posizione	Responsabile amministrativo contabile
Interessi	Lettura, musica classica, viaggi

ABBREVIAZIONI

Le più comuni nelle lettere commerciali sono:

all.to	allegato
Amm.	Amministrazione
art.	articolo
Avv.	avvocato
c.a.	corrente anno
c/c bancario	conto corrente bancario
c/c postale	conto corrente postale
cg.	centigrammi
cl.	centilitri
cm.	centimetri
c.m.	corrente mese
Comm.	Commendatore
c/o	presso
C.P.	casella postale
dag.	decagrammi
dal.	decalitri
dg.	decigrammi

dl.	decilitro
Dott.	Dottore
$	dollari
ecc.	eccetera
Egr.	Egregio
ferr.	ferrovia
fig.	figura
F.lli	fratelli
Fr.	franchi
g.	grammi
Gent.mo	gentilissimo
Geom.	geometra
gg.	giorni
hg.	ettogrammi
hl.	ettolitri
hm.	ettometri
id.	idem
Ill.mo	Illustrissimo
Ing.	ingegnere
kg.	kilogrammi
km.	kilometri
kWh	kilovattore
Lis.	lire sterline
lt.	litro
m.	metri
mc.	metri cubi
mg.	milligrammi
mm.	millimetri
mq.	metri quadrati
n/	nostro
N.B.	nota bene
n°	numero
ns.	nostro
pag.	pagina
p.c.	per conoscenza
p.c.c.	per copia conforme
p. es.	per esempio

pp	per procura
Preg.	Pregiatissimo
Prof.	Professore
P.S.	post scriptum
P.T.	Poste e Telegrafi
p.v.	prossimo venturo
q.li	quintali
Rag.	Ragioniere
S.A.	Società Anonima
S.E. & O.	salvo errori ed omissioni
Sig.	Signor
Sig.na	Signorina
Sig.ra	Signora
Soc.	Società
S.p.A.	Società per Azioni
Spett.	Spettabile
S.r.l.	Società a responsabilità limitata
S.V.	Signoria Vostra
t.	tonnellate
tel.	telefono
V/	Vostro
Vs.	Vostro
v.s.	vedi sopra

LETTERE INFORMALI

Sono indirizzate a familiari, conoscenti e amici, scritte con il linguaggio usato nelle comuni conversazioni.
Le formule ricorrenti nelle diverse parti della lettera sono:

- **Data**: è posta in alto a destra. In essa è indicato il luogo, seguito da una virgola, il giorno, il mese e l'anno

Firenze, 8 ottobre 1992

- **Saluto Iniziale**: le formule più comuni sono
  - *Caro/a, Mio Caro/a, Carissimo/a* seguiti dal nome di battesimo se il destinatario è un familiare o un amico.

    Cara Patrizia,
    ti ringrazio per la cartolina che mi hai inviato
  - *Gentile signore/a* se si tratta di conoscente

    Gentile Signora,
    Le sarei grata se mi inviasse la sua ultima pubblicazione

- **Saluto finale**: le formule più usate sono:
  - a familiari e amici

    Cari saluti
    Con affetto
    Ti abbraccio
  - a conoscenti

    Cordiali saluti
    Distinti saluti

Tipi di lettere informali

- auguri
- congratulazioni
- inviti
- ringraziamenti
- rammarico
- condoglianze

FORMULE IN USO

- **Auguri**
  - *Tanti auguri*

    Tanti auguri per la tua nuova e importante esperienza di lavoro
  - *Buon compleanno*

    Caro Mario, buon compleanno! Stai diventando vecchio!

- *Buon onomastico*

  Caro Luigi, buon onomastico!

- *Buon anno e Felice anno nuovo*

  Auguro a Lei e famiglia Buon Anno e Felice Anno Nuovo

- *Buon Viaggio*

  Dovrai fare parecchi chilometri, avviati. Buon viaggio!

- **Congratulazioni**
  - *Congratulazioni vivissime*

    Hai conseguito la laurea còn il massimo dei voti. Congratulazioni vivissime!

  - *Sincere congratulazioni*

    Caro collega, sincere congratulazioni per la tua promozione

- **Inviti**

  Ho il piacere di invitarti al mio matrimomio
  Ti invito alla festa di compleanno
  Sei atteso per la festa di laurea

- **Ringraziamenti**

  Le esprimo i miei più vivi ringraziamenti
  Ringrazio di cuore
  I più sentiti ringraziamenti

- **Rammarico**

  Sono desolato di non poter accettare
  Sono davvero spiacente

- **Condoglianze**

  Le più sincere condoglianze
  Partecipo al tuo dolore

INDICE ANALITICO

a 176
a + infinito 182, 183
abbrunare/abbrunire 143
accento 13
accento grafico 14
  acuto 15
  grave 14
accento tonico 13, 14
accingersi a + infinito 138
addirittura (avverbio di quantità) 168
addirsi 139
adempiere/adempire 143, 144
affatto 167
aggettivi qualificativi, senza comparativo e superlativo 65
aggettivo 54
  attributivo 54
  determinativo 66
  dimostrativo 73
  esclamativo 76
  indefinito 75
  interrogativo 76
  numerale 66
  possessivo 71
  possessivo, posizione 73
  predicativo 54
  sostantivato 28
aggettivo qualificativo 55
  concordanza 59
  formazione del femminile 55
  formazione del plurale 55
  posizione 60
  sostantivato 59
aggettivo qualificativo alterato 59
  comparativo 61
  comparativo particolare 64
  superlativo 61
  superlativo particolare 64
aggradare 139
alcunché (pronome indefinito) 90, 92
alcuno (aggettivo indefinito) 75, 76
alcuno (pronome indefinito) 90
alfabeto 7

alquanto (aggettivo indefinito) 75
alquanto (avverbio di quantità) 168
alquanto (pronome indefinito) 90
alterazione degli avverbi 173
altrettanto (avverbio di quantità) 168
altri (pronome indefinito) 92
altro (aggettivo indefinito) 75
altro (pronome indefinito) 90
altrui 71
amare, prima coniugazione regolare 119
ammansare/ammansire 143
ammollare/ammollire 143
analisi logica 197
anche (avverbio di quantità) 168
ancora (avverbio di quantità) 168
andare 145
andare + gerundio 138
andare, con i verbi impersonali 135
annerare/annerire 143
apostrofo 15
apparire 160
apposizione 196, 209
  composta 210
  semplice 210
  posto dell' 210
apposizioni 208
appunto 169
arrossare/arrossire 143
articolo 21
  determinativo 21
  indeterminativo 25
  partitivo 26
associazione a delinquere 139
assordare/assordire 143
attributi 208
attributo 196, 208
attributo
  posto dell' 209
ausiliare 136
  dei verbi servili 136
  della forma riflessiva 131
  di verbi indicanti fenomeni atmosferici 115, 117
  di verbi intransitivi 115
ausiliari dei verbi transitivi-attivi 128
avere, tavola di coniugazione 116
avere da + infinito 117

avere, uso 117, 136, 137
avere, ausiliare dei verbi intransitivi 128
avverbi
aggiuntivi 168
correlativi 232
di affermazione 169
di dubbio 171
di luogo 164
di modo o maniera 163
di negazione 169
di quantità 167
di tempo 166
avverbio 163
sostantivato 28
azione continuata 138
azione imminente 138
bel 16
bell' 16
bello 57
bere 149
bisognare 135, 139
buon 16
buono 57
c' 16
cadere 149
capo (nei nomi composti) 50
capo (nei nomi composti, plurale) 53
cercare di + infinito 138
certo (aggettivo indefinito) 75
certo (pronome indefinito) 90
che 191
che (aggettivo interrogativo ed esclamativo) 77
che (pronome relativo) 84
che cosa! 95
che cosa? 94
che! 95
che? 94
checché (pronome indefinito) 90, 92
chi (pronome relativo) 85
chi? 94
chicchessia (pronome indefinito) 91
chiedere 150
chiunque (come pronome relativo) 85
chiunque (pronome indefinito) 91
ci (avverbio di luogo relativo) 165
ci (pronome personale) 81, 82

ci si, forma impersonale riflessiva 135
ciascuno (aggettivo indefinito) 75, 76
ciascuno (pronome indefinito) 90
cifre arabe 67, 68
ciò (pronome dimostrativo) 89
cioè 171
codesto (aggettivo dimostrativo) 74
codesto (pronome dimostrativo) 89
cogliere 150
coi 175
col 175
colei (pronome dimostrativo) 89
coloro (pronome dimostrativo) 89
colui (pronome dimostrativo) 89
come 191
cominciare a + infinito 138
compiere/compire 143, 144
compiuto/compito 143
complementi 208, 213
  avverbiali 213, 228
  di luogo 228
  di quantità 223
  di tempo 228
  diretti 213, 214
  indiretti 213, 217
complemento
  concessivo 218
  di abbondanza o privazione 216
  di agente o causa efficiente 216
  di allontanamento o separazione 216
  di argomento 217
  di causa 217
  di colpa 217
  di compagnia e unione 217
  di denominazione 225
  di differenza 224
  di distanza 223
  di esclamazione 218
  di esclusione 219
  di estensione 223
  di età 219
  di fine o scopo 219
  di limitazione 220
  di materia 221
  di mezzo o strumento 221
  di modo o maniera 222

di moto a luogo 220
di moto da luogo 221
di moto per luogo 221
di origine 222
di pena 223
di prezzo 224
di qualità 223
di relazione 224
di sostituzione o scambio 225
di specificazione 225
di stato in luogo 220
di stima 224
di tempo continuato 226
di tempo determinato 226
di termine 226
di vantaggio o svantaggio 227
di vocazione 227
distributivo 218
oggetto 214
oggetto interno 214
partitivo 226
con 175, 179
concernere 139
concordanza del gerundio 111
concordanza del participio 109, 135
concordanza del predicato nominale 206
condizionale 98
condizionale
passato 104
presente 104
congiuntivo 98
esortativo 237
congiuntivo
imperfetto 103
passato 103
presente 103
trapassato 103
congiunzione 187
sostantivata 28
congiunzioni
composte 187
semplici 187
congiunzioni
avversative (coordinanti) 188, 231
causali (subordinanti) 232
comparative (subordinanti) 232

concessive (subordinanti) 232
conclusive (coordinanti) 188, 231
condizionali (subordinanti) 233
consecutive (subordinanti) 233
copulative (coordinanti) 187
correlative (coordinanti) 232
dichiarative (subordinanti) 233
dichiarative o dimostrative (coordinanti) 231
disgiuntive (coordinanti) 231
dubitative indirette (subordinanti) 233
eccettuative (subordinanti) 233
finali (subordinanti) 233
interrogative (subordinanti) 233
modali (subordinanti) 233
temporali (subordinanti) 233
congiunzioni coordinanti 187
aggiuntive 187
avversative 188, 231
conclusive 188, 231
copulative 187, 231
copulative affermative 187
copulative negative 187
correlative 189, 232
dichiarative o dimostrative 188, 231
disgiuntive 188, 231
congiunzioni subordinanti 189, 232
causali 189, 232
concessive 189, 232
condizionali 189, 233
consecutive 190, 233
dichiarative 190, 233
dubitative 190, 233
finali 190, 233
interrogative indirette 190, 233
limitative 190
modali 190, 233
temporali 190, 233
coniugazione del verbo 98
coniugazione passiva 130
coniugazione riflessiva 133
consonanti 11
raddoppiamento 12
consonanti
dure o gutturali 12
molli o palatali 12
consumere 139

continuare a + infinito 138
contro (avverbio) 165
convergere 139
coordinazione 231
coordinazione per asindeto 231
copula 204
correlazione dei tempi e dei modi 253
costei (pronome dimostrativo) 89
costoro (pronome dimostrativo) 89
costruzione della frase passiva 129
costruzione diretta 198
costui (pronome dimostrativo) 89
cui (pronome relativo) 85
cuocere 123, 151
da 174, 177
da + infinito 182, 183
dare 146
davanti (avverbio) 165
delinquente 140
delinquere 139
dentro (avverbio) 165
di 174, 175
di + infinito 182
dietro (avverbio) 165
digrammi 12, 19
dimagrare/dimagrire 143
dire 151
discorso diretto 259
discorso indiretto 259
dispensare 140
dittonghi 10, 19
diverso (aggettivo indefinito) 75
diverso (pronome indefinito) 90
divisione sillabica 17
donde (avverbi relativi) 86
dopo (avverbio) 165
dove (avverbi relativi) 86
dove (avverbio di luogo relativo) 165
dovere 152
dovunque (avverbi relativi) 86
dovunque (avverbio di luogo relativo) 165
ecco 171
egli 79
elementi complementari della proposizione 208
elementi della proposizione 200
elenco dei principali verbi irregolari 261

elisione 15
ella 79
Ella (forme di cortesia) 83
empiere/empire 143, 144
esimere 140
esonerare 140
espressioni idiomatiche 271
essa, esse 79
essere (tavola di coniugazione) 113
essere qualcuno 93
essere solito 141
essere sul punto di + infinito 138
essere + participio passato = passivo del verbo transitivo 129
essere, ausiliare dei verbi intransitivi 128
essere, uso 114, 136
essi 79
esso 79
fallare/fallire 143
falsi alterati 48
falsi mutamenti di genere 37
fare 152
fervere 140
finire 126
finire di + infinito 138
forma passiva, costruzione della frase 129
forma passiva, formazione 129
forma riflessiva 131
formazione del femminile 34
formazione del plurale 38
forme atone del complemento oggetto 80
forme di cortesia 82
forme toniche del complemento oggetto 80
fra 181, 182
frase (vedi proposizione)
fuori (avverbio) 165
genere del nome 31
gerundio 100
    passato 110
    presente 110
già (avverbi di tempo) 166
gli 9, 22
gli (pronome personale) 81, 82
gradi dell'aggettivo qualificativo 60
gradi dell'avverbio 172
    comparativi e superlativi irregolari 173
    comparativi e superlativi regolari 172

gradi della subordinazione 234
grande 58
gregge 46
h 193
i 21
iato 11
il 21
il loro 87
il mio 87
il nostro 87
il suo 87
il tuo 87
il vostro 87
imperativo 99
    forma affermativa 105
    forma negativa 105
imperativo presente 104
in 178
incombere 140
indicativo 98
indicativo
    futuro anteriore 102
    futuro semplice 102
    imperfetto 101
    passato prossimo 101
    passato remoto 102
    presente 101
    trapassato prossimo 102
indulgente 140
indulgere 140
indulto 140
infinito 99
    passato 107
    presente 107
    sostantivato 108
inoltre (avverbio di quantità) 168
interiezione 193
    composta 193
    impropria 193
    semplice 193
intorbidare/intorbidire 143
isc, suffisso di verbi della 3ª coniugazione regolare 126
j 9
k 10
l' 15, 22
là 165

la 22
La (forme di cortesia) 83
la (pronome personale) 81
lasciare + infinito 138
lavarsi (tavola) 133
le 22
Le (forme di cortesia) 83
le (pronome personale) 81
Lei (forme di cortesia) 82
lessico familiare e dei giovani 279
lettere di origine straniera 9
lettere formali e informali
lì 165
Li (forme di cortesia) 83
li (pronome personale) 81
lo 22
lo (pronome personale) 81
locuzioni
prepositive 186
preposizionali 165
locuzioni avverbiali
di affermazione 169
di luogo 165
di modo 164
di negazione 170
di tempo 167
locuzioni congiuntive 187
concessive 189
limitative 190
modali 190
temporali 191
locuzioni esclamative 193
locuzioni latine 294
lontano (avverbio) 165
loro 71, 73
Loro (forme di cortesia) 83
lucere 140
magari 171
mai (avverbi di tempo) 166
maiuscole 19
malgrado 185
medesimo 74
meno (avverbio di quantità) 168
mezzo 70
mi (pronome personale) 81
mila 67

miliardo 67
milione 67
mille 67
mio 71
modi avverbiali + preposizioni 186
modi del verbo 98
modi finiti, uso dei tempi 101
modi indefiniti, uso dei tempi 107
molto (aggettivo indefinito) 75
molto (avverbio di quantità) 168
molto (pronome indefinito) 90
morire 160
ne (pronome personale) 82
ne (avverbio di luogo relativo) 165
ne (complemento di abbondanza o privazione) 216
ne (complemento di origine) 222
ne (partitivo) 225
nessun 16
nessuno (aggettivo indefinito) 76
nessuno (pronome indefinito) 91
niente (avverbio di quantità) 168
niente (pronome indefinito) 90, 92
no 170
Noi (forma di cortesia) 83
nome
- astratto 29
- collettivo 30
- comune 29
- concreto 29
- femminile 31-33
- individuale 30
- maschile 31-34
- proprio 29

nome del predicato 204
- concordanza 204

nomi
- composti 49
- composti, plurale 51
- derivati 47
- di genere comune 36
- difettivi 43
- falsi alterati 48
- indipendenti 37
- invariabili al plurale 41
- mobili 34
- primitivi 47

promiscui 36
nomi alterati 47
accrescitivi 48
diminutivi 47
peggiorativi 48
vezzeggiativi 47
nomi che difettano del plurale 43
nomi che difettano del singolare 43
nomi sovrabbondanti 44
nel plurale 44
nel singolare 46
nel singolare e nel plurale 44
non 169
nostro 71
nulla (avverbio di quantità) 168
nulla (pronome indefinito) 90, 92
numerali
cardinali 66
collettivi 70
distributivi 69
frazionati 70
moltiplicativi 69
ordinali 67
numeri romani 68
numero del verbo 112
nuocere 123
ogni (aggettivo indefinito) 76
ognuno (pronome indefinito) 91
omofoni 38
omografo 15
omonimi 10
onomatopea 194
ordine della frase 198
ostare 140
ove (avverbio di luogo relativo) 165
ovunque (avverbi relativi) 86
ovunque (avverbio di luogo relativo) 165
parecchio (aggettivo indefinito) 75
parecchio (avverbio di quantità) 168
parecchio (pronome indefinito) 90
parere 153
parole
bisdrucciole 14
onomatopeiche 195
piane 13
sdrucciole 14

- tronche 13
- particelle pronominali 80
  - enclitiche 80
  - proclitiche 80
- participio 99
  - passato 108
  - passato, concordanza 135
  - presente 108
- *per* 181
- *per* + infinito 182,183
- *perché* 191
- *perfino* (avverbio di quantità) 168
- periodo 230
- periodo ipotetico
  - della irrealtà 244
  - della possibilità 243
  - della realtà 243
- persone del verbo 112
- *piacere* 153
- *più* (avverbio di quantità) 168
- plurale
  - dei nomi femminili 40
  - dei nomi maschili 38
  - dei nomi stranieri 42
- *poco* (aggettivo indefinito) 75
- *poco* (avverbio di quantità) 168
- *poco* (pronome indefinito) 90
- *porre* 154
- *potere* 154
- predicativo
  - del soggetto 206, 208, 211
  - dell'oggetto 212, 214
  - concordanza 212
- predicato 196, 202
  - nominale 204
  - verbale 202
- predicato nominale, concordanza 205
- predicato verbale, concordanza 203
- prefissi 19
- preposizione 174
- preposizione sostantivata 28
- preposizioni 165
  - articolate 175
  - composte 183
  - improprie 183
  - improprie, uso 183

proprie 174
semplici 174
uso 175
preposizioni improprie + preposizioni proprie 186
preposizioni + verbi 186
pronome 78
pronomi
correlativi 232
dimostrativi 88
esclamativi 94
indefiniti 90
interrogativi 94
personali 79
personali complemento 80
personali soggetto 79
possessivi 87
relativi 84
pronuncia 10
proposizione 196
complessa 196
composta 196
principale o indipendente 229, 235
secondaria o dipendente o subordinata 229
semplice 196
proposizione
causale 182
condizionale 182
finale 182
incidentale 230
interrogativa, ordine degli elementi 199
oggettiva 182
soggettiva 182
temporale 183
proposizioni indipendenti 229, 235
concessive 236
desiderative o ottative 236
dubitative 236
enunciative 235
interrogative dirette 237
interrogative indirette 247
potenziali 237
volitive esortative 237
volitive imperative 237
volitive proibitive 237
proposizioni subordinate
esplicite 234

implicite 234
proposizioni subordinate 238
avversative 239
causali 246
comparative 241
comparative di maggioranza 241
comparative di minoranza 241
comparative di uguaglianza 241
concessive 242
condizionali o ipotetiche 242
consecutive 245
eccettuative 246
esclusive 246
finali 246
interrogative indirette 247
limitative o restrittive 248
locative 248
modali 248
oggettive 182, 239
relative 249
relative apparenti 250
relative appositive 250
relative attributive 250
soggettive 182
strumentali 250
temporali (azione anteriore) 251
temporali (azione contemporanea) 251
temporali (azione posteriore) 252
proprio 71
proverbi 284
prudere 140
punto esclamativo 194
punto esclamativo interrogativo (!?) 194
punto interrogativo 194
pure (avverbio di quantità) 168
q raddoppiamento 13
qua 164
qual 17
qualche (aggettivo indefinito) 76
qualcosa (pronome indefinito) 90, 92
qualcuno (pronome indefinito) 91, 93
quale (aggettivo interrogativo ed esclamativo) 77
quale (pronome relativo) 85
quale! 95
quale? 94
qualsiasi (aggettivo indefinito) 76

qualsivoglia (aggettivo indefinito) 76
qualunque (aggettivo indefinito) 76
quando 192
quando (avverbi di tempo) 166
quanti (come pronome relativo) 85
quanto (aggettivo interrogativo ed esclamativo) 77
quanto (avverbio di quantità) 168
quanto (come pronome relativo) 85
quanto! 95
quanto? 94
quegli (pronome dimostrativo) 88
quel 16,74
quell' 16
quello 74
quello (pronome dimostrativo) 88
quest' 16
questi (pronome dimostrativo) 88
questo 74
questo (pronome dimostrativo) 88
qui 164
rezione del gerundio 138
rezione del participio passato 138
rezione dell'infinito 138
risplendere 141
riuscire a + infinito 138
s sonora o dolce 12
s sorda o aspra 12
salire 161
san 16
sant' 16
santo 57
sapere 155
sapere + infinito 138
scolorare/scolorire 143
se 192
se stesso/medesimo 15, 82
sé stesso/medesimo 15, 82
segni d'interpunzione 20
sentirsi + infinito 138
sentirsi + participio passato 138
sfiorare/sfiorire 143
si 169,170
si (pronome personale) 81, 82
si passivante 129
signor 17
sillaba 17

atona 13
tonica 13
smettere di + infinito 138
soggetto
soggetto e predicato, concordanza 200
solere 141
solere + infinito 138
sopra (avverbio) 165
sostantivi numerali 70
sostantivo o nome 28
sostantivo vedi nome
sotto (avverbio) 165
sovrabbondanti apparenti 143
splendere 141
stare 146
stare + gerundio 138
stare per + infinito 138
stare, con i verbi impersonali 135
starnutare/starnutire 143
stesso 74
stesso (pronome dimostrativo) 89
stridere 141
struttura della frase 197
su 180
subordinazione 232
subordinazione (gradi) 234
suo 71
tacere 155
tal 17
tale 74
tale (pronome dimostrativo) 89
taluno (aggettivo indefinito) 75
taluno (pronome indefinito) 90
tanto (aggettivo indefinito) 75
tanto (avverbio di quantità) 168
tanto (pronome indefinito) 90
temere, seconda coniugazione regolare 122
tempi del verbo 100
tenere 156
tentare di + infinito 138
terminare di + infinito 138
ti (pronome personale) 81
tra 181, 182
trarre 156
tre 15, 67
trigrammi 12

trittonghi 11
troncamento 16
troppo (aggettivo indefinito) 75
troppo (avverbio di quantità) 168
troppo (pronome indefinito) 90
trovarsi + participio passato 138
tuo 71
tutto (aggettivo indefinito) 75
tutto (pronome indefinito) 90
udire 161
un 16
un 25
un po' 17
un' 16, 26
una 26
uni (pronome indefinito) 92
uno 25
uno (aggettivo numarale) 67
uno (pronome indefinito) 90, 92
urgere 141
uscire 162
uso dei tempi
    modi finiti 101
    modi indefiniti 107
valere 157
vario (aggettivo indefinito) 75
vario (pronome indefinito) 90
vedere 157
vedersi + infinito 138
vedersi + participio passato 138
venire 162
venire + gerundio 138
venire + participio passato 129
verbi
    appellativi 205, 211, 214
    copulativi 205, 211
    effettivi 205, 211, 214
    elettivi 205, 211, 214
    estimativi 205, 211, 214
verbi ausiliari 96, 113
verbi comuni 97
    1ª coniugazione regolare (tavola di coniugazione) 119
    1ª coniugazione regolare, particolarità 120
    2ª coniugazione regolare (tavola di coniugazione) 122
    2ª coniugazione regolare, particolarità 123
    3ª coniugazione regolare (tavola di coniugazione) 124

3ª coniugazione regolare, particolarità 125
verbi difettivi 139
verbi fraseologici + essere (predicato nominale) 206
verbi fraseologici + infinito (predicato verbale) 203
verbi impersonali 134, 238
accidentalmente impersonali 135
propri 134
verbi intransitivi 127, 205, 211
verbi irregolari 97, 118, 145
prima coniugazione 145
seconda coniugazione 147
terza coniugazione 159
verbi regolari 97, 118
verbi riflessivi 131
apparenti 131
impropri o intransitivi pronominali 132
riflessivi propri 131
riflessivi reciproci 131
verbi servili 136
verbi servili, ausiliari 136
verbi servili + essere (predicato nominale) 206
verbi servili + infinito (predicato verbale) 203
verbi sovrabbondanti 143
verbi transitivi 127
verbo 96
coniugazione 98
coniugazione passiva 130
forma attiva 128
forma passiva 128
forma riflessiva 131
persone e numero 112
sostantivato 28
tempi composti 100
tempi semplici 100
verbo, modi finiti 98
condizionale 98
congiuntivo 98
imperativo 99
indicativo 98
verbo, modi indefiniti 99
gerundio 100
infinito 99
participio 99
verbo, uso dei tempi 101
del condizionale 104
del congiuntivo 103

del gerundio 110
del participio 107
dell'indicativo 101
dell'infinito 107
dell'imperativo 104
vertere 142
vi (avverbio di luogo relativo) 165
vi (pronome personale) 81, 82
vicino (avverbio) 165
vigere 142
vivere 158
vocali 7
deboli 10
forti 10
voci onomatopeiche 194, 195
Voi (forme di cortesia) 83
volere 158
vostro 71
w 9
x 9
y 10
z sonora o dolce 12
z sorda o aspra 12

INDICE GENERALE

Pronuncia e ortografia 7
Simboli fonetici 7
Pronuncia 10
Accento 13
Apostrofo 15
Troncamento 16
Divisione sillabica 17
Maiuscole 19
Segni di interpunzione 20
Articolo 21
Articolo determinativo 21
Articolo indeterminativo 25
Articolo partitivo 26
Sostantivo 28
Classificazione del sostantivo secondo il significato 29
Classificazione del sostantivo secondo la forma 31
Genere del sostantivo 31
Formazione del femminile 34
Formazione del plurale 38
Classificazione del sostantivo secondo la formazione 47
Nomi composti 49
Aggettivo 54
Aggettivo qualificativo 55
Formazione del femminile 55
Formazione del plurale 55
Aggettivi con usi particolari 57
Aggettivo alterato 59
Aggettivo sostantivato 59
Concordanza dell'aggettivo 59
Posizione dell'aggettivo 60
Gradi dell'aggettivo 60
Comparativi e superlativi particolari 64
Aggettivo determinativo 66
Aggettivo numerale 66
Aggettivo possessivo 71
Aggettivo dimostrativo 73
Aggettivo indefinito 75
Aggettivo interrogativo ed esclamativo 76
Pronome 78
Pronomi personali 79
Forma di cortesia 82

Pronomi relativi 84
Pronomi possessivi 87
Pronomi dimostrativi 88
Pronomi indefiniti 90
Pronomi interrogativi ed esclamativi 94
Verbo 96
Coniugazione del verbo 98
I modi 98
I tempi 100
Uso dei tempi: i modi finiti 101
I tempi dell'indicativo 101
I tempi del congiuntivo 103
I tempi del condizionale 104
L'imperativo presente 104
Uso dei tempi: i modi indefiniti 107
I tempi dell'infinito 107
I tempi del participio 108
I tempi del gerundio 110
Persone e numero 112
Coniugazione dei verbi ausiliari 113
Essere 113
Avere 116
Verbi comuni 118
Prima coniugazione regolare 119
Amare 119
Seconda coniugazione regolare 122
Temere 122
Terza coniugazione regolare 124
Sentire 124
Finire 125
Il genere del verbo 127
Verbi transitivi e intransitivi 127
Forma attiva e passiva 128
Costruzione della frase passiva 129
Coniugazione passiva 130
Essere amato 130
Forma riflessiva 131
Coniugazione riflessiva 133
Lavarsi 133
Verbi impersonali 134
Verbi servili 136
L'ausiliare dei verbi servili 136
Verbi fraseologici 138
Verbi difettivi 139
Verbi sovrabbondanti 143
Verbi irregolari della 1ª coniugazione 145

Verbi irregolari della 2ª coniugazione 147
Verbi del primo gruppo 147
Verbi del secondo gruppo 149
Verbi irregolari della 3ª coniugazione 159
Verbi del primo gruppo 159
Verbi del secondo gruppo 160
Avverbio 163
Avverbi di modo o maniera 163
Avverbi di luogo 164
Avverbi di tempo 166
Avverbi di quantità 167
Avverbi di affernazione, negazione e dubbio 169
Gradi dell'avverbio 172
Alterazione degli avverbi 173
Preposizione 174
Preposizioni proprie 174
Preposizioni improprie 183
Locuzioni prepositive 186
Congiunzione 187
Congiunzioni coordinanti 187
Congiunzioni subordinanti 189
Interiezione 193
Onomatopea 194
La frase o proposizione 196
Analisi logica e struttura della frase 197
Elementi della proposizione 200
Soggetto 200
Predicato 202
Elementi complementari della proposizione 208
Attributo 208
Apposizione 209
Il predicativo del soggetto 211
Complementi 213
Complementi diretti 214
Il predicativo dell'oggetto 214
Complementi indiretti 216
Complementi avverbiali 228
Il periodo 229
Coordinazione e subordinazione 213
Coordinazione 231
Subordinazione 232
Proposizioni indipendenti 235
Proposizioni subordinate 238
Soggettive 238
Oggettive 239
Avversative 239

Causali 240
Comparative 241
Concessive 242
Condizionali o ipotetiche 242
Consecutive 245
Eccettuative 246
Esclusive 246
Finali 246
Interrogative indirette 247
Limitative o restrittive 248
Locative 248
Modali 248
Relative 249
Strumentali 250
Temporali 251
La correlazione dei tempi e dei modi 253
Reggenti e subordinate 253
Discorso diretto e discorso indiretto 259

APPENDICI

Elenco dei principali verbi irregolari 261
Espressioni idiomatiche 271
Lessico familiare e dei giovani 279
Proverbi 284
Locuzioni latine 294
Corrispondenza 311
Lettere formali 311
Abbreviazioni 318
Lettere informali 320
Indice analitico 323

I MIEI APPUNTI

I MIEI
APPUNTI

I MIEI APPUNTI

I MIEI
APPUNTI

I MIEI
APPUNTI

Finito di stampare nel luglio 2016
da Press Grafica s.r.l.
Gravellona Toce (Vb)